Grünberger/Klein · Offenlegung im Bankabschluss

Ihr Doppelnutzen:
Online-Mehrwert inklusive!

Nutzen Sie den Inhalt dieses Produktes <u>zusätzlich kostenlos</u> in fabilon, Ihrer Online-Fachbibliothek von NWB.

In fabilon recherchieren Sie bequem und gezielt in **allen** digitalen Inhalten aus dem NWB Verlagsprogramm. Mit nur einer einzigen Abfrage bis in einzelne Dokumente.

Ihr Vorteil: Als Nutzer können Sie in der Ergebnisliste Ihrer Suche auch sehen, welche Dokumente Sie bereits besitzen und diese natürlich kostenlos direkt aufrufen. Jedes Ihrer NWB Produkte mit fabilon-Hinweis können Sie dafür ganz einfach freischalten. So wird fabilon nach und nach zu Ihrer ganz persönlichen Online-Fachbibliothek.

Mit dieser Buchstaben-Kombination füllen Sie Ihr digitales Bücherregal:

▶ **Ihr Freischaltcode:** MNNFSHQOAAKXYSIC

Grünberger/K., Offenlegung im Bankabschluss

So einfach geht's:

1. Rufen Sie unsere Homepage www.nwb.de auf.
2. Wählen Sie im Login-Bereich auf der rechten Seite „Produkt freischalten" aus.
3. Geben Sie jetzt Ihren Freischaltcode ein und folgen Sie dem Anmeldedialog.

Mehr Informationen über fabilon erhalten Sie unter www.nwb.de/fabilon.

www.nwb.de

Offenlegung im Bankabschluss

Basel II Säule 3 und IFRS:
Synergien und Praxishinweise

Von
Dr. David Grünberger, CPA, Wien und
Heiner Klein, CPA, Wien

▶ **nwb** BRENNPUNKT

Die Autoren geben ihre persönliche Meinung wieder.

Stand: Oktober 2008

ISBN 978-3-482-**61161**-2 (online)
ISBN 978-3-482-**59291**-1 (print)

© Verlag Neue Wirtschafts-Briefe GmbH & Co. KG, Herne 2008
  www.nwb.de

Alle Rechte vorbehalten.

Dieses Buch und alle in ihm enthaltenen Beiträge und Abbildungen sind urheberrechtlich geschützt. Mit Ausnahme der gesetzlich zugelassenen Fälle ist eine Verwertung ohne Einwilligung des Verlages unzulässig.

Satz und Druck: Griebsch & Rochol Druck GmbH & Co. KG, Hamm

VORWORT

Die Offenlegungsverpflichtungen nach IFRS – insbesondere IFRS 7 – stellen Banken vor erhebliche Herausforderungen. Die Risikokonzepte des IFRS 7 weichen in zahlreichen Details von jenen in Basel II ab. Mit der Säule 3 kommen zusätzliche Offenlegungspflichten hinzu, die einerseits die Rechnungslegung und andererseits den aufsichtsrechtlichen Datenhaushalt nach Basel II betreffen.

Um einen ausufernden Datenhaushalt zu vermeiden, müssen die Synergien zwischen Aufsichtsrecht und Rechnungswesen genutzt werden. Dies ist auch im Rahmen der Offenlegung im IFRS-Abschluss und gemäß der Säule 3 notwendig, um den Adressaten konsistente, widerspruchsfreie Informationen zu präsentieren.

Dieses Buch soll Banken eine praxisgerechte Analyse und Anleitung für die Umsetzung der neuen Bestimmungen geben. Dabei werden nicht nur die Offenlegungspflichten der Säule 3 erläutert und mit den IFRS verglichen, sondern auch die wesentlichen Herausforderungen bei der Zusammenführung des Datenhaushalts (Basel II Säule 1 und IFRS) analysiert.

Zusätzlich wendet sich das Buch an Wirtschaftsprüfer, welche die neuen Offenlegungspflichten prüfen, und an Analysten, die auf Grundlage von Bankabschlüssen Risikoanalysen und Ratings erstellen.

Wien, im Oktober 2008

David Grünberger
Heiner Klein

INHALTSVERZEICHNIS

Vorwort   5
Abkürzungsverzeichnis   11
Abbildungsverzeichnis   13
Tabellenverzeichnis   15

1. Einführung   **19**

1.1 Allgemeines   19
1.2 Schematische Gegenüberstellung des Regelungsumfangs   23

2. Allgemeine Vorschriften   **25**

2.1 Anwendungsbereich   25
2.2 Offenlegungsmedium (§ 320 SolvV; § 26 Abs. 1 BWG)   26
2.3 Offenlegungsintervall und Fristen der (erstmaligen) Offenlegung (§ 321 SolvV; § 26 Abs. 3 BWG)   29
2.4 Verantwortlichkeit für die Offenlegung und Prüfung der Offenlegung   32

3. Konsolidierte Offenlegung   **35**

3.1 Grundlagen   35
3.2 Konsolidierte Beaufsichtigung von Kreditinstituten   37
3.3 Säule 3 auf (teil-)konsolidierter Basis   39
3.4 Praxisfälle zum Konsolidierungskreis   40
3.5 Offenlegungspflichten zur Konsolidierung   48
3.6 Angaben zur Eigenmittelverfügbarkeit in der Gruppe   50

4. Eigenmittelausstattung (§§ 324 f. SolvV; §§ 4 f. Off-VO)   **52**

4.1 Eigenmittel nach der Säule 1   52
4.2 Eigenkapital nach der Säule 2   55

4.3	Eigenmittelanforderungen für das Kreditrisiko	57
4.4	Eigenmittelanforderungen für das Marktrisiko	58
4.5	Eigenmittelanforderungen für operationelle Risiken	58
4.6	Kernkapital- und Eigenmittelkoeffizient	59

5. Allgemeine Angaben zu Risiken und zum Risikomanagement — 61

5.1	Risikobegriff und Risikoarten	61
5.2	Risikomanagement einzelner Risikoarten	63
5.3	Risikomanagementstruktur und Berichtswesen	66
5.4	Risikoabsicherung	67

6. Kreditrisiko: Säule 1 und IAS 39 — 68

6.1	Bedeutung der Säule 1 für die IFRS	68
6.2	Bedeutung der Säule 1 für IAS 39	69
6.3	Standardansatz	69
6.4	IRB-Ansatz und Bewertungskategorien unter IAS 39	70
6.5	IRB-Loss/LGD-Definition im Vergleich zu IAS 39	74
6.6	Ausgefallene Einzelforderungen	77
6.7	Portfoliowertberichtigung	79
6.8	Off balance-Exposures für Garantien und Kreditlinien	83

7. Kreditrisiko: Säule 1 und IFRS 7 — 85

7.1	Bedeutung der Säule 1 für IFRS 7	85
7.2	Kreditrisikodefinition	87
	7.2.1 Nichterfüllung einer Verpflichtung durch die Gegenpartei	87
	7.2.2 Finanzinstrument und künftiger finanzieller Verlust	89
7.3	Maximales Kreditrisiko (IFRS 7.36(a))	90
	7.3.1 Maximales on balance-Kreditrisiko	91
	7.3.2 Maximales off balance-Kreditrisiko	92
	7.3.3 Pensionsgeschäfte, Wertpapierleihe und ABS	95
7.4	Kreditrisikominderung (CRM)	98
	7.4.1 CRM-Techniken (IFRS 7.36(b))	98

	7.4.2	Aktivierte Sicherheiten (IFRS 7.38)	99
7.5		Credit Quality (IFRS 7.36(c))	101
	7.5.1	Betroffene Exposures	101
	7.5.2	Ratings aus dem Standardansatz	103
	7.5.3	Ratings aus dem IRB-Ansatz	105
	7.5.4	Berücksichtigung von CRM-Effekten	106

8. Kreditrisiko: Säule 3 und IFRS 7 — 108

8.1	Kreditrisikodarstellung nach der Säule 3	108
8.2	Allgemeine Offenlegungen zum Kreditrisiko	108
8.3	Risikovorsorge mittels Wertberichtigungskonto	115
8.4	Offenlegung beim Standardansatz	117
8.5	Qualifizierende Anforderungen beim IRB-Ansatz (§ 335 SolvV; § 16 Off-VO)	118
8.6	Qualifizierende Anforderungen bei CRM-Techniken (§ 336 SolvV; § 17 Off-VO)	127
8.7	Spezialfinanzierungen und Beteiligungen (§ 329 SolvV; § 9 Off-VO)	134
8.8	Kontrahentenausfallrisiko (CCR; § 326 SolvV; § 6 Off-VO)	135

9. Marktrisiko: Säule 1 und IFRS 7 — 142

9.1		Allgemeines	142
9.2		Sensitivitätsanalysen	144
	9.2.1	Fremdwährungsrisiko	144
	9.2.2	Zinsrisiko	148
	9.2.3	Simulation des Zinsrisikos	152
	9.2.4	Sonstiges Preisrisiko	154
	9.2.5	Differenzierung zwischen trading und non-trading	155
9.3		VaR-Analyse	156
	9.3.1	Allgemeines	156
	9.3.2	Verhältnis zur Bewertung	157
	9.3.3	Anforderungen	159
9.4		Ergänzungen der Säule 1 um das inkrementelle Risiko	160

10.	**Marktrisiko: Säule 3 und IFRS 7**	**162**
10.1	Standardmethode	162
10.2	Internes Modell	163
10.3	Bewertung im aufsichtsrechtlichen Handelsbuch	165
10.4	Zinsänderungsrisiko im Anlagebuch	166
11.	**Offenlegungsanforderungen bei Verbriefungen (§ 334 SolvV; § 15 Off-VO)**	**171**
11.1	Allgemeines	171
11.2	Offenlegung der Exposures	174
11.3	Bilanzierungs- und Bewertungsmethoden	178
11.4	Rating-Agenturen	180
12.	**Sonstige spezielle Offenlegungsanforderungen**	**181**
12.1	Offenlegungsanforderungen für Beteiligungen im Anlagebuch (§ 332 SolvV; § 13 Off-VO)	181
12.2	Operationelle Risiken (§§ 331, 337 SolvV; §§ 12, 18 Off-VO)	185
12.3	Liquiditätsrisiko	188
	Literaturverzeichnis	191
	Stichwortverzeichnis	199

ABKÜRZUNGSVERZEICHNIS

ABS	Asset Backed Securities
AfS	Available for Sale
AFV	At Fair Value Through Profit or Loss
AMA	Fortgeschrittener Messansatz (Advanced Measurement Approach)
BaFin	Bundesanstalt für Finanzdienstleistungsaufsicht (Deutschland)
BC	Basis for Conclusions
BIA	Basisindikatoransatz
BIS	Bank for International Settlements
BörseG	Börsegesetz (Österreich)
BP	Basispunkte
BWG	Bankwesengesetz (Österreich)
CAD	Capital Adequacy Directive (RL 2006/49/EG)
CCF	Credit Conversion Factor (Umrechnungsfaktor)
CCR	Counterparty Credit Risk
CEBS	Committee of European Banking Supervisors
CF	Conversion Factor
COREP	Common solvency ratio Reporting
CRD	Capital Requirement Directive (RL 2006/48/EG)
CRDTG	Capital Requirement Directive Transposition Group
CRM	Credit Risk Mitigation (kreditrisikomindernde Techniken)
DGRV	Deutscher Genossenschafts- und Raiffeisenverband e.V.
EAD	Exposure at Default
EG	Europäische Gemeinschaft
EL	Expected Loss
EU	Europäische Union
EWR	Europäischer Wirtschaftsraum
FINREP	Financial Reporting
FMA	Finanzmarktaufsicht (Österreich)
HFA	Hauptfachausschuss
HtM	Held to Maturity
IAA	Internal Assessment Approach (Interner Bemessungsansatz)
IAS	International Accounting Standard(s); seit 2002: IFRS
IASB	International Accounting Standards Board
ICAAP	Internal Capital Adequacy Assessment Process

VERZEICHNIS Abkürzung

IFRS	International Financial Reporting Standard(s)
IG	Guidance on Implementation zu den IFRS
IRBA	Internal Rating Based Approach (= auf internen Ratings basierender Ansatz)
IRC	Incremental Risk Charge
KSA	Kreditrisiko-Standardansatz
KWG	Kreditwesengesetz (Deutschland)
LaR	Loans and Receivables
LGD	Loss given Default
LIP	Loss Identification Period
MIS	Managementinformationssystem
Off-VO	Offenlegungsverordnung (Österreich)
OGA	Organismen für Gemeinsame Anlagen
PD	Probability of Default
PVBP	Present Value of a Basis Point
RBA	Ratings-Based Approach (Ratingbasierter Ansatz)
RL	Richtlinie
SF	Supervisory Formula (aufsichtlicher Formelansatz)
SolvaV	Solvabilitätsverordnung (Österreich)
SolvV	Solvabilitätsverordnung (Deutschland)
STA	Standardansatz
US-GAAP	United States Generally Accepted Accounting Principles
VAG	Versicherungsaufsichtsgesetz (Deutschland, Österreich)
VaR	Value-at-Risk
VO	Verordnung
WpHG	Wertpapierhandelsgesetz (Deutschland)

ABBILDUNGSVERZEICHNIS

ABB. 1:	Schnittstellen im Datenhaushalt Basel II/IFRS	20
ABB. 2:	Aufbau der Themenstellung	22
ABB. 3:	Risikoarten nach IFRS 7	61
ABB. 4:	Darstellung der Risiken im Risikobericht nach IFRS 7	62
ABB. 5:	Berechnung der durchschnittlichen Loss Identification Period	82
ABB. 6:	Loss Identification Period und Werterhellungszeitraum	82
ABB. 7:	Differenzierung nach Impairment und Past Due	103
ABB. 8:	Kreditrisikodarstellung	104
ABB. 9:	Entscheidung zwischen einfacher Sensitivitätsanalyse oder VaR nach IFRS 7	157
ABB. 10:	Zahlungs- und Leistungsströme bei einer Verbriefung	172

TABELLENVERZEICHNIS

TAB. 1:	Schematische Gegenüberstellung des Regelungsumfangs	23
TAB. 2:	Jahresabschluss als geeignetes Medium zur Offenlegung	26
TAB. 3:	Geschäftsbericht als geeignetes Medium zur Offenlegung	27
TAB. 4:	Schutz- und Vertraulichkeitsgrundsatz	28
TAB. 5:	Unwesentliche Informationsbestandteile	28
TAB. 6:	Offenlegungsintervalle	29
TAB. 7:	Offenlegung der qualifizierenden Anforderungen	31
TAB. 8:	Frist zur Offenlegung	32
TAB. 9:	Offenlegung des Mutterunternehmens	48
TAB. 10:	Offenlegung Konsolidierungskreis	49
TAB. 11:	Hindernisse des Transfers von Eigenmitteln in der Gruppe	50
TAB. 12:	Unterdeckungen bei nichtkonsolidierten Tochtergesellschaften	51
TAB. 13:	Qualitative Angaben zur Eigenmittelstruktur	53
TAB. 14:	Quantitative Angaben zur Eigenmittelstruktur	54
TAB. 15:	Angaben zum ICAAP	56
TAB. 16:	Eigenmittelerfordernis Kreditrisiko	57
TAB. 17:	Eigenmittelerfordernis Marktrisiko	58
TAB. 18:	Eigenmittelerfordernis operationelles Risiko	58
TAB. 19:	Eigenmittel- und Kernkapitalkoeffizient	60
TAB. 20:	Risikomanagement einzelner Risikoarten	64
TAB. 21:	Risikomanagementstruktur und Berichtswesen	66
TAB. 22:	Leitlinien der Risikoabsicherung	67
TAB. 23:	IRB-Beteiligungsbegriff und Schnittstellen zu Eigenkapitalinstrumenten	72
TAB. 24:	Strukturierte Produkte: Schnittstelle Säule 1, IAS 39, Säule 3 und IFRS 7	73
TAB. 25:	Investmentfondsanteile: Implikationen für IFRS 7 und Säule 3	74
TAB. 26:	Kunden- und Kontensicht beim Default	75
TAB. 27:	Ausfallstatbestände	75
TAB. 28:	Risikovorsorge für Kreditzusagen und Finanzgarantien	84

VERZEICHNIS Tabellen

TAB. 29:	Vergleich der Risiken in IFRS 7 und Basel II Säule 1	85
TAB. 30:	Risikotransfer	97
TAB. 31:	Überfälligkeit und Ausfallgefährdung	109
TAB. 32:	Methoden zur Ermittlung der Kreditrisikovorsorgen	110
TAB. 33:	Gesamt- und Durchschnittsbetrag der Forderungen	111
TAB. 34:	Verteilung der Forderungen	112
TAB. 35:	Ausgefallene und überfällige Forderungen	114
TAB. 36:	Überleitungsrechnung von Risikovorsorgen des Kreditgeschäfts	116
TAB. 37:	Verwendung externer Ratings	117
TAB. 38:	Zuteilung der Exposures auf Bonitätsstufen	118
TAB. 39:	Bewilligtes Verfahren und genehmigte Übergangsregelungen	119
TAB. 40:	Organisatorische Angaben zu internen Ratings und CRM	120
TAB. 41:	Prozess des Mappings von Exposures auf Ratingklassen	121
TAB. 42:	Quantitatives Mapping von Exposures auf Ratingklassen	122
TAB. 43:	Wertberichtigungen und Verlustanalyse	125
TAB. 44:	Einflüsse auf die Verlusthistorie und Backtesting	127
TAB. 45:	Bilanzielles und außerbilanzielles Netting	130
TAB. 46:	Bewertung und Verwaltung von Sicherheiten	131
TAB. 47:	Risikokonzentrationen innerhalb der Sicherungsinstrumente	132
TAB. 48:	Quantifizierung der aufsichtsrechtlich gesicherten Exposures	133
TAB. 49:	Positionswerte für Spezialfinanzierungen und Beteiligungspositionen	135
TAB. 50:	Kreditlimits und internes Kapital für CCR	136
TAB. 51:	Beschreibung der CCR-Sicherheiten und Kreditrisikovorsorgen	137
TAB. 52:	Korrelation von Marktrisiko und Kontrahentenrisiko beim CCR	137
TAB. 53:	Ratingverschlechterung und gestellte Sicherheiten im CCR	138
TAB. 54:	Positive Wiederbeschaffungswerte bzw. Fair Values der CCR	138
TAB. 55:	CCR-Exposure nach angewendeter Methode	139
TAB. 56:	Nominalwerte von Kreditderivaten	140
TAB. 57:	Eigene Schätzung des Skalierungsfaktorsrs	141
TAB. 58:	Gegenüberstellung der Marktrisikokonzepte Basel II Säule 1/IFRS 7	142
TAB. 59:	Eigenmittelerfordernisse aus der Standardmethode	162
TAB. 60:	Verwendung eigener Risikomodelle (Value-at-Risk)	163

TAB. 61:	Bewertungsmethoden der Handelsbuchpositionen	165
TAB. 62:	Art des Zinsänderungsrisikos im Anlagebuch	166
TAB. 63:	Schlüsselannahmen beim Zinsrisiko im Anlagebuch	168
TAB. 64:	Auf- und Abwärtsschocks beim Zinsänderungsrisiko	169
TAB. 65:	Mit Verbriefungen verfolgte Ziele und Funktionen	174
TAB. 66:	Risikogewichtete Forderungsbeträge aus Verbriefungen	174
TAB. 67:	Einbehaltene oder erworbene Verbriefungspositionen	176
TAB. 68:	Quantitative Zusammenfassung der Verbriefungsaktivitäten	177
TAB. 69:	Bilanzierungs- und Bewertungsmethoden bei Verbriefungstransaktionen	178
TAB. 70:	Bilanzierungs- und Bewertungsmethoden bei synthetischen Verbriefungstransaktionen	179
TAB. 71:	Verwendung von Rating-Agenturen bei Verbriefungenstransaktionen	180
TAB. 72:	Beteiligungspolitik und Beteiligungsbewertung	182
TAB. 73:	Angaben des Buchwerts und andere Detaildarstellungen	183
TAB. 74:	Unrealisierte und latente Neubewertungsgewinne von Beteiligungen	184
TAB. 75:	Operationelles Risiko – Verfahren und Faktoren	186
TAB. 76:	Versicherungen im Rahmen des AMA-Ansatzes	188

1. Einführung

1.1 Allgemeines

Mit Basel II Säule 3 wurden umfassende Offenlegungsbestimmungen zur Kapital- und Risikoinformation von Banken geschaffen. Die Entwicklung erfolgte durch den Baseler Ausschuss aus einer globalen Perspektive heraus; auf den etwas später entwickelten IFRS 7 konnte keine Rücksicht genommen werden. Auch im Rahmen der darauf folgenden Umsetzung in der EU durch die Richtlinie 2006/48/EG (CRD)[1] erfolgte keine konkrete Abstimmung mit dem damals bereits in Entstehung befindlichen IFRS 7:

- Erstens wird IFRS 7 nicht von allen Banken angewendet, die zur Offenlegung nach Basel II Säule 3 verpflichtet sind,
- zweitens gilt IFRS 7 für alle Unternehmen unabhängig von ihrer Branche, weshalb auch die Risikobegriffe des IFRS 7 im Vergleich zu jenen nach Basel II viel zu unbestimmt sind und
- drittens verlangt die Säule 3 auch spezifische, aufsichtsrechtlich relevante Informationen, die keinen konkreten Bezug zur Rechnungslegung haben (z. B. im Zusammenhang mit IRB-Modellen).

Aufgrund der inhaltlichen Abweichungen und den unterschiedlichen Zielsetzungen ist es nun Aufgabe der betroffenen Banken, ihre jeweils verschiedenen Offenlegungsverpflichtungen zu analysieren, Schnittstellen zu identifizieren und auszunutzen und Auslegungsfragen in den IFRS und in der Säule 3 zugunsten einer möglichst einheitlichen Informationsvermittlung zu lösen.

Bloße Gegenüberstellungen der Säule 3 und der Offenlegungsverpflichtungen nach IFRS 7 greifen aber zu kurz: Die Offenlegungsverpflichtungen beziehen sich auf mitunter verschiedene Datengrundlagen: Basel II Säule 3 bezieht sich grundsätzlich auf die Inhalte der Säule 1 und IFRS 7 bezieht sich vorwiegend auf die Erfassungs- und Bewertungsbestimmungen nach IAS 39.

Ein für die Praxis wertvoller Leitfaden muss daher auch immer die Gemeinsamkeiten und die Unterschiede im zugrundeliegenden Datenhaushalt mitberücksichtigen; dies ist die Zielsetzung dieses Buches. Damit steigt aber zwangsläufig auch die Komplexität.

Weitere Aspekte, in denen der Datenhaushalt von Basel II und von IFRS abzustimmen sind, sind das Meldewesen von IFRS-konform ermittelten Daten an die Deutsche Bundesbank bzw. an die Österreichische Nationalbank (im Rahmen des FINREP), und – so-

---

[1] Richtlinie 2006/48/EG vom 14. Juni 2006, Amtsblatt L 177/1 vom 30.6.2006 (auch: *Capital Requirements Directive – CRD*).

1. Einführung

weit vom Kreditinstitut freiwillig angewendet – die Berechnung aufsichtsrechtlicher Eigenmittelerfordernisse auf Grundlage von IFRS-Abschlüssen.[2] Diese Aspekte werden nachfolgend nur am Rande berücksichtigt, soweit sie beim Abgleich der jeweiligen Offenlegungsbestimmungen von Bedeutung sind.

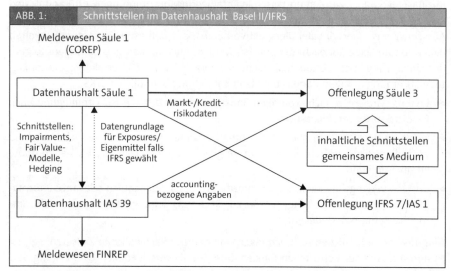

ABB. 1: Schnittstellen im Datenhaushalt Basel II/IFRS

IFRS 7 – insbesondere die Bestimmungen zum Risikobericht – beruht in wesentlichen Teilen auf dem „Management Approach". In der Praxis ist die Berichterstattung an das Management sehr stark vom Aufsichtsrecht geprägt, somit besteht ein unmittelbarer Einfluss des Aufsichtsrechts auf die Anhangsangaben nach IFRS. Auch das Aufsichtsrecht kennt eine Art von „Management Approach": Interne Ratings, Ausfalls- und Verlustschätzungen müssen bei der Kreditvergabe, bei der Kapitalallokation und im *Corporate Governance* (höheres Management[3]) tatsächlich eingesetzt werden, damit sie aufsichtsrechtlich anerkannt werden („*Use Test*").[4]

Vor diesem Hintergrund bietet sich ein eingehender Vergleich der Anforderungen aus Basel II Säule 3 mit den Offenlegungspflichten der IFRS an. Ziel dieser Analyse soll eine bestmögliche Nutzung der potentiellen Synergien für das Institut auf Basis vorhandener Schnittstellen sein.

---

2 § 10a KWG; § 29a BWG.
3 Anhang VII Teil 4 Rn. 124 CRD; zum gesellschaftsrechtlichen Begriff *Birkner/Löffler* (Corporate Governance 2004), S. 16 ff.
4 Art. 84 Nr. 2(b), Nr. 3 und Nr. 4 CRD; ausführlich *Committee of European Banking Supervisors* (CEBS) [Hrsg.], Guidelines for the implementation, validation and assessment of Advanced Measurement (AMA) and Internal Ratings Based (IRB) Approaches (http://www.c-ebs.org/pdfs/GL10.pdf), Rn. 128 ff.

Der Baseler Ausschuss verfolgt ähnliche Ziele[5]: „*Der Ausschuss ist sich bewusst, dass Wechselwirkungen zwischen aufsichtlichen und rechnungslegungsbezogenen Ansätzen auf nationaler und internationaler Ebene bedeutende Auswirkungen auf die Vergleichbarkeit der durchgeführten Messungen der Kapitaladäquanz haben können, ebenso wie auf die mit der Einführung dieser Ansätze verbundenen Kosten. Der Ausschuss glaubt, dass seine Entscheidungen hinsichtlich unerwarteter und erwarteter Verluste einen großen Schritt vorwärts in dieser Beziehung darstellen. Der Ausschuss und seine Mitglieder beabsichtigen, weiterhin eine pro-aktive Rolle im Dialog mit Rechnungslegungsgremien einzunehmen bei dem Bestreben, wo immer möglich, eine Verringerung unangemessener Abweichungen zwischen aufsichtlichen Standards und rechnungslegungsbezogenen zu erreichen.*" Mit den vorliegenden Bestimmungen ist dies nur teilweise gelungen; dieses Buch versteht sich als Beitrag in diese Richtung.

Die Abfolge und Auswahl der Themen orientiert sich am Grobaufbau der aufsichtsrechtlichen Anforderungen in der Säule 3. Auf der einen Seite sind dabei inhaltliche Gleichläufe bei den qualitativen Angaben zu untersuchen. Auf der anderen Seite ist zu beachten, inwieweit quantitative Angaben, die aus dem Datenhaushalt nach Basel II ermittelt wurden, auch für Anhangsangaben nach IFRS geeignet sind.

---

5 Baseler Rahmenvertrag, Rn. 12 (Übersetzung der Deutschen Bundesbank).

1. Einführung

ABB. 2: Aufbau der Themenstellung

Qualitative & quantitative Angaben nach **aufsichtsrechtlichen Anforderungen**		
Allgemeine Regelungen (**Kapitel 2 und 3**)	Eigenmittel (**Kapitel 4**)	Eingegangene Risiken

Allgemeine Vorschriften
- Anwendungsbereich
- Medium
- Intervall
 	
Offenlegung auf konsolidierter Basis
- Konsolidierungskreis
- Konsolidierungsformen
	- Eigenmittelstruktur
	- Merkmale sämtlicher Eigenkapitalinstrumente
	- Höhe des Kernkapitals nach Komponenten
	- Gesamtsumme Ergänzungskapitals und Drittrangmittel
	- Angemessenheit der Eigenmittelausstattung
		- Risikomanagement pro Risikoart (**Kapitel 5**)
		  - Ziele/Strategien
		  - Prozesse
		  - Struktur und Organisation
		- Kreditrisiko (**Kapitel 6, 7, 8, 11**)
		- Marktrisiko (**Kapitel 9 + 10**)
		- Operationelles Risiko (**Kapitel 12.2**)

Qualitative & quantitative Angaben nach **Anforderungen der IFRS**		

Soweit sich nur **punktuelle Schnittstellen** erkennen lassen, wird thematisiert, ob und wieweit eine Ergänzung der Anhangangaben über die Anforderungen der IFRS hinaus möglich oder sinnvoll ist, um die Offenlegungsverpflichtung auch nach Säule 3 zu erfüllen und gesonderte Berichte zu vermeiden. Dies wird meist durch einen höheren Grad an Verbalisierung in Bezug auf qualitative Angaben oder durch eine umfangreichere Detaillierung der quantitativen Angaben erreicht.

Sollten **keine Schnittstellen** zwischen Säule 3 und IFRS erkennbar sein, sind die jeweils einschlägigen Regelungen zu erfüllen. Dabei ist die Information einer Offenlegung nach Säule 3 insofern auch für den Nutzer der externen Rechnungslegung von besonderem Interesse, als damit die Rechnungslegungsperspektive um besondere aufsichtsrechtliche Aspekte erweitert wird. Eine jeweilige Klarstellung, welcher Regelungsumfang dargestellt wird, sollte zur Übersichtlichkeit und besseren Verständlichkeit für den Adressaten des Abschlusses beitragen.

1.2 Schematische Gegenüberstellung des Regelungsumfangs

TAB. 1: Schematische Gegenüberstellung des Regelungsumfangs

		IFRS	Basel II Säule 3
Allgemeines	Anwendungsbereich	IFRS 7.3 bis .5	Allgemein (§ 319 SolvV; §§ 26 und 26a BWG) Anwendungsbereichsbezogene Angaben (§ 323 SolvV; § 3 Off-VO)
	Offenlegungsmedium	IFRS 7.B6 hinsichtlich Risikobericht	§ 320 SolvV; § 26 Abs. 1 BWG
	Offenlegungsintervall	IAS 1.36	§ 321 SolvV; § 26 Abs. 3 BWG
Eigenmittelstruktur und Eigenmittelausstattung		IAS 1.134 bis .136	Eigenmittelstruktur (§ 324 SolvV; § 4 Off-VO) Angemessenheit der Eigenmittelausstattung (§ 325 SolvV; § 5 Off-VO)
Risikoberichterstattung	Risikomanagement	IFRS 7.31 bis .35	Risikomanagementbeschreibung in Bezug auf einzelne Risiken (§ 322; § 2 Off-VO)
	Kreditrisiko	IFRS 7.36 ff.	§§ 326 bis 329 SolvV; §§ 6 bis 9 Off-VO
		IFRS 7.B9 ff.	Allgemeine Ausweispflichten für alle Institute (§ 327 SolvV; § 7 Off-VO)
	Marktrisiko	IFRS 7.40 ff.	§ 330 SolvV; §§ 10 und 11 Off-VO Zinsänderungsrisiko im Anlagebuch (§ 333 SolvV; § 14 Off-VO)
	Operationelles Risiko	n/a	§ 331 SolvV; § 12 Off-VO
Beteiligungspositionen		Buchwerte und Fair Values (IFRS 7.8(d) und .25ff)	Beteiligungen im Anlagebuch (§ 332 SolvV; § 13 Off-VO); insb. Buchwerte und Fair Values
Verbriefungen		IFRS 7.13 (Derecognition)	§ 334 SolvV; § 15 Off-VO

1. Einführung

TAB. 1:	Schematische Gegenüberstellung des Regelungsumfangs			
			IFRS	Basel II Säule 3
Qualifizierende Anforderungen bei der Nutzung besonderer Instrumente oder Methoden	Adressenausfallrisiko		n/a	bei Forderungsklassen, für die der IRB-Ansatz verwendet wird (§ 335 SolvV; § 16 Off-VO)
	Kreditrisikominderungstechniken		IFRS 7.36 ff.	§ 336 SolvV; § 17 Off-VO
	Operationelle Risiken		n/a	im AMA-Ansatz: Versicherungen gegen operationelle Risiken (§ 337 SolvV; § 18 Off-VO)

Die Angabepflichten nach IFRS 7 beziehen sich auf die Bedeutung von Finanzinstrumenten für die Vermögens- und Finanzlage des Unternehmens und den Unternehmenserfolg (IFRS 7.7). Dazu sind insbesondere die Art und das Ausmaß von Risiken, die sich aus Finanzinstrumenten ergeben, im sogenannten Risikobericht offenzulegen (IFRS 7.31 bis .42).

2. Allgemeine Vorschriften

2.1 Anwendungsbereich

Die Grundlage der Offenlegungsverpflichtungen in der CRD wurden in Deutschland mit § 26a KWG und in Österreich mit den §§ 26 und 26a BWG umgesetzt. Für technische Detailausführungen, nähere Anforderungen an den Inhalt und die Verfahren und Regelungen zur Erfüllung der Offenlegungspflichten wurde jeweils eine Verordnungsermächtigung vorgesehen[6], die in Deutschland im Rahmen der §§ 319 ff. SolvV und in Österreich durch eine gesonderte Off-VO umgesetzt wurde.

Kreditinstitute, die nicht in eine Gruppenstruktur eingebettet sind, haben die Offenlegungsverpflichtungen der Säule 3 grundsätzlich auf Einzelinstitutsbasis zu erfüllen.[7]

Die Offenlegungspflichten sind allerdings auf konsolidierter Basis zu erfüllen, sofern bestimmte, definierte Gruppenstrukturen vorliegen. In diesem Fall sind nachgeordnete Institute i. d. R. von der Verpflichtung befreit, auch Informationen auf Einzelinstitutsbasis zu veröffentlichen.[8] Die Verpflichtung zur Offenlegung konsolidierter Informationen trifft EU-Mutterkreditinstitute (korrekter ist die Bezeichnung **EWR-Mutterkreditinstitute**, die auch vom österreichischen Gesetzgeber gewählt wurde).[9] Befindet sich auf der höchsten Gruppenebene innerhalb des EWR eine Mutterfinanzholding (eine sogenannte EU- bzw. korrekter eine **EWR-Mutterfinanzholding**), dann hat das von der EWR-Mutterfinanzholding kontrollierte Mutterkreditinstitut die Offenlegungsverpflichtungen auf Basis der konsolidierten Finanzlage der EWR-Mutterfinanzholding zu erfüllen[10] (Konsolidierung aus der Perspektive der Holding).

Die entsprechenden Definitionen und Verpflichtungen hinsichtlich der konsolidierten Offenlegung werden ausführlich in Kapitel 3, S. 35 ff. beschrieben.

Die Offenlegung für Banken aus Sicht der IFRS betrifft bei Vorliegen eines Konzerns das Konzernmutterunternehmen (IAS 27.9). Der Abschluss enthält insbesondere den Anhang, der die maßgeblichen Bilanzierungs- und Bewertungsmethoden zusammenfasst und die sonstigen Erläuterungen enthält (IAS 1.10(e)). Bei Kreditinstituten haben die Angabeverpflichtungen zu Finanzinstrumenten besondere Bedeutung, weil diese die Geschäftstätigkeit des Instituts maßgeblich beeinflussen. Diese resultieren vor allem aus IFRS 7.

---

6 § 26a Abs. 1 Satz 3 KWG bzw. § 26 Abs. 8 BWG.
7 Vgl. Art. 68 (3) CRD.
8 § 319 Abs. 2 SolvV; § 26a Abs. 3 BWG.
9 Art. 72 (1) CRD.
10 Art. 72 (2) CRD.

2. Allgemeine Vorschriften

2.2 Offenlegungsmedium (§ 320 SolvV; § 26 Abs. 1 BWG)

Institute haben grundsätzlich in ihrem eigenen Ermessen festzulegen, in welchem **Medium** die aufsichtsrechtliche Offenlegung vorgenommen wird. Grundsätzlich müssen alle Angaben in einem Medium enthalten sein und das Medium muss allgemein zugänglich sein. Die Veröffentlichung auf der institutseigenen Internetseite bietet sich aufgrund der Unmittelbarkeit, der allgemeinen Zugänglichkeit, der Transparenz und Kosteneffizienz besonders als Offenlegungsmedium an.[11]

Soweit die Offenlegung bereits im Rahmen anderer rechtlicher Publizitätspflichten pflichtgemäß oder freiwillig erfolgt, kann unter Verweis auf das andere Offenlegungsmedium eine neuerliche Offenlegung unterbleiben. Dies kann z. B. aufgrund von Rechnungslegungs-, Börsen- oder sonstigen Vorschriften der Fall sein.[12] Damit werden Doppelbelastungen explizit vermieden und Synergien zum Jahresabschluss eröffnet.[13] Das gewählte Offenlegungsmedium ist grundsätzlich stetig zu nutzen. Dies gilt aber nicht für Informationen, die einmalig außerhalb der regulären Offenlegungen gemacht werden, um damit die Voraussetzungen für die aufsichtliche Anerkennung eines Modells zu erlangen; erst im Rahmen der nachfolgenden, jährlichen Offenlegungen dieser Informationen ist wiederum die Stetigkeit des Offenlegungsmediums zu beachten.

TAB. 2:	Jahresabschluss als geeignetes Medium zur Offenlegung
Ein nach IFRS aufgestellter und allgemein veröffentlichter Abschluss (insb. im Internet oder im Rahmen elektronischer Plattformen, die aufgrund der Transparenzrichtlinie vorgesehen wurden) bietet sich als Medium für die Offenlegung grundsätzlich an.	
Da grundsätzlich sämtliche Informationen in einem Medium offenzulegen sind, sind bei der Wahl des Jahresabschlusses als Medium der Offenlegung darin die entsprechenden Daten entweder zu integrieren oder es ist zumindest die Fundstelle der Veröffentlichung dieser speziellen Informationen anzugeben.	

Auch im Rahmen eines IFRS-Abschlusses besteht die Möglichkeit, den nach IFRS 7 erforderlichen Risikobericht aus dem Abschluss in ein anderes Dokument „auszulagern". Im Jahresabschluss muss dann ein klarer und eindeutiger Querverweis aufgenommen werden und das Berichtsmedium unter den gleichen Bedingungen und zur selben Zeit wie der Abschluss veröffentlicht werden (IFRS 7.B6). Aus diesem Grund könnte daher auch ein eigener „Risikobericht" außerhalb des IFRS-Abschlusses erstellt werden, der die nach IFRS 7 geforderten Mindestinhalte und die nach der Säule 3 erforderlichen Offenlegungen enthält. Allerdings verringern sich dadurch die Schnittstellen zwischen den IFRS und der Säule 3, weil zahlreiche Offenlegungsverpflichtungen der Säule 3 durch

---

11 § 320 Abs. 1 SolvV; vgl. *Finanzmarktaufsicht* [Hrsg.] (Merkblatt 2007), S. 1.
12 § 320 Abs. 1 Satz 2 SolvV bzw. § 26 Abs. 2 BWG.
13 Vgl. § 26 Abs. 1 BWG.

andere Anhangangaben im IFRS-Abschluss erfüllt werden können (z. B. die Angaben zur Kapitalausstattung nach IAS 1.134).

TAB. 3: Geschäftsbericht als geeignetes Medium zur Offenlegung

Wird der Risikobericht gemäß IFRS 7 zwar außerhalb des IFRS-Abschlusses, aber als zusätzliches Kapitel in einem auf der Institutshomepage veröffentlichten „Geschäftsbericht" veröffentlicht, dann kann der Geschäftsbericht „als ganzes" als Medium im Sinne der Säule 3 angesehen werden. Damit können die Offenlegungsverpflichtungen nach der Säule 3 zum Teil im Anhang des IFRS-Abschlusses, zum Teil im Risikobericht und ggf. zum Teil durch andere Bestandteile (z. B. ergänzende Kapitel) des Geschäftsberichts abgedeckt werden.

Bei der Offenlegung nach der Säule 3 ist der **Schutz- und Vertraulichkeitsgrundsatz** zu beachten. Informationen gelten besonders dann als rechtlich geschützt, wenn ihre öffentliche Bekanntgabe im Rahmen der Veröffentlichungspflichten die Wettbewerbsposition des Instituts schwächen würde. Informationen gelten als vertraulich, wenn sie auf vertraglicher Basis zur Verfügung gestellt wurden oder aus einer Geschäftsverbindung resultieren. Informationen über Produkte oder Systeme, deren Bekanntmachung den Wert der Investition des Instituts in diese mindern würde und Informationen, deren Veröffentlichung einen unverhältnismäßig detaillierten Aufschluss über geographische, branchenmäßige, forderungsklassenbezogene oder bonitätsmäßige Geschäftsstruktur geben, fallen auch darunter.[14] Das Institut ist verpflichtet, den Grund für die Nichtoffenlegung darzulegen. Ein reiner Globalverweis dahingehend, dass jene Information, die das Institut als vertraulich einstuft, nicht offen gelegt wird, ist nicht ausreichend. Vielmehr sind allgemeine Informationen zu den geforderten Informationsbestandteilen zu veröffentlichen, die weder als vertraulich noch als geheim eingestuft werden, es sei denn, diese sind ebenfalls als rechtlich geschützt oder vertraulich einzustufen.[15]

Wird der Schutz- und Vertrauensgrundsatz im Rahmen der Säule 3 in Anspruch genommen, dann ist darauf hinzuweisen und die Nichtveröffentlichung zu begründen; außerdem muss das Institut zumindest allgemeine Informationen zu den geforderten Informationsbestandteilen darstellen, die weder als vertraulich noch als geheim einzustufen sind.[16]

---

14 Vgl. *Finanzmarktaufsicht* [Hrsg.] (Merkblatt 2007), S. 2.
15 § 26a Abs. 2 Satz 3 KWG bzw. § 26 Abs. 5 Z 2 BWG; vgl. *Finanzmarktaufsicht* [Hrsg.] (Merkblatt 2007), S. 2.
16 § 26a Abs. 2 KWG; § 26 Abs. 6 BWG.

2. Allgemeine Vorschriften

TAB. 4:	Schutz- und Vertraulichkeitsgrundsatz
Der Grundsatz des Schutzes und der Vertraulichkeit von offenzulegenden Informationen besteht nach IFRS nicht. Soweit eine Information nach IFRS verpflichtend anzugeben ist, muss diese Verpflichtung aufgrund des Vorrangs von EU-Verordnungen gegenüber nationalem Recht jedenfalls erfüllt werden. Der Schutz- und Vertraulichkeitsgrundsatz der Säule 3 gilt nicht für den IFRS-Abschluss. Allerdings sind die Offenlegungsanforderungen der IFRS meist weniger detailliert als jene der Säule 3, sodass die Offenlegung im IFRS-Abschluss i. d. R. den Schutz und die Vertraulichkeit gewährleistet. Auf die Offenlegung zusätzlicher Details, die nur nach der Säule 3 erforderlich wären, kann dann verzichtet werden. Der Wesentlichkeitsgrundsatz der IFRS bietet keinen Ausweg, um die grundsätzliche Veröffentlichungspflicht vertraulicher oder schutzwürdiger Informationen im IFRS-Abschluss zu umgehen, da unwesentliche Informationen ohnehin nicht offenzulegen sind.	

Eine Offenlegung kann durch das Institut auch unterbleiben, sofern es sich um **unwesentliche Informationsbestandteile** handelt.[17] Durch das Fehlen von spezifischen Wesentlichkeitsgrenzen hat das Institut nach eigenem Ermessen die Wesentlichkeit festzulegen. Der Baseler Accord sieht dazu einen so genannten Nutzertest (*user test*) vor. Wesentlich sind jene Informationen, deren Unterlassung oder Fehlerhaftigkeit die Beurteilung oder die wirtschaftlichen Entscheidungen eines Nutzers beeinflussen würden.[18]

Auch die IFRS kennen den **Grundsatz der Wesentlichkeit** (IAS 1.29), dessen Definition vergleichbar mit jener des Baseler Accords ist. Im Fall von Finanzinstrumenten muss der Wesentlichkeitsgrundsatz restriktiv gehandhabt werden, denn viele, isoliert betrachtet mitunter unwesentliche Einzelinformationen müssen ein Gesamtbild als Entscheidungsgrundlage vermitteln.[19] Der **Detaillierungsgrad** im Rahmen der Berichterstattung nach IFRS 7 wird durch das Institut selbst festgelegt. Auch hat das Institut zu entscheiden, wie die Gewichtung der einzelnen Aspekte der Anforderungen erfolgt und wie die Informationen zur Darstellung eines Gesamtbildes aggregiert werden (IFRS 7.B3). Bei der Darstellung des Gesamtbildes darf der Abschluss weder mit zu vielen und meistens wenig hilfreichen Details überlastet werden, noch dürfen wichtige Informationen durch eine zu starke Verdichtung von Details verloren gehen. Dies muss im Grunde auch für die Offenlegung nach der Säule 3 gefordert werden. Der Grundsatz der Wesentlichkeit gilt nicht für qualifizierende Offenlegungspflichten.

TAB. 5:	Unwesentliche Informationsbestandteile
Da die Festlegung der Wesentlichkeit einer Information nach Säule 3 im Ermessen des Instituts liegt, bietet sich ein Gleichlauf zwischen Basel II Säule 3 und IFRS an. Diese Einschätzung vertritt auch der Baseler Ausschuss, der eine Übereinstimmung der Definition der Wesentlichkeit mit den Internationalen Rechnungslegungsstandards erkennt.[20]	

---

17 § 26a Abs. 2 KWG; § 26 Abs. 5 Z 1 BWG.
18 Vgl. Basler Ausschuss für Bankenaufsicht (Basel II 2006), Rz. 817.
19 Vgl. *Kuhn/Scharpf* (Finanzinstrumente 2006), Rn. 4031 f.
20 Vgl. Basler Ausschuss für Bankenaufsicht (Basel II 2006), Rz. 817.

2.3 Offenlegungsintervall und Fristen der (erstmaligen) Offenlegung (§ 321 SolvV; § 26 Abs. 3 BWG)

Der Jahresabschluss nach IFRS als Offenlegungsmedium kommt auch nur insofern in Frage, als das Offenlegungsintervall und die Fristen der Offenlegung kompatibel zu den Anforderungen der Säule 3 sind. Die Offenlegung erfolgt immer mit zeitlicher Verzögerung zwischen dem Offenlegungsstichtag und dem Veröffentlichungszeitpunkt; wird der Jahresabschluss als Medium gewählt, dann ist der Offenlegungsstichtag konsequenterweise der Abschlussstichtag und die Offenlegung erfolgt im Rahmen der Veröffentlichung des Jahresabschlusses.

TAB. 6:	Offenlegungsintervalle
Säule 3	**IFRS**
Für deutsche Institute: Die Offenlegung der geforderten Informationen hat generell (mindestens) jährlich zu erfolgen. In Einzelfällen kann die BaFin häufigere Offenlegungsintervalle anordnen, insbesondere wenn dies aufgrund des Umfangs und der Struktur der Geschäfte sowie der Marktaktivität des Instituts angemessen ist.[21] Die Offenlegung soll nach Maßgabe der Verfügbarkeit der Daten und der externen Rechnungslegung zeitnah erfolgen.	IFRS-Abschlüsse müssen zumindest jährlich aufgestellt werden (*„at least annually"* (IAS 1.36)); dies ergibt sich auch aus dem nationalen Rechnungslegungsrecht. An einem geregelten Markt mit Aktien oder Schuldtiteln notierte Unternehmen haben mitunter Halbjahresfinanzberichte und/oder Zwischenmitteilungen zu veröffentlichen (in Deutschland gemäß § 37w und § 37x WpHG; in Österreich gemäß § 87 BörseG).
Für österreichische Institute: Die Offenlegung hat zumindest einmal jährlich zu erfolgen.[22] Eine häufigere als einmal jährliche ganze oder teilweise Veröffentlichung ist vorzunehmen, wenn dies wegen des Umfangs der Tätigkeit, der Art der Tätigkeiten, der Präsenz in verschiedenen Ländern, des Engagements in verschiedenen Bereichen der Finanzmärkte, der Tätigkeit auf internationalen Finanzmärkten oder der Beteiligung an Zahlungs-, Abrechnungs- und Clearingsystemen erforderlich ist.[23] Dabei ist durch die Kreditinstitute besonders zu prüfen, ob ein kürzeres Intervall für Informationen bezüglich der Eigenmittelerfordernisse sowie Informationen über Forderungen mit hohem	

---

21 § 321 Abs. 1 SolvV.
22 § 26 Abs. 1 BWG.
23 § 26 Abs. 3 BWG.

2. Allgemeine Vorschriften

TAB. 6:	Offenlegungsintervalle
Säule 3	IFRS
Risiko und andere Positionen, die kurzfristigen Änderungen unterliegen, notwendig ist. Mittels Verordnungsermächtigung besteht die Möglichkeit seitens der FMA, den Kreditinstituten vorzuschreiben, eine oder mehrere Angaben mehr als einmal jährlich offen zu legen. Ebenso können Fristen für diese Offenlegung seitens der FMA gesetzt werden.[24]	
Schnittstellen zwischen Säule 3 und IFRS	
Das jährliche Veröffentlichungsintervall der IFRS-Abschlüsse deckt sich mit dem Veröffentlichungsintervall nach der Säule 3. Bei allenfalls öfter zu veröffentlichenden Informationen der Säule 3 könnte ggf. auf Halbjahresfinanzberichte und Zwischenmitteilungen als Medium zurückgegriffen werden (z. B. würde sich hier eine Veröffentlichung der Eigenmittelausstattung zum Halbjahresstichtag anbieten). Sofern Institute aber nicht zu einer unterjährigen Finanzberichterstattung verpflichtet sind, kann eine unterjährige Offenlegung nur über andere Medien erfolgen.	

Die **erstmalige Offenlegung** nach Säule 3 erfolgt mit dem Übergang auf Basel II; entsprechend sind spätestens mit 1. Januar 2008 die Offenlegungsbestimmungen einzuhalten. Auch bei der erstmaligen Offenlegung steht dem Institut die Wahl des Mediums frei. Alle Informationen sind aber grundsätzlich im selben, öffentlich zugänglichen Medium zu veröffentlichen. Abhängig von der konkreten Wahl des Mediums und dessen zeitlicher Verfügbarkeit ergibt sich auch der Zeitpunkt der erstmaligen Erfüllung: Grundsätzlich bietet sich das Internet (Veröffentlichung auf institutseigener Internetseite) aufgrund seiner Unmittelbarkeit, allgemeinen Zugänglichkeit, Transparenz und Kosteneffizienz als geeignetes Offenlegungsmedium an. In diesem Fall wären die qualitativen Informationen unverzüglich nach Übergang zum Basel II Regime, die quantitativen Daten abhängig von der Verfügbarkeit entsprechend qualitativ hochwertiger Daten offen zu legen. Wird als verwendetes Medium zur Offenlegung die externe Berichterstattung des Jahresabschlusses gewählt, so ist der Zeitpunkt der Offenlegung von der Verfügbarkeit dieses Mediums abhängig. Somit ist i. d. R. – bei Ausübung des Wahlrechts zur Anwendung von Basel II zum 1. Januar 2008 – per Datenbasis des Jahresabschlusses zum 31. Dezember 2008 die Offenlegung vorzunehmen.[25]

Soweit im Rahmen der Säule 3 **qualifizierende Anforderungen** für die Nutzung besonderer Instrumente oder Methoden vorgesehen sind, stellt die Offenlegung sogleich die

---

24 § 26 Abs. 8 Z 2 BWG.
25 § 339 Abs. 9 SolvV; § 103e Z 7 lit. f BWG.

2.3 Offenlegungsintervall und Fristen der (erstmaligen) Offenlegung

Voraussetzung der behördlichen Bewilligung bzw. der Anwendung dieser besonderen Instrumente oder Methoden dar. Diese Angaben sind somit nur von jenen Instituten darzustellen, bei denen die besonderen Instrumente und Methoden auch behördlich bewilligt bzw. angewandt werden sollen.[26] Diese Offenlegung hat eine Sonderstellung; sie hat, zumindest in Österreich, **unverzüglich nach positiver Bescheiderledigung** zur erfolgen und dabei die erforderlichen **qualitativen Angaben** zu umfassen. Die **quantitativen Angaben** sind sodann zeitnah nach positiver Bescheiderledigung unter Berücksichtigung der Verfügbarkeit hochwertiger Daten offenzulegen.[27] Analog sind die Angaben bei der erstmaligen Verwendung zeitnah zur erstmaligen Verwendung offenzulegen.

TAB. 7:	Offenlegung der qualifizierenden Anforderungen
Jahresabschlüsse sind aufgrund ihrer fixen zeitlichen Intervalle und der vergleichsweise langen Aufstellungszeit als Medium für qualifizierende Anforderungen eingeschränkt: Die **qualitativen Angaben** sind jedenfalls zeitnah zur Bescheiderledigung bzw. zur Verwendung offenzulegen; allenfalls könnten die quantitativen Angaben mit dem Jahresabschluss offengelegt werden, sie müssen aber immer noch zeitnah nach positiver Bescheiderledigung offengelegt werden, was nur in besonderen Fällen möglich ist (z. B. bei Bescheiderledigung am Ende der Periode bei relativ rascher Abschlusserstellung oder bei Bescheiderledigung zwischen Periodenende und Aufstellung des Jahresabschlusses). Die Problematik stellt sich nur bei erstmaliger Offenlegung bzw. später bei einer wesentlichen Abänderung des Modells. Ansonsten kann die laufende Offenlegung der qualifizierenden Anforderungen in den Jahresabschluss integriert werden oder es ist alternativ die Fundstelle der Veröffentlichung dieser speziellen Informationen anzugeben.	

Die **Frist zur Offenlegung** der aufsichtsrechtlichen Informationen richtet sich insbesondere nach der Verfügbarkeit der Informationen und des Offenlegungsmediums. Dabei ist die Abwägung zwischen einer zügigen Offenlegung und einer qualitativ hochwertigen Offenlegung, die auf qualitätsgesicherten Informationen der externen Rechnungslegung basiert, zu treffen. Bei vollständigem Vorliegen der Daten der externen Rechnungslegung hat die Offenlegung jedenfalls zeitnah zu erfolgen.[28]

---

26 Dies sind im Einzelnen: §§ 335, 336 und 337 bzw. §§ 16, 17 und 18 Off-VO.
27 Vgl. *Finanzmarktaufsicht* [Hrsg.] (Merkblatt 2007), S. 1.
28 Gl. A.: Fachausschuss für Rechnungslegung und Prüfung des DGRV: „Wegen bestimmter Angaben, die sich aus dem Jahresabschluss ergeben (etwas Risikovorsorge), lässt sich die Empfehlung ableiten, die Offenlegungsanforderungen aus der SolvV im zeitlichen Einklang mit den handelsrechtlichen Offenlegungspflichten zu erfüllen (unverzüglich nach der General- oder Vertreterversammlung [...].“; vgl. diesbezüglich *Walter/Weller* (Transparenzanforderungen 2008), S. 74.

2. Allgemeine Vorschriften

TAB. 8:	Frist zur Offenlegung
Abhängig von der konkreten Wahl des Mediums und dessen zeitlicher Verfügbarkeit ergibt sich auch der Zeitpunkt der Erfüllung der Offenlegungsanforderungen. Sofern die Offenlegung der Daten nach Säule 3 über Jahresabschlüsse erfolgt, ist die Frist zur Offenlegung jedenfalls als geeignet anzusehen, weil Jahresabschlüsse als Offenlegungsmedien anerkannt sind und somit auch der damit verbundene, gesetzliche Aufstellungszeitrahmen ausreichend sein muss. Werden Jahresabschlüsse entgegen den gesetzlichen Bestimmungen verspätet veröffentlicht und decken diese Pflichtbestandteile nach der Säule 3 ab, dann ist damit i. d. R. auch die Offenlegung nach der Säule 3 als verspätet anzusehen.	

2.4 Verantwortlichkeit für die Offenlegung und Prüfung der Offenlegung

Die **Verantwortung** zur Einhaltung der Offenlegungspflichten trifft das Institut[29] oder das übergeordnete Unternehmen (Deutschland) bzw. das übergeordnete Kreditinstitut (Österreich).[30] Für die ordnungsgemäße Offenlegung sind somit die Geschäftsleiter des Instituts verantwortlich; dies ergibt sich neben der allgemeinen Verantwortlichkeit für die ordnungsgemäße Geschäftsorganisation[31] aus der Verantwortlichkeit der Geschäftsleiter des übergeordneten Unternehmens für die Offenlegung der beaufsichtigten Gruppe.[32] Eine gesonderte Unterzeichnung – wie etwa im Rahmen des Jahresabschlusses – wird nicht gefordert. Wird allerdings die Säule 3 ganz oder teilweise durch Angaben im Jahresabschluss erfüllt, werden die Angaben insofern auch unterzeichnet.

Die **Prüfung der Offenlegung** erfolgt auf der einen Seite institutsintern und auf der anderen Seite durch den Abschlussprüfer. Anknüpfungspunkt der **internen Überprüfung** sind die gesetzlich geforderten förmlichen Verfahren und Regelungen zur Erfüllung der Offenlegungspflichten. Diese Regelungen sind so auszurichten, dass sie eine regelmäßige Überprüfung der Angemessenheit und Zweckmäßigkeit der Offenlegungspraxis des Instituts gewährleisten.[33] Als Rahmenbedingung sind die „besonderen organisatori-

---

29 § 26a Abs. 1 KWG spricht von: „ein Institut muss [...] veröffentlichen [...]" bzw. § 26 Abs. 1 BWG spricht von: „Kreditinstitute haben [...] offen zu legen."
30 § 26a Abs. 4 KWG; § 26a Abs. 1 und Abs. 2 BWG. Die Verpflichtung zur Offenlegung für bedeutende Tochterunternehmen gemäß § 26a Abs. 4 und Abs. 5 BWG ist mittels Bescheid festzustellen.
31 § 25a Abs. 1 Satz 2 i.V. m. § 1 Abs. 2 Satz 1 KWG; § 39 Abs. 1 BWG.
32 § 26a Abs. 4 erster Satz KWG; § 26a Abs. 1 und Abs. 2 i.V. m. § 30 Abs. 6 BWG.
33 § 26a Abs. 1 KWG i.V. m. der Verordnungsermächtigung nach § 10 Abs. 1 Satz 9 Nr. 7 KWG insbesondere über die Pflicht der Institute zur Offenlegung von zum Nachweis angemessener Eigenmittel zugrunde gelegten Informationen nach Maßgabe des § 26a Abs. 1 und 2 KWG, einschließlich des Gegenstands der Offenlegungsanforderung, sowie des Mediums und der Häufigkeit der Offenlegung. § 26 Abs. 4 BWG spricht von verbindlichen internen Vorschriften, die die Angemessenheit der offengelegten Informationen sicherstellen. Hierzu zählen auch die Überprüfung der Angaben selbst und die Häufigkeit ihrer Veröffentlichung.

2.4 Verantwortlichkeit für die Offenlegung und Prüfung der Offenlegung

schen Pflichten von Instituten"[34] bzw. die „allgemeinen Sorgfaltspflichten"[35] der Geschäftsleiter heranzuziehen. Danach hat das Institut über eine ordnungsgemäße Geschäftsorganisation zu verfügen, insbesondere über ein angemessenes und wirksames Risikomanagement (bzw. angemessene Verwaltungs-, Rechnungslegungs- und Kontrollverfahren) einschließlich interner Kontrollverfahren und einer internen Revision. Die Ausgestaltung des Risikomanagements hängt von der Art, dem Umfang, der Komplexität und dem Risikogehalt der Geschäftstätigkeit ab.[36] Die interne Revision ist auch mit der Prüfung der Offenlegung zu betrauen.[37]

Die **externe Prüfung der Offenlegungspflichten** erfolgt durch den Abschlussprüfer. Bei der Prüfung des Jahresabschlusses hat der Prüfer in Deutschland insbesondere festzustellen, ob das Institut die Anforderungen nach § 26a KWG erfüllt hat.[38] Das Ergebnis der Prüfung ist in den Prüfungsbericht aufzunehmen.[39]

Für österreichische Institute: Die Prüfung durch den Bankprüfer hat die **Beachtung** der §§ 26 und 26a zu umfassen.[40] Das Ergebnis der Prüfung ist in einer Anlage gemäß § 63 Abs. 5 und 7 BWG zum Prüfungsbericht über den Jahresabschluss darzustellen.[41] Die Form und Gliederung dieser Anlage wird durch die Verordnung der Finanzmarktaufsichtsbehörde über die Anlage zum Prüfungsbericht (AP-VO) vorgegeben.

Der Prüfbericht umfasst im Einzelnen[42]: Die Beachtung der Offenlegungspflichten hinsichtlich § 26 Abs. 1, Abs. 2 und Abs. 4 BWG i. V. m. der Off-VO; die verkürzten Offenlegungsintervalle gemäß § 26 Abs. 3 BWG; das Unterlassen der Offenlegung von Informationen und die in diesem Zusammenhang stehende Offenlegung von allgemeineren Informationen gemäß § 26 Abs. 5 bzw. Abs. 6 zweiter Satz BWG und die Offenlegungspflichten gemäß § 26a BWG. Gegenstand der Prüfung ist somit die Beachtung der gesetzlichen Anforderungen, also die Einhaltung der Bestimmungen durch das Institut. Dies umfasst die formelle Erfüllung (wurden alle wesentlichen Informationen offengelegt) und andererseits die materielle Erfüllung (entsprechen die offengelegten Informationen den tatsächlichen Verhältnissen).

---

34 § 25a KWG.
35 § 39 BWG.
36 § 25a Abs. 1 KWG bzw. § 39 Abs. 2 BWG.
37 Vgl. hierzu auch *Ramke* (Offenlegungserfordernisse 2007), S. 161 f. der aus Sicht der internen Revision einzelne Punkte der Prüfung anspricht.
38 § 29 Abs. 1 zweiter Satz KWG.
39 § 29 Abs. 1 Satz 6 KWG.
40 § 63 Abs. 4 Z 7 BWG.
41 § 63 Abs. 5 erster und zweiter Satz BWG.
42 Z 70 bis 74 in Teil I (zum BWG) und die Z 10 in Teil VI der Anlage zur AP-VO.

2. Allgemeine Vorschriften

Da die Prüfung der Offenlegung einen Bestandteil der Prüfung der Gesetzmäßigkeit des Jahresabschlusses darstellt (§ 63 Abs. 4 erster Satz BWG), kann ein Jahresabschluss nur dann als gesetzmäßig beurteilt werden, wenn auch die Offenlegung geprüft wurde und den tatsächlichen Verhältnissen entspricht. Damit können sich die Adressaten der Offenlegung auch darauf verlassen, dass die Informationen im Rahmen der Jahresabschlussprüfung entsprechend geprüft wurden.

Wird der **Jahresabschlusses als Offenlegungsmedium** genutzt, dann sind die Inhalte der Säule 3 nach den selben Maßstäben zu prüfen wie der Jahresabschluss. Allerdings kann im Bestätigungsvermerk durch Ergänzung gemäß § 274 Abs. 2 Satz 2 UGB darauf verwiesen werden, dass bestimmte Bestandteile des Anhangs mit einer niedrigeren Prüfungsqualität geprüft wurden.[43]

Sofern ein Kreditinstitut seine Organisationsstruktur, sein Risikomanagement und seine Risikokapitalsituation gemäß § 26 BWG im Jahresabschluss[44] offenlegt, erstreckt sich die Prüfung darauf, ob die Beschreibung den gesetzlichen Vorschriften entspricht, und nicht darauf, ob die Organisationsstruktur und das Risikomanagement wirksam und angemessen sind und ob die Angaben zur Risikokapitalsituation zutreffend sind. Dies wäre durch eine **Ergänzung des Bestätigungsvermerks** zu verdeutlichen.[45]

Da vom Gesetz eine inhaltliche Prüfung verlangt wird, erstreckt sich die Prüfung nicht (nur) auf die Vornahme einer Offenlegung *während* der geprüften Periode, sondern auf die gesetzeskonforme Offenlegung *für* die geprüfte Periode (keine zeitversetzte Prüfung mit einem Periodenversatz von einem Jahr). Die Prüfung der Offenlegungsanforderungen ist in die Jahresabschlussprüfung jener Periode mit einzubeziehen, auf die sich die in der Folge offenzulegenden Informationen beziehen.

---

43 Bankprüfungsrichtlinie (BPR) 2007, S. 2. Die Bankprüfungsrichtlinie befasst sich mit jenen Fragestellungen der Abschlussprüfung, die bei Kreditinstituten spezifisch sind; sie ergänzt die anderen berufsständischen Fachgutachten und Richtlinien.
44 § 26 Abs. 1 letzter Halbsatz BWG.
45 Bankprüfungsrichtlinie (BPR) 2007, S. 7.

3. Konsolidierte Offenlegung

3.1 Grundlagen

Im Bereich der IFRS sind die Grundlagen für die Konsolidierungspflicht (Aufstellungspflicht eines Konzernabschlusses nach IFRS) und den Konsolidierungskreis konzeptionell verhältnismäßig einfach.

„Für Geschäftsjahre, die am oder nach dem 1. Januar 2005 beginnen, stellen Gesellschaften, die dem Recht eines Mitgliedstaates unterliegen, ihre konsolidierten Abschlüsse nach den internationalen Rechnungslegungsstandards auf, ... wenn am jeweiligen Bilanzstichtag ihre Wertpapiere in einem beliebigen Mitgliedstaat zum Handel in einem geregelten Markt ... zugelassen sind".[46] „Die Klärung der Frage, ob eine Gesellschaft zur Erstellung eines konsolidierten Abschlusses verpflichtet ist oder nicht, wird nach wie vor durch Bezugnahme auf das einzelstaatliche Recht erfolgen".[47]

Das Mutterunternehmen für Zwecke der Konsolidierung ist grundsätzlich auch jenes Unternehmen, das den Konzernabschluss aufzustellen hat. Das innerstaatliche Recht kann allerdings besondere Anforderungen für Kreditinstitute festlegen.[48]

Besteht nach Maßgabe dieser Grundsätze die Verpflichtung, einen Konzernabschluss nach IFRS aufzustellen, oder wird dieser freiwillig aufgestellt, dann ist in einem nächsten Schritt der Konsolidierungskreis festzulegen: Alle Tochterunternehmen sind in den Konzernabschluss einzubeziehen (IAS 27.12). Tochterunternehmen sind auch dann einzubeziehen, wenn sie konzernfremde bzw. unterschiedliche Tätigkeiten ausüben; die unterschiedlichen Tätigkeiten konsolidierter Unternehmen werden nämlich durch den Segmentbericht transparent gemacht (IAS 27.17).

---

[46] EU-Verordnung betreffend die Anwendung internationaler Rechnungslegungsstandards 1606/2002/EG i. d. F. VO 297/2008/EG, Artikel 4. Die Frist verlängert sich bis zum 1. Januar 2007, wenn lediglich Schuldtitel eines Unternehmens zum Handel zugelassen sind (z. B. Anleihen) oder wenn das Unternehmen an Börsen in Drittländern notiert ist und Jahresabschlüsse nach anderen international anerkannten Standards dort Zulassungsvoraussetzung sind (Artikel 9; d. h. US-GAAP).
[47] Europäische Kommission, Kommentar zu bestimmten Artikeln der Verordnung 1606/2002/EG, Abschnitt 2.2.2.
[48] In Österreich ist beispielsweise für jede beaufsichtigte Kreditinstitutsgruppe auch ein eigener Konzernabschluss aufzustellen, zu prüfen und zu veröffentlichen (§ 59 BWG); Kreditinstitutsgruppen umfassen auch Finanzholding-Gruppen (§ 30 Abs. 2 BWG). Mitunter kann ein Kreditinstitut daher verpflichtet sein, parallel mehrere Konzernabschlüsse mit jeweils anderen Konsolidierungskreisen aufzustellen.

3. Konsolidierte Offenlegung

Die aufsichtsrechtlichen Konsolidierungspflichten sind dagegen um ein Vielfaches komplexer:

- ▶ Das konsolidiert beaufsichtigte Institut muss nicht das Mutterunternehmen der Gruppe sein und muss in diesem Fall aus der Perspektive eines anderen Unternehmens heraus konsolidieren.
- ▶ Das konsolidiert beaufsichtigte Institut muss selbst keine Töchter haben; für die konsolidierte Aufsicht reicht es aus, wenn es einer Finanzholding nachgeordnet ist.
- ▶ Mehrere, teilweise überlappende Konsolidierungskreise können in der Konzernstruktur sowohl „nach oben" hin (z. B. bei mehreren übereinander liegenden Finanzholding-Gesellschaften in verschiedenen EWR-Staaten) als auch „nach unten" hin (Teilkonzerne aus der Perspektive von Tochterunternehmen, die jeweils in einem Mitgliedsstaat eine Teilkonzernmutter bilden) bestehen.
- ▶ Eine beaufsichtigte Institutsgruppe umfasst nur Unternehmen der Bankenbranche, nicht aber branchenfremde Unternehmen. Allerdings können im Gegensatz zu den IFRS auch Minderheitsbeteiligungen in der Bankenbranche, i. d. R. ab einer Beteiligungsquote von 10 %, freiwillig quotenkonsolidiert werden.
- ▶ Bei Finanzkonglomeraten kann ein zusätzlicher Konsolidierungskreis für die Banken- und Versicherungsbranche bestehen.
- ▶ Das aufsichtsrechtliche Handelsbuch folgt grundsätzlich einem eingeschränkten Konsolidierungskreis, weil nicht alle Gruppenmitglieder über ein solches Handelsbuch verfügen.

Die Komplexität der aufsichtsrechtlichen Konsolidierungspflichten hat im Wesentlichen drei Gründe: Erstens können die Anforderungen der Bankenaufsicht i. d. R. nur gegenüber Kreditinstituten durchgesetzt werden; diese müssen daher auch Risiken aus übergeordneten Holdinggesellschaften mitberücksichtigen (z. B. Problem des *„excessive leverage"* der Holding verbunden mit einer Weiterleitung des Fremdkapitals als Eigenmittel an das Kreditinstitut). Zweitens erfüllt die Bankenaufsicht einen wichtigen nationalen Schutzzweck und ist von stark unterschiedlichen nationalen Systemen geprägt (z. B. Einlagensicherungssysteme, Besonderheiten dezentraler Sektorbanken, Meldewesen für Zwecke volkswirtschaftlicher Statistiken). Daher ist eine konsolidierte Beaufsichtigung von Teilgruppen auf nationaler Basis unverzichtbar, auch wenn die Teilgruppe als Bestandteil einer übergeordneten Gruppe bereits im Ausland beaufsichtigt wird. Drittens ist ein auf die Bankenbranche eingeschränkter Konsolidierungskreis unabdingbar, weil die komplexen Instrumente der Bankenaufsicht (z. B. interne Ratingsysteme) sonst auf branchenfremde Unternehmen wie Versicherungsunternehmen oder Industrieunternehmen „ausgerollt" werden müssten.

Zusätzliche Komplexität ergibt sich aus der Säule 3: nicht jede konsolidiert beaufsichtigte Institutsgruppe muss auch Informationen für Zwecke von Säule 3 bereitstellen.

Die Unterschiede in den Konsolidierungspflichten und im Konsolidierungskreis werfen allerdings zahlreiche Fragestellungen auf, weil der nach IFRS dargestellte Konzern („*entity*" i. S. v. IAS 1.2) meist nicht mit der beaufsichtigten Gruppe übereinstimmt. Zu beachten sind insbesondere folgende Fragen:

▶ Wie weit können Risikodaten aus der Säule 1 (z. B. zum Kredit- und Marktrisiko) als Datengrundlage für die Anwendung der IFRS herangezogen werden (z. B. für Portfoliowertberichtigungen nach IAS 39 oder für die Risikoangaben nach IFRS 7)?

▶ Wie weit können Informationen gemäß Basel II Säule 3, die den aufsichtsrechtlichen Konsolidierungskreis abdecken, durch die Anhangangaben nach IFRS (insbesondere IFRS 7) erfüllt werden, die den Konsolidierungskreis nach IFRS abdecken?

▶ Welche Eigenmittel sind nach der Säule 3 bzw. unter den externen Kapitalerfordernissen gemäß IAS 1.134 anzugeben, wenn abweichende oder mehrere aufsichtsrechtliche Konsolidierungskreise gleichzeitig bestehen.

▶ Ist das Unternehmen, das zur Aufstellung eines IFRS-Konzernabschlusses verpflichtet ist, identisch mit jenem Unternehmen, das die Angabepflichten nach Basel II Säule 3 zu erfüllen hat. Auch wenn die Unternehmen nicht identisch sind, kann trotzdem der Konzern identisch sein (z. B. weil ein konsolidiert beaufsichtigtes Tochterunternehmen aus der Perspektive einer übergeordneten Finanzholding zu konsolidieren hat, die wiederum einen IFRS-Konzernabschluss erstellt).

Diese Fragen können nicht pauschal beantwortet werden, weil sie im Einzelfall stets anders gelagert sind. Da die bankenaufsichtsrechtlichen Vorgaben wenig Spielraum lassen, muss die von den IFRS zugelassene Flexibilität entsprechend genutzt werden (z. B. der Wesentlichkeitsgrundsatz oder die Möglichkeit, Risikoinformationen gemäß IFRS 7 zu segmentieren).

In der Praxis sind i. d. R. grenzüberschreitende Sachverhalte betroffen; die CRD regelt diese Sachverhalte sehr genau und ist mitunter verständlicher als so manche nationale Umsetzung. Daher basieren die Ausführungen in diesem Kapital auf der CRD.

3.2 Konsolidierte Beaufsichtigung von Kreditinstituten

Mutterkreditinstitute in einem Mitgliedstaat werden grundsätzlich auf konsolidierter Basis beaufsichtigt und legen zu diesem Zweck ihre konsolidierte Finanzlage zugrunde.[49] Ein Mutterkreditinstitut in einem Mitgliedstaat ist ein Kreditinstitut, das ein Kredit- oder Finanzinstitut als Tochter hat oder eine Beteiligung an einem solchen hält und selbst nicht Tochtergesellschaft eines anderen, in demselben Mitgliedstaat zugelasse-

---

49 Art. 71 (1) CRD.

3. Konsolidierte Offenlegung

nen Kreditinstituts oder einer in demselben Mitgliedstaat errichteten Finanzholding-Gesellschaft ist.[50]

Mutterkreditinstitute sind somit die – aus jeweils nationaler Sicht – Kreditinstitute an der Spitze einer Gruppe. Das Mutterkreditinstitut ist meist auch ein Mutterunternehmen im Sinne der Rechnungslegung, das einen Konzernabschluss aufzustellen hat; allerdings reicht nach der CRD bereits eine Beteiligung, während die Definition eines Mutterunternehmens in der Rechnungslegung meist auf ein Beherrschungsverhältnis abstellt.

Ergänzend zu der konsolidierten Beaufsichtigung von Mutterkreditinstituten werden auch sogenannte **Finanzholding-Gruppen** beaufsichtigt: Kreditinstitute, die von einer Mutterfinanzholding-Gesellschaft in einem Mitgliedstaat kontrolliert werden, müssen die bankaufsichtsrechtlichen Anforderungen konsolidiert ermitteln und legen zu diesem Zweck die konsolidierte Finanzlage dieser Finanzholding-Gesellschaft zugrunde.[51] Folglich muss das Kreditinstitut aus der Perspektive der Finanzholding-Gesellschaft die konsolidierte Finanzlage ermitteln.

Eine Mutterfinanzholding-Gesellschaft in einem Mitgliedstaat ist eine Finanzholding-Gesellschaft[52], die nicht Tochtergesellschaft eines in demselben Mitgliedstaat zugelassenen Kreditinstituts oder einer in demselben Mitgliedstaat errichteten Finanzholding-Gesellschaft ist.[53] Sie ist daher – aus jeweils nationaler Sicht – die Finanzholding-Gesellschaft an der Spitze einer Gruppe. Gibt es Finanzholding-Gesellschaften in mehreren verschiedenen Mitgliedstaaten, dann ist diese Gruppendefinition auch mehrfach erfüllt – aus Perspektive des jeweiligen Mitgliedsstaates.

Ein zusätzliches Konsolidierungserfordernis wird außerdem Tochterkreditinstituten auferlegt, die bestimmte Beteiligungen an Unternehmen in Drittstaaten halten.[54]

---

50 Art. 4 (14) CRD.
51 Art. 71 (2) CRD.
52 Finanzholding-Gesellschaften sind Unternehmen, die kein Kreditinstitut im Sinn der Richtlinie sind, und deren Haupttätigkeit darin besteht, Beteiligungen zu erwerben oder eines oder mehrere der Geschäfte zu betreiben, die unter den Nummern 2 bis 12 der im Anhang I enthaltenen Liste aufgeführt sind (Art. 4 (5) CRD), die außerdem keine gemischte Finanzholding-Gesellschaft im Sinne des Artikels 2 Absatz 15 der Richtlinie 2002/87/EG sind und deren Tochterunternehmen ausschließlich oder hauptsächlich Kreditinstitute oder andere Finanzinstitute sind, wobei mindestens eines dieser Tochterunternehmen ein Kreditinstitut im Sinn der Richtlinie ist (Art. 4 (19) CRD).
53 Art. 4 (15) CRD.
54 Art. 73 (2) CRD.

3.3 Säule 3 auf (teil-)konsolidierter Basis

Kreditinstitute, die nicht in eine Gruppenstruktur eingebettet sind, haben die Offenlegungsverpflichtungen der Säule 3 grundsätzlich auf Einzelinstitutsbasis zu erfüllen.[55]

Die Offenlegungspflichten sind allerdings auf konsolidierter Basis zu erfüllen, sofern bestimmte, definierte Gruppenstrukturen vorliegen. In diesem Fall sind nachgeordnete Institute i.d.R von der Verpflichtung befreit, Informationen auf Einzelinstitutsbasis zu veröffentlichen.[56]

Die Verpflichtung zur Offenlegung konsolidierter Informationen trifft EU-Mutterkreditinstitute (korrekter ist die Bezeichnung **EWR-Mutterkreditinstitute**, die auch vom österreichischen Gesetzgeber gewählt wurde).[57] Ein EWR-Mutterkreditinstitut ist ein Mutterkreditinstitut in einem Mitgliedstaat, das nicht Tochtergesellschaft eines anderen, in einem der EWR-Mitgliedstaaten zugelassenen Kreditinstituts oder einer in einem der Mitgliedstaaten errichteten Finanzholding-Gesellschaft ist. Es handelt sich also um das Kreditinstitut auf der höchsten Gruppenebene innerhalb des EWR.

Befindet sich allerdings auf der höchsten Gruppenebene innerhalb des EWR eine Mutterfinanzholding (eine sogenannte EU- bzw. korrekter eine **EWR-Mutterfinanzholding**), dann hat das von der EWR-Mutterfinanzholding kontrollierte Mutterkreditinstitut die Offenlegungsverpflichtungen auf Basis der konsolidierten Finanzlage der EWR-Mutterfinanzholding zu erfüllen[58] (Konsolidierung aus der Perspektive der Holding).

Kontrolliert eine EWR-Mutterfinanzholding mehrere Kreditinstitute, dann sind die Kollisionsnormen in den Art. 125 und 126 CRD zu beachten.

Anders als im Rahmen der konsolidierten Aufsicht (Kapitel 3.2, S. 37) ist grundsätzlich nur die EWR-weite Gesamtgruppe, nicht aber jede nationale Subgruppe, zur konsolidierten Offenlegung verpflichtet.

Von dieser Grundregel gibt es aber eine wesentliche Ausnahme[59]: **Bedeutende Tochterunternehmen** von EWR-Mutterkreditinstituten und von EWR-Mutterfinanzholding-Gesellschaften müssen die unter der Säule 3 geforderten Angaben zu den **Eigenmitteln**, zu den **Eigenmittelerfordernissen (insbesondere Informationen zu den Ansätzen)** und zur **Säule 2** auf teilkonsolidierter Basis offenlegen (bzw. auf Einzelbasis, wenn das bedeutende Tochterunternehmen keine weiteren Beteiligungen in der Bankenbranche hält). Damit können insbesondere nationale Subgruppen wieder zur Offenlegung ver-

---

55 Vgl. Art. 68 (3) CRD.
56 § 319 Abs. 2 SolvV; § 26a Abs. 3 BWG.
57 Art. 72 (1) CRD.
58 Art. 72 (2) CRD.
59 Art. 72 (1) und (2) i.V. m. Anhang XII Teil 1 Nr. 5 i.V. m. Anhang XII Teil 2 Nr. 3 und 4 CRD.

pflichtet werden, wobei der Offenlegungsumfang aber gegenüber jenem für EWR-Mutterkreditinstitute deutlich eingeschränkt ist. Die Alternativen „auf Einzelbasis" und „auf teilkonsolidierter Basis" sind nicht als Wahlrecht zu verstehen, sondern hängen vom jeweiligen Sachverhalt ab und sind nach den Informationsbedürfnissen der Adressaten auszulegen: Je nachdem, ob nur ein Institut (ohne nachgeordnete Unternehmen) oder eine Teilgruppe vorliegt, erfolgt die Offenlegung auf Einzelbasis oder auf teilkonsolidierter Basis.

In **Deutschland** wurden die Regelungen mit einer etwas abweichenden Systematik umgesetzt. Eine Institutsgruppe bzw. eine Finanzholding-Gruppe, die in Deutschland konsolidiert beaufsichtigt wird, hat die Offenlegungsbestimmungen nach Säule 3 grundsätzlich auf konsolidierter Basis zu erfüllen.[60] Bei einer Institutsgruppe oder Finanzholding-Gruppe sind die Offenlegungsbestimmungen nur von dem übergeordneten Unternehmen der Gruppe anzuwenden; die Angaben erfolgen gruppenbezogen. Tochterunternehmen eines Instituts oder einer Finanzholding-Gesellschaft mit Sitz in einem anderen EWR-Staat brauchen die Offenlegungsbestimmungen nicht anzuwenden, wenn im Rahmen einer gruppenbezogenen Berichterstattung Informationen offengelegt werden, die den Offenlegungsvorschriften der SolvV gleichwertig sind.[61] Für die **Gleichwertigkeitsprüfung** ist in diesem Zusammenhang die im Vergleich zur CRD erweiterte Bestimmung des § 325 Abs. 2 Nr. 5 SolvV zu beachten: „... ferner die Gesamt- und Kernkapitalquoten der signifikanten Institutstochtergesellschaften auf Einzelebene oder unterkonsolidierter Ebene". Im Rahmen der gruppenbezogenen Angaben müssen daher zumindest die Koeffizienten der signifikanten Institutstochtergesellschaften offengelegt werden, damit das Tochternehmen bzw. die nationale Subgruppe von der gesonderten Offenlegung befreit ist. Die Angaben der bedeutenden Tochterunternehmen sind daher im Vergleich zur CRD etwas eingeschränkt.

3.4 Praxisfälle zum Konsolidierungskreis

Die nachfolgenden Beispiele werden, der Einfachheit halber, auf Grundlage der CRD gelöst; allfällige nationale Besonderheiten müssen jeweils für jene Länder beurteilt werden, in denen Gruppenmitglieder tätig sind.

Beispiel 1: Die Finanzholding F hält eine Beteiligung von 60 % am Mutterkreditinstitut A, dieses hält wiederum eine Beteiligung von 100 % an einem nachgeordneten Tochterkreditinstitut B; alle drei haben ihren Sitz im Inland.

---

60 § 319 Abs. 1 SolvV (bei einer Finanzholding-Gruppe, die anderen Instituten im EWR nachgeordnet ist, gibt es gemäß § 10a Abs. 3 Satz 1 und 2 KWG bestimmte Abweichungen).
61 § 319 Abs. 3 SolvV.

3.4 Praxisfälle zum Konsolidierungskreis

Lösung: Die beiden Kreditinstitute A und B bilden eine beaufsichtigte Gruppe; zusätzlich liegt zusammen mit der Finanzholding eine konsolidiert beaufsichtigte Finanzholding-Gruppe vor.

Die Finanzholding-Gruppe ist auch für die Säule 3 ausschlaggebend (eine Mutterfinanzholding kontrolliert ein Mutterkreditinstitut); maßgeblich ist daher die konsolidierte Finanzlage der Finanzholding-Gesellschaft. Allenfalls können zusätzliche Offenlegungen für A (teilkonsolidiert) und/oder B (auf Einzelinstitutsbasis) erforderlich werden, sofern sie als bedeutende Tochterunternehmen eingestuft werden (in Deutschland ist keine gesonderte Veröffentlichung vorgesehen, stattdessen sind die Eigenmittel- und Kernkapitalkoeffizienten der wesentlichen Institutstochtergesellschaften im Bericht für die Finanzholding-Gruppe erforderlich).

Sollen Schnittstellen zum IFRS-Abschluss genutzt werden, dann ist zu unterscheiden, welche Gesellschaft das Mutterunternehmen im Sinne von IAS 27 ist. Wird ein IFRS-Konzernabschluss für F als Mutterunternehmen erstellt, dann deckt sich der Konzern im Sinne der IFRS mit der maßgeblichen Gruppe für die Säule 3. Wird ein IFRS-Konzernabschluss für A als Mutterunternehmen erstellt, dann decken sich die beiden Konzerne nicht. Da die Unterschiede nur aus der übergeordneten Holding resultieren, sind die meisten Angaben, insbesondere die Risikoangaben, aber deckungsgleich. Auch die Minderheitenbeteiligung von 40 % am Mutterkreditinstitut führt zu keinen wesentlichen Abweichungen, weil dieses Kapital sowohl auf Ebene des Mutterkreditinstituts als auch auf Ebene der Finanzholding (als Minderheitenanteil) anrechenbar ist.

Wesentliche Unterschiede zwischen der konsolidierten Finanzlage aus der Perspektive der Holding und aus der Perspektive des Mutterkreditinstituts können sich insbesondere aufgrund der folgenden Umstände ergeben:

▶ Unterschiede in der Finanzierungsstruktur der Finanzholding und des Mutterkreditinstituts (Gefahr des *„excessive leverage"* der Holding).

▶ Firmenwerte, die auf der Ebene der Finanzholding entstehen, welche die konsolidierten Eigenmittel der Finanzholding-Gruppe kürzen, nicht aber die Eigenmittelausstattung auf teilkonsolidierter Ebene des Mutterkreditinstituts.

▶ Abzüge von Beteiligungen an Unternehmen der Bankenbranche: Grundsätzlich haben Kreditinstitute Beteiligungen an anderen Instituten von den Eigenmitteln abzuziehen. Die Abzugsverpflichtung entfällt auf einer untergeordneten Ebene aber dann, wenn auf einer übergeordneten Ebene eine Konsolidierung der Eigenmittel stattfindet (z. B. im Rahmen einer bankaufsichtsrechtlichen Konsolidierung einer Institutsgruppe oder aufgrund einer zusätzlichen Eigenmittelbeaufsichtigung eines Finanzkonglomerats). Fällt der Abzug weg, dann verbessert sich die Eigenmittelausstattung auf untergeordneter Ebene, nicht aber auf konsolidierter Ebene.

3. Konsolidierte Offenlegung

Diese Unterschiede sollten entsprechend transparent gemacht werden. Da das Mutterkreditinstitut für die Einhaltung der Eigenmittelanforderungen der Finanzholding-Gruppe verantwortlich ist, sollten gemäß IAS 1.134 auch die entsprechenden Informationen aus Perspektive der Finanzholding berücksichtigt werden.

Beispiel 2:[62] Die Banken 1B und 2B werden von den Finanzholding-Gesellschaften (FHC) 1A und 2A gehalten, wie im folgenden Organigramm dargestellt. 1A ist im vorliegenden Fall die EWR-Mutterfinanzholding, weil sie die höchste Gruppenebene im EWR repräsentiert; 2A ist eine Mutterfinanzholding in einem Mitgliedstaat. Die Banken 1B und 2B stehen wiederum an der Spitze von nationalen Bankengruppen und sind daher Mutterkreditinstitute.

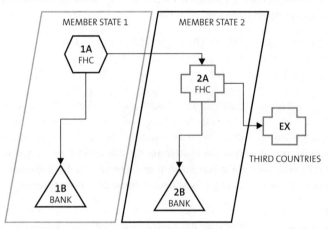

Wenn Mitgliedsstaat 1 Finanzholding-Gesellschaften nicht direkt beaufsichtigt, dann wird 1B auf europäischem Level auf Basis der konsolidierten Finanzlage von 1A beaufsichtigt und muss daher insbesondere die Eigenmittelausstattung der gesamten Gruppe berechnen und für deren Einhaltung sorgen.[63] 2B wird auf Basis der konsolidierten Finanzlage von 2A beaufsichtigt, einschließlich der Drittlandstochter EX.[64]

Die Offenlegungsverpflichtungen nach der Säule 3 sind grundsätzlich für die EWR-weit tätige Gruppe zu erfüllen. Da die betroffenen Banken von einer EWR-Mutterfinanzholding kontrolliert werden, hat die Offenlegung grundsätzlich auf Basis der konsolidierten Finanzlage der gesamten Gruppe (aus der Perspektive von 1A) zu erfolgen. Verantwortlich für diese Offenlegung ist grundsätzlich Bank 1B (analog zu Art. 126 Nr. 1 CRD).

---

62 Angelehnt an die Anfragebeantwortungen der *Capital Requirements Directive Transposition Group*, Anfrage 8 (http://ec.europa.eu/internal_market/bank/docs/regcapital/transposition/answers48_en.pdf).
63 Art. 71 (2) CRD.
64 Art. 73 (2) CRD.

3.4 Praxisfälle zum Konsolidierungskreis

2B kann ein bedeutendes Tochterunternehmen darstellen und daher zur Offenlegung der Eigenmittelausstattung und der Informationen zur Säule 2 verpflichtet sein. Ob 2B seinen Angaben die konsolidierte Sichtweise aus der Perspektive von 2A zugrunde legen muss oder die Offenlegung aus der eigenen Perspektive erfolgt, ist von den zuständigen Behörden zu entscheiden. Sinnvoll wäre es jedenfalls, die Offenlegung analog zur konsolidierten Aufsicht zu behandeln (Perspektive von 2A). In Deutschland könnte stattdessen – bei entsprechender Gleichwertigkeit mit der SolvV und Angabe der Koeffizienten der Subgruppe – die Offenlegungsverpflichtung von 2B durch den Bericht von 1B über die Gesamtgruppe abgedeckt werden.

Erstellen die **Finanzholding-Gesellschaften** 1A und 2A IFRS-Konzernabschlüsse, dann können sie die von ihren jeweiligen Töchtern zu erstellenden konsolidierten aufsichtsrechtlichen Daten unmittelbar als Datengrundlage für ihre eigenen IFRS-Konzernabschlüsse verwenden (z. B. zur Ausnutzung von Schnittstellen zwischen Säule 1 und IAS 39 bzw. IFRS 7). Auch wenn die Finanzholding-Gesellschaften nicht direkt beaufsichtigt sind, so unterliegt doch der gesamte von ihnen gehaltene Konzern externen Kapitalerfordernissen. Daher legen sie die von ihren jeweiligen Töchtern zu erstellenden konsolidierten Eigenmittelberechnungen den Angabepflichten gemäß IAS 1.134 zugrunde.

Der IFRS-Konzernabschluss der Finanzholding 1A hat denselben Konsolidierungskreis wie jener für Zwecke der Offenlegungsverpflichtungen der Säule 3, die von der Bank 1B zu erfüllen sind. Daher können die jeweiligen Offenlegungsverpflichtungen soweit gemeinsam abgedeckt werden, als sich IFRS und Säule 3 entsprechen.

Erstellen die **Banken** 1B und 2B IFRS-Konzernabschlüsse für ggf. nachgelagerte Teilgruppen, dann können sie für Zwecke des IAS 39 und IFRS 7 auf jene aufsichtsrechtlichen Daten zurückgreifen, die sie für diese Teilgruppen (Institutsgruppen ohne Berücksichtigung der Finanzholdings) ermitteln. Die zusätzlich zu ermittelnde Eigenmittelausstattung auf übergeordneter Ebene sollte für Zwecke des IAS 1.134 und im Rahmen der Säule 3 zusätzlich offengelegt werden, da die Banken 1B und 2B dafür verantwortlich sind.

Beispiel 3:[65] Die Banken 1A und 3A werden von der Finanzholding-Gesellschaft 2A gehalten, wie im nachfolgenden Organigramm dargestellt. Die Banken 1A und 3A stehen wiederum an der Spitze von nationalen Bankengruppen und sind daher Mutterkreditinstitute.

---

65 Angelehnt an die Anfragebeantwortungen der *Capital Requirements Directive Transposition Group*, Anfrage 8 (http://ec.europa.eu/internal_market/bank/docs/regcapital/transposition/answers48_en.pdf).

3. Konsolidierte Offenlegung

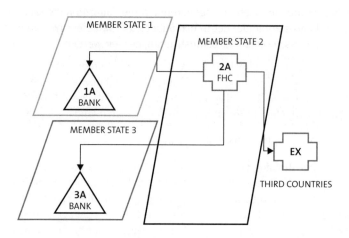

Sofern die Finanzholding-Gesellschaft im Mitgliedstaat 2 nicht beaufsichtigt wird, müssen entweder die Bank 1A oder die Bank 3A die konsolidierte Finanzlage der Finanzholding-Gruppe aus der Perspektive von 2A ermitteln und werden entsprechend konsolidiert beaufsichtigt.[66] Die Verpflichtung trifft grundsätzlich die Bank mit der größeren Bilanzsumme.[67]

Erstellt die Finanzholding-Gesellschaft einen IFRS-Konzernabschluss, dann kann sie zur Ausnutzung der Schnittstellen für Zwecke von IAS 39 und IFRS 7 auf den konsolidierten Datenhaushalt zurückgreifen, der bei der Bank 1A oder 3A beaufsichtigt wird.

Jene Bank, die für die konsolidierte Beaufsichtigung der gesamten Gruppe verantwortlich ist, hat die Eigenmittelausstattung der gesamten Gruppe in ihrem IFRS-Abschluss gemäß IAS 1.134 anzugeben.

Auch die Offenlegungsverpflichtungen nach der Säule 3 sind grundsätzlich aus der Perspektive der Finanzholding zu erstellen (es handelt sich um eine EWR-Mutterfinanzholding, welche Mutterkreditinstitute kontrolliert). Verantwortlich für diese Offenlegung ist wohl ebenfalls die Bank mit der größeren Bilanzsumme (analog zu Art. 126 Nr. 2 CRD). Der Konsolidierungskreis deckt sich mit jenem des IFRS-Konzernabschlusses der Finanzholding-Gesellschaft, sodass die jeweiligen Offenlegungsverpflichtungen insoweit gemeinsam abgedeckt werden können, als sich IFRS und Säule 3 entsprechen.

Die Banken 1A und 3A können mitunter als bedeutende Tochterunternehmen zur Offenlegung bestimmter Informationen verpflichtet sein. In Deutschland kann im Falle

---

[66] Art. 71 (2) and 73 (2) CRD.
[67] Art. 126 (2) CRD.

3.4 Praxisfälle zum Konsolidierungskreis

gleichwertiger gruppenbezogener Angaben durch die Finanzholding-Gesellschaft (insbesondere der Koeffizienten der deutschen Subgruppe) von einer gesonderten Offenlegung durch das deutsche Tochterkreditinstitut abgesehen werden.

Beispiel 4: Ein Mutterkreditinstitut ist an einem anderen Kreditinstitut und indirekt an einem Versicherungsunternehmen mehrheitlich beteiligt sowie an einem assoziierten Kreditinstitut indirekt zu 25 %, das für bankaufsichtsrechtliche Zwecke freiwillig quotenkonsolidiert wird. Alle Unternehmen befinden sich im Inland.

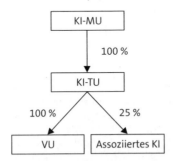

Das Mutterkreditinstitut wird zusammen mit dem Tochterkreditinstitut und – quotal – mit dem assoziierten Kreditinstitut **konsolidiert beaufsichtigt**. Das Versicherungsunternehmen ist nicht Bestandteil der beaufsichtigten Institutsgruppe, sondern wird gemäß dem Versicherungsaufsichtsgesetz (VAG) beaufsichtigt. Ist die Versicherungsbranche im Vergleich zur Bankenbranche wesentlich, dann ist grundsätzlich auch eine Beaufsichtigung als Finanzkonglomerat erforderlich.[68]

Für Zwecke der **Offenlegungspflichten** gemäß Säule 3 ist ebenfalls die konsolidierte Finanzlage der Institutgruppe maßgeblich – aus der Perspektive des Mutterkreditinstituts. Allerdings wird auf den bankaufsichtsrechtlichen Konsolidierungskreis abgestellt – unter Ausklammerung des Versicherungsunternehmens. Das Tochterkreditinstitut kann zusätzlich zur Offenlegung bestimmter Eigenmittelinformationen verpflichtet sein, wenn es ein bedeutendes Tochterunternehmen darstellt (in Deutschland wäre dies nicht vorgesehen, allerdings wäre ggf. der Kern- und Eigenmittelkoeffizient im Bericht für die Institutsgruppe anzugeben, wenn das Tochterkreditinstitut bedeutend ist).

Erstellt das Mutterunternehmen einen **IFRS-Konzernabschluss**, dann werden darin alle Tochterunternehmen einschließlich des Versicherungsunternehmens voll konsolidiert. Das assoziierte Kreditinstitut wird at Equity bewertet, eine Quotenkonsolidierung ist ausgeschlossen.

---

68 Zur Frage, ob ein Finanzkonglomerat vorliegt, ausführlich *Grünberger* (Finanzkonglomerate 2006), Österreichisches Bankarchiv 2006, S. 124 ff.

3. Konsolidierte Offenlegung

Für die Bilanzierung von Finanzinstrumenten (IAS 39) sowie die Risikoangaben nach IFRS 7 kann das Mutterunternehmen auf den konsolidierten bankaufsichtsrechtlichen Datenhaushalt zurückgreifen. Allerdings müssen – soweit wesentlich – die quotal erfassten Finanzinstrumente im assoziierten Kreditinstitut ausgeklammert werden (für Zwecke des Risikoberichts nach IFRS 7 wäre eine quotale Erfassung allerdings denkbar, wenn dies dem internen Berichtswesen entspricht). Zusätzlich müssen die Finanzinstrumente des Versicherungsunternehmens im IFRS-Abschluss berücksichtigt werden, die nicht in der bankaufsichtsrechtlichen Konsolidierung enthalten sind. Für Zwecke des Risikoberichts gemäß IFRS 7 kann unmittelbar auf die bankaufsichtsrechtlichen Daten zurückgegriffen werden, wenn der Risikobericht segmentiert wird (d. h. gesonderte Darstellung der Risiken aus Finanzinstrumenten für die Bankenbranche und die Versicherungsbranche).

Der Konsolidierungskreis für Zwecke der Säule 3 und für Zwecke des IFRS-Konzernabschlusses ist ebenso unterschiedlich. Im Anhang des IFRS-Konzernabschlusses könnten die Informationen segmentiert werden, um die Informationen in Bezug auf das Versicherungsunternehmen getrennt von der Bankenbranche darzustellen. In diesem Fall können mit dem IFRS-Konzernabschluss die Offenlegungsverpflichtungen dann auch gemeinsam abgedeckt werden, soweit sich IFRS und Säule 3 entsprechen. Problematischer ist allerdings das assoziierte Kreditinstitut: Hier ist nach dem Wesentlichkeitsgrundsatz, der sowohl für IFRS als auch für die Säule 3 gilt, zu entscheiden, ob das assoziierte Kreditinstitut hinsichtlich der Risikoangaben nun quotenkonsolidiert oder at equity dargestellt wird oder die Unterschiede aus der jeweiligen Behandlung durch zusätzliche Angaben transparent zu machen sind.

Für die Pflichtangaben nach IAS 1.134 ist zu unterscheiden, ob das Mutterunternehmen als zusätzlich beaufsichtigtes Unternehmen eines Finanzkonglomerats beaufsichtigt wird. In diesem Falle ist die Eigenmittelausstattung des Finanzkonglomerats offenzulegen und entsprechend zu beschreiben.[69] Liegt kein Finanzkonglomerat vor, dann wird den Pflichtangaben nach IAS 1.134 die konsolidierte, bankaufsichtsrechtliche Eigenmittelausstattung zugrunde gelegt. Die Eigenmittelerfordernisse nach dem VAG sollten zusätzlich beschrieben werden, sofern sie aus Sicht des Konzerns wesentlich sind. Liegt – wie angenommen – kein Finanzkonglomerat vor, dann muss die Versicherungsbranche innerhalb der gesamten Gruppe aber ohnedies von untergeordneter Bedeutung sein.

Beispiel 5: Ein Mutterkreditinstitut ist an einem Tochterkreditinstitut und an einer Immobilienentwicklungsgesellschaft (Immo-Ges) beteiligt. Die Immobiliengesellschaft ist

---

69 IAS 1.136 erwähnt ausdrücklich die Eigenmittelanforderungen an Finanzkonglomerate; zu den Berechnungstechniken ausführlich *Grünberger* (Kapitalanforderungen Teil 1 2005), RWZ 2005, S. 293 (Teil 1) und *Grünberger* (Kapitalanforderungen Teil 2 2005), RWZ 2006, S. 365 (Teil 2).

wesentlich durch finanzielle Verbindlichkeiten finanziert, hält finanzielle Vermögenswerte aber nur in unwesentlichem Umfang.

Die Immo-Ges ist als wesentliche Tochtergesellschaft im IFRS-Konzernabschluss des Mutterkreditinstituts voll zu konsolidieren. Aufsichtsrechtlich darf sie nicht konsolidiert werden, weder für Zwecke der konsolidierten Aufsicht noch für Zwecke der Säule 3 (§ 10a Abs. 1 KWG: kein Institut, keine Kapitalanlagegesellschaft, kein Finanzunternehmen und auch kein Anbieter von Nebendienstleistungen, weil die Immobilien als Investments gehalten und nicht den Kreditinstituten der Gruppe zur Verfügung gestellt werden; ebenso § 30 Abs. 1 BWG).

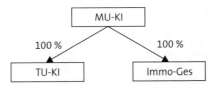

In diesem Fall kann der aufsichtsrechtliche Datenhaushalt für die Säule 1 gut für den IFRS-Konzernabschluss genutzt werden: Als Grundlage für IAS 39 zur Kreditrisikoerfassung bei den finanziellen Vermögenswerten des Konzerns sowie als Grundlage für den Risikobericht gemäß IFRS 7. Dass die Immo-Ges aufsichtsrechtlich nicht konsolidiert wird, ist für IAS 39 und IFRS 7 nicht weiter problematisch, weil diese keine wesentlichen finanziellen Vermögenswerte hält. Lediglich die finanziellen Verbindlichkeiten der Immo-Ges (z. B. das Liquiditätsrisiko bzw. Zinsrisiken bei variablen Zinsen) müssen zur Erfüllung der Angabepflichten nach IFRS 7 zusätzlich berücksichtigt werden. Hinsichtlich der Bilanzierung finanzieller Verbindlichkeiten bzw. hinsichtlich der Risikoangaben gäbe es aber ohnedies kaum Schnittstellen zwischen IFRS und dem aufsichtsrechtlichen Datenhaushalt.

Auch im Rahmen der Säule 3 legt das Mutterkreditinstitut die Daten aus dem aufsichtsrechtlichen Datenhaushalt (Säule 1) offen. Diese Informationen können im Wesentlichen mit dem IFRS-Konzernabschluss abgedeckt werden, weil die Risiken aus Finanzinstrumenten durch die Nichtkonsolidierung der Immo-Ges nicht wesentlich beeinflusst werden (zwar wird das Liquiditätsrisiko i. S. v. IFRS 7 durch die finanziellen Verbindlichkeiten der Immo-Ges beeinflusst, dieses Risiko ist aber wiederum nicht Gegenstand der Angabepflichten nach der Säule 3).

Die im IFRS-Abschluss gemäß IAS 1.134 offenzulegenden externen Kapitalerfordernisse sind jene der beaufsichtigten Institutsgruppe. Allerdings sollte das Kapitalmanagement der Immo-Ges gesondert beschrieben werden, sofern diese Information aus Konzernsicht wesentlich ist.

3. Konsolidierte Offenlegung

3.5 Offenlegungspflichten zur Konsolidierung

TAB. 9:	Offenlegung des Mutterunternehmens
Säule 3	IFRS
Der **Name** des Unternehmens, das in der Gruppenhierarchie an oberster Stelle steht und auf das die Offenlegungsverpflichtungen anzuwenden sind, ist namentlich zu nennen.[70] Im Fall einer klassischen Institutsgruppe ist dies das EWR-Mutterkreditinstitut; im Fall einer Finanzholding-Gruppe ist das der Name jener Gesellschaft, die zur Offenlegung verpflichtet ist.	Der **Name** des berichtenden Mutterunternehmens und jener des ultimativen Mutterunternehmens sind anzugeben; weiters das Domizil, die Rechtsform, der Herkunftsstaat und die registrierte Adresse des Unternehmens (IAS 1.138).
Schnittstellen zwischen Säule 3 und IFRS	
Bei der klassischen Institutsgruppe mit einem EWR-Mutterkreditinstitut an der Spitze ist der Name des berichtenden Unternehmens für Zwecke von Säule 3 und IFRS identisch (IFRS verlangt ggf. zusätzlich den Namen des übergeordneten, ultimativen Mutterunternehmens). Komplexer sind Finanzholding-Gruppen und generell jene Strukturen, in denen die Konzernrechnungslegungspflicht und die Offenlegungspflicht nach der Säule 3 verschiedene Unternehmen treffen; außerdem kann auch die Offenlegungspflicht ein Institut der Gruppe treffen, das nicht an oberster Stelle steht, aber aus der Perspektive des obersten Unternehmens heraus berichten muss. In diesen Fällen sind die Anforderungen der Säule 3 an die Namensnennung nicht eindeutig. Zur Vermeidung von Unklarheiten sollte die gesamte Holdingstruktur beginnend mit dem ultimativen Mutterunternehmen im Sinne von IAS 1.138(c) bzw. der obersten Finanzholding bis hinunter zum obersten, konsolidiert beaufsichtigten Institut mit Benennung der jeweiligen Holdinggesellschaften und des konsolidiert beaufsichtigten Instituts beschrieben werden. Angesichts der Komplexität der Normen könnte die Nennung von nur einem Namen irreführend sein.	

---

[70] § 323 Abs. 1 Nr. 1 SolvV; § 3 Z 1 Off-VO i. V. m. § 26a Abs. 1 und Abs. 2 BWG; nach *Urbanek* (Kommentar 2007) ist § 3 Z 1 Off-VO auch in diesem Sinne zu verstehen.

3.5 Offenlegungspflichten zur Konsolidierung

TAB. 10: Offenlegung Konsolidierungskreis	
Säule 3	**IFRS**
Die grundlegenden Unterschiede der Konsolidierungsbasis für handelsrechtliche Rechnungslegung und aufsichtsrechtliche Gruppen sind anzugeben. Diese Unterschiede basieren auf dem **gesonderten aufsichtsrechtlichen Konsolidierungskreis**. Es ist eine **kurze Beschreibung** derjenigen Unternehmen innerhalb der Gruppe vorzunehmen, die (1) vollkonsolidiert, (2) anteilmäßig konsolidiert, (3) von den Eigenmitteln abgezogen, (4) weder konsolidiert noch abgezogen werden.[71]	Obwohl die IFRS keine **Aufzählung der einbezogenen Gesellschaften** verlangt, ergibt sich diese Verpflichtung aus dem HGB bzw. UGB.[72] Betroffen sind vollkonsolidierte, quotenkonsolidierte und assoziierte Konzerngesellschaften sowie sonstige Beteiligungsunternehmen. Anzugeben ist der Name, der Sitz, der Anteil am Kapital, sowie bei Tochterunternehmen der zur **Einbeziehung verpflichtende Sachverhalt**. Unterschiede im Konsolidierungskreis sind nicht anzugeben. Der Berichterstattung in Bezug auf die aufsichtsrechtliche Abzugsmethode steht in IFRS nichts Vergleichbares gegenüber.
Schnittstellen zwischen Säule 3 und IFRS	
Soweit der Konsolidierungskreis und die Konsolidierungsmethode übereinstimmt, können die Informationen im Rahmen der handelsrechtlichen Tabelle im Anhang abgebildet werden. Die Gruppierung sollte primär die Konsolidierungs- bzw. Bewertungsmethode berücksichtigen. Ist der Konsolidierungskreis unterschiedlich, muss zusätzlich zur handelsrechtlich erforderlichen Tabelle die aufsichtsrechtliche Behandlung zusammen mit den Unterschieden offengelegt werden. Bei vergleichsweise geringen Unterschieden kann dies in der handelsrechtlichen Tabelle zusätzlich vermerkt werden. Der Detaillierungsgrad der Offenlegung nach Säule 3 kann allerdings geringer sein, z. B. nur eine Angabe nach Gruppen und nur für wesentliche Gesellschaften.[73] Da der Begriff der kurzen Beschreibung nicht näher ausgeführt ist, kann hierunter z. B. eine Zuordnung zu Kreditinstituten, Finanz(dienstleistungs)instituten, Nebendienstleistern etc. vorgenommen werden.[74] Eigenmittelabzugsposten müssen zusätzlich gekennzeichnet werden; bankaufsichtsrechtlich werden schon „Beteiligungen" ab einem Kapitalanteil von 10 % abgezogen, die in der handelsrechtlichen Tabelle nicht enthalten sind (keine Beteiligung im handelsrechtlichen Sinn) und im IFRS-Abschluss mitunter als *available for sale*-Instrumente geführt werden. Außerdem wäre ein Hinweis auf unwesentliche nachgeordnete Unternehmen angebracht, die aufsichtsrechtlich und/oder handelsrechtlich nicht konsolidiert werden.	

---

71 § 323 Abs. 1 Nr. 2 SolvV; § 3 Z 2 Off-VO.
72 § 315a Abs. 1 i.V. m. § 313 Abs. 2 HGB; § 245a Abs. 1 i.V. m. § 265 Abs. 2 bis 4 UGB.
73 Urbanek (Kommentar 2007), § 3 Off-VO Rz. 7.
74 Urbanek (Kommentar 2007), § 3 Off-VO Rz. 6.

3.6 Angaben zur Eigenmittelverfügbarkeit in der Gruppe

TAB. 11: Hindernisse des Transfers von Eigenmitteln in der Gruppe

Säule 3	IFRS
Für deutsche Institute: Einschränkungen oder bedeutende Hindernisse für die Übertragung von Finanzmitteln oder haftendem Eigenkapital in der Gruppe.[75]	IAS 27.41(d) fordert Angaben zu Art und Umfang **erheblicher Beschränkungen** der Fähigkeiten von Tochterunternehmen zum Mitteltransfer in Form von Bardividenden oder Darlehens- und Vorschusstilgungen an das Mutterunternehmen. Diese erheblichen Beschränkungen können z. B. aus Darlehensvereinbarungen oder aufsichtsrechtlichen Eigenmittelanforderungen resultieren.
Für österreichische Institute: vorhandene oder abzusehende substanzielle, **praktische oder rechtliche Hindernisse** für die unverzügliche Übertragung von Eigenmitteln oder Rückzahlung von Verbindlichkeiten.[76]	
Die vorgenannten Hindernisse müssen substanziell sein wobei dies gemessen am Grad der Überwindbarkeit zu beurteilen sein dürfte; insbesondere die Beschränkungen aufgrund echter Verbote hinsichtlich des Kapitaltransfers (z. B. Unterbindung des Devisenabflusses)[77] oder private Vereinbarungen (z. B. „Dividend Stoppers" in den Bedingungen von Hybridkapital) fallen darunter. Der Name oder die Namen dieser Tochterunternehmen, bei denen Hindernisse bestehen, sind zu nennen. In diesem Fall ist auch eine Nullgewichtung der Forderungen beim Einzelinstitut ausgeschlossen.[78]	
Schnittstellen zwischen Säule 3 und IFRS	
Grundsätzlich sind die Angabepflichten vergleichbar. Nach Säule 3 sind aber Hindernisse „in alle Richtungen", also auch vom Mutterunternehmen an das Tochterunternehmen betroffen; dies wäre ggf. im IFRS-Abschluss zu ergänzen.	

---

75 § 323 Abs. 1 Nr. 3 SolvV.
76 Anhang XII Teil 2 Nr. 2 lit. c CRD; § 3 Z 3 Off-VO.
77 *Urbanek* (Kommentar 2007), § 3 Off-VO Rz. 8.
78 *Urbanek* (Kommentar 2007), § 3 Off-VO Rz. 9.

3.6 Angaben zur Eigenmittelverfügbarkeit in der Gruppe

TAB. 12: Unterdeckungen bei nichtkonsolidierten Tochtergesellschaften

Säule 3	IFRS
Für deutsche Institute: Bei Vorliegen der Ausnahmen für gruppenangehörige Institute gemäß § 2a KWG ist eine Darstellung der Erfüllung in Bezug auf die in § 2a KWG genannten Bedingungen zu machen.[79]	Der Berichterstattung in Bezug auf die aufsichtsrechtlichen Befreiungsbestimmungen steht in IFRS nichts Vergleichbares gegenüber.
Unterdeckungen: Gesamtbetrag, um den die tatsächlichen Eigenmittel in allen **nicht in die Konsolidierung einbezogenen Tochtergesellschaften** geringer als der vorgeschriebene Mindestbetrag ist. Daneben sind diese Tochtergesellschaften namentlich zu nennen.[80]	Eine Angabepflicht für die Unterschreitung der externen Eigenkapitalanforderungen (d. h. Verstöße gegen externe Kapitalanforderungen) wird durch IAS 1.135(d) gefordert; der Betrag der Unterschreitung muss nicht angegeben werden.
	Da sich diese Angabe auf den Konzern als Einheit bezieht, sind Unterschreitungen auf allen Stufen (auch auf Einzelinstitutsebene) anzugeben; auch vollkonsolidierte, beaufsichtigte Unternehmen außerhalb der Institutsgruppe sind betroffen (z. B. Versicherungstöchter).
	Nach IFRS nicht konsolidierte Unternehmen sind nicht betroffen, außer ein nach IFRS konsolidiertes Unternehmen ist für die Einhaltung der Eigenmittelanforderungen dieses Unternehmens bzw. für die angemessene Eigenmittelverteilung verantwortlich und kann für die Unterschreitung sanktioniert werden.
Schnittstellen zwischen Säule 3 und IFRS	
Zur Erfüllung der Angabepflichten der Säule 3 muss im IFRS-Abschluss auch der Gesamtbetrag der Unterdeckungen offengelegt werden. Während nach Säule 3 nur Eigenmittelunterschreitungen aufsichtsrechtlich nicht konsolidierter Töchter anzugeben sind (geringer Anwendungsbereich), umfasst die Angabepflicht nach IFRS alle Tochterunternehmen, die auf Einzelebene oder auf teilkonsolidierter Ebene eine Unterschreitung aufweisen (ggf. mehr Angaben, als nach Säule 3 notwendig). Während die Säule 3 grundsätzlich auf die Unterdeckung am Offenlegungsstichtag abstellt, muss nach IAS 1 auch jeder unterjährige Verstoß gegen die aufsichtsrechtlichen Kapitalanforderungen angegeben werden, der während der Periode aufgetreten ist, auch wenn er bis zum Stichtag bereinigt wurde.[81]	

---

79 § 323 Abs. 1 Nr. 4 SolvV.
80 § 323 Abs. 2 SolvV; § 3 Z 4 Off-VO.
81 Ausdrücklich IAS 1.135(d) *„during the period"*; klarstellend auch IAS 1.BC97.

4. Eigenmittelausstattung (§§ 324 f. SolvV; §§ 4 f. Off-VO)

4.1 Eigenmittel nach der Säule 1

Die Offenlegung der Eigenmittelstruktur und der angemessenen Eigenmittelausstattung stellt eine zentrale Information dar, weil sie zugleich das Ergebnis zahlreicher aufsichtsrechtlicher Prozesse zusammenfasst. Außerdem sind die offen zu legenden Daten unmittelbar verfügbar, sodass die Offenlegung keinen großen Aufwand verursacht. Nicht zuletzt sind diese Angaben auch von wesentlichen Tochterunternehmen offenzulegen, die ansonsten nicht von der Säule 3 betroffen sind.[82] Die Bestimmungen umfassen sowohl qualitative als auch quantitative Angaben.

In den IFRS gibt es ebenfalls Offenlegungsvorschriften bezüglich der **Eigenmittelstruktur** – basierend auf dem **Kapitalmanagement** des Unternehmens (IAS 1.134 bis .136). Allerdings müssen die Eigenmittel nicht quantifiziert werden.

Da Risikokapital nicht nur zur Unterlegung finanzieller Risiken dient, sondern für alle Unternehmensrisiken relevant ist, wurden die Vorschriften im IAS 1 und nicht im IFRS 7 aufgenommen.[83] Die Regelungen das IAS 1 betreffen nicht nur Banken, sondern alle Unternehmen, und sind daher vergleichsweise allgemein gehalten. Im Falle **externer Kapitalanforderungen** sind diese als Grundlage für die Offenlegung heranzuziehen. Allerdings gibt es meist nicht nur „eine" externe Kapitalanforderung; sie werden vielmehr auf verschiedenen Ebenen berechnet (z. B. für jede nationale Teilgruppe, in Österreich überhaupt für jedes Kreditinstitut der Gruppe). Außerdem gibt es mitunter verschiedenartige Kapitalanforderungen gleichzeitig (z. B. für gruppenzugehörige Wertpapierdienstleister oder Versicherungsunternehmen). Außerdem unterscheiden sich meist die Konsolidierungskreise und die Konsolidierungspflichten. Die Angaben des IAS 1 sollten daher für jenen Konsolidierungskreis und für jenes Aufsichtsregime gemacht werden, das die Gruppe im Sinne der IFRS am besten repräsentiert. Stellt eine Finanzholding IFRS-Konzernabschlüsse auf und wird die Finanzholding nicht selbst beaufsichtigt, aber ein nachgeordnetes Institut auf konsolidierter Basis, dann unterliegt der Konzern im Sinne der IFRS trotzdem externen Kapitalanforderungen, die entsprechend anzugeben sind (ausführlich Kapitel 3.4, S. 40 ff). Wenn Angaben aufgrund verschiedener Aufsichtssysteme nicht repräsentativ für die Gruppe im Sinn der IFRS sind, dann müssen getrennte Angaben der externen Kapalerfordernisse für jedes Aufsichtssystem gemacht werden.[84]

---

82 Siehe Kapitel 3.3, S. 20 ff.
83 IAS 1.BC88.
84 Ausdrücklich IAS 1.136 letzter Satz.

4.1 Eigenmittel nach der Säule 1

Das Unternehmen hat die Zielsetzungen, die Regelungen sowie die Verfahren qualitativ offen zu legen, mit denen das Kapitalmanagement vorgenommen wird. Außerdem ist zu beschreiben, welche Instrumente als Kapital gemanaged werden; diese Instrumente müssen kein Eigenkapital im Sinne von IAS 32 sein (z. B. bei Hybrid- und Nachrangkapital). Kapital muss nicht einmal „Kapital" im Sinn eines Passivpostens sein (z. B. der Haftsummenzuschlag bei Genossenschaften). Außerdem muss nicht das gesamte Eigenkapital nach IFRS zum Kapital gemäß IAS 1.134 zählen (beispielsweise zählt die Cash Flow Hedge-Rücklage[85] grundsätzlich nicht zum Kapital, weil ansonsten eine wirtschaftlich nicht begründete Volatilität des Risikokapitals entstehen würde). Manche Eigenkapitalbestandteile nach IFRS (z. B. stille Reserven bzw. *available for sale*-Rücklagen) werden aufsichtsrechtlich auch nur anteilig als Kapital angerechnet.

TAB. 13:	Qualitative Angaben zur Eigenmittelstruktur
Säule 3	**IFRS**
Qualitativ: Zusammenfassung der Bedingungen und Konditionen der wichtigsten Merkmale sämtlicher Eigenmittelinstrumente.[86] Wichtige Merkmale sind z. B. Laufzeiten (je nach Eigenmittelinstrument), Verzinsung, Kündigungsmöglichkeiten und -modalitäten, Vor- bzw. Nachrangigkeit, die Existenz von Stimm- und Wandlungsrechten, Dividendennachzahlungsverpflichtungen oder Step-Up Vereinbarungen.[87]	Nach IFRS erfolgt eine Beschreibung, was als Kapital seitens des Instituts betrachtet und gemanagt wird sowie bei externen Mindestkapitalanforderungen, die Art dieser Anforderungen und die Art und Weise, wie diese in das Kapitalmanagement mit einbezogen werden. Ggf. sind hierbei unterschiedliche Mindestkapitalanforderungen anzugeben, die sich aufgrund unterschiedlicher Aufsichtssysteme ergeben können.
Schnittstellen zwischen Säule 3 und IFRS	
Die qualitative Beschreibung der Eigenmittelinstrumente gemäß Säule 3 erfüllt jedenfalls auch die Anforderungen von IAS 1.135(a), wobei der Aspekt des Kapitalmanagements sowie die Natur der bankaufsichtlichen Eigenmittelanforderungen unter IAS 1 zusätzlich beschrieben werden müssen (z. B. die Tatsache der Beaufsichtigung und die Funktionsweise der drei „Tiers"). Mitunter müssen für Zwecke des IAS 1 andere oder zusätzliche Aufsichtssysteme mitberücksichtigt werden (z. B. die Eigenmittel aus der Beaufsichtigung als Finanzkonglomerat). Um die Säule 3 mit abzudecken, sind die Eigenmittel der bankaufsichtsrechtlichen Gruppe dann jedenfalls gesondert anzugeben.	

---

85 Ausführlich *Grünberger* (Bankwesengesetz Kommentar 2007), § 29a BWG Rn. 55 ff.
86 § 324 Abs. 1 SolvV; § 4 Z 1 Off-VO.
87 *Urbanek* (Kommentar 2007), § 4 Off-VO Rz 4.

4. Eigenmittelausstattung

TAB. 14: Quantitative Angaben zur Eigenmittelstruktur

Säule 3	IFRS
Quantitativ: Gesamtbetrag des Kernkapitals[88], getrennt nach den einzelnen Eigenmittelbestandteilen und Abzugsposten.[89] Außerdem die Summe[90] aus Tier 2- und Tier 3-Kapital.[91] Die Abzüge vom Kernkapital und den übrigen Eigenmitteln.[92] IRB-Anwender: ▶ Gesonderter Ausweis der Abzugsbeträge aus dem Überhang der erwarteten Verlustbeträge über die Wertberichtigungen und Rückstellungen.[93] ▶ Der erwartete Verlustbetrag für Beteiligungspositionen[94] (bei Beteiligungen im Sinne der IRB-Definition wird kein Überhang berechnet).	IAS 1.134 ff. verlangen quantitative Angaben zum Kapital, das Gegenstand des Kapitalmanagements ist. Diese umfassen i. d. R. die aufsichtsrechtlichen Eigenmittel unter Berücksichtigung der Abzüge. Über die internen Kapitalziele (*„capital targets set by management";* IAS 1.BC100) muss nicht berichtet werden. Quantitative Angaben zur Säule 2 sind nicht erforderlich.
Die Gesamtsumme der anrechenbaren Eigenmittel nach Abzügen und Beschränkungen.[95]	
Schnittstellen zwischen Säule 3 und IFRS	
Die nach Säule 3 erforderliche, umfassende Angabe der Eigenmittelbestandteile und Abzüge erfüllt auch die quantitativen Anforderungen des IAS 1.135(b). Zusätzliche quantitative Angaben sind erforderlich, wenn Eigenmittel nach anderen Aufsichtssystemen zu berechnen sind (z. B. bei Finanzkonglomeraten).	

---

88 Kernkapital gemäß § 10 Abs. 2a KWG bzw. gemäß § 23 Abs. 14 Z 1 BWG.
89 § 324 Abs. 2 Nr. 1 SolvV; § 4 Z 2 Off-VO.
90 § 324 Abs. 2 Nr. 2 SolvV; § 4 Z 3 Off-VO; in Österreich sind die stillen Reserven gem. § 57 Abs. 1 BWG, das Partizipationskapital mit Dividendennachzahlungsverpflichtung, die Neubewertungsreserve und der Haftsummenzuschlag nicht gesondert, sondern nur im Rahmen der Gesamteigenmittel anzugeben (*Urbanek* (Kommentar 2007), § 4 Off-VO Rz. 7).
91 § 10 Abs. 2b und 2c KWG (Ergänzungskapital und Drittrangmittel); § 23 Abs. 7 und Abs. 8 BWG (Ergänzungs- und Nachrangkapital) und Abs. 8a (kurzfristiges nachrangiges Kapitals).
92 § 10 Abs. 6 und 6a KWG; § 23 Abs. 13 BWG.
93 § 324 Abs. 2 Nr. 3 SolvV; § 4 Z 4 Off-VO.
94 § 10 Abs. 6a Nr. 1 und 2 KWG; § 23 Abs. 13 Z 4c BWG und § 82 SolvaV.
95 § 324 Abs. 2 Nr. 4 SolvV; § 4 Z 5 Off-VO.

4.2 Eigenkapital nach der Säule 2

Die individuelle Risikosituation von Instituten wird aufsichtsrechtlich im Rahmen der zweiten Säule von Basel II thematisiert. Dabei sind insbesondere drei Risikobereiche (zusätzlich) zu beachten:[96]

► Risiken, die von Säule 1 zwar betrachtet, jedoch nicht vollständig erfasst werden (z. B. Konzentrationsrisiken).

► Risiken, die von Säule 1 gänzlich unberücksichtigt bleiben (z. B. Zinsänderungsrisiken außerhalb des Handelsbuches, Geschäftsrisiken und strategische Risiken).

► Einflüsse von außerhalb des Instituts (z. B. Auswirkungen des Konjunkturzyklus, makroökonomische Einflüsse).

Zur Beurteilung und Absicherung ist ein interner Kapitaladäquanzprozess (*internal capital adequacy assessment process* – **ICAAP**) einzurichten. Dieser baut auf einem flexiblen, institutseigenen Ansatz auf. Die Risiken sollen durch ökonomisches Kapital abgedeckt werden, das nicht exakt vorgegeben wird. Das (übergeordnete) Institut ist gehalten, konzernweit wirksame Pläne und Verfahren einzurichten, um die Höhe, die Zusammensetzung und die Verteilung des Kapitals, welches zur quantitativen und qualitativen Absicherung aller wesentlichen bankgeschäftlichen und bankbetrieblichen Risiken zur Verfügung steht, regelmäßig zu ermitteln und Kapital im erforderlichen Ausmaß zu halten.[97]

Die Säule 3 verlangt umfassende Angaben über die Ermittlung und das Management des internen Kapitals. Dafür gibt es kein exaktes Pendant unter den IFRS. Allerdings sind Überschneidungen mit den Angaben zum Kapitalmanagement gemäß IAS 1.135 möglich.

Für die Anwendung von IAS 1 ist außerdem der in .135(a) und (d) verwendete Begriff „externe Kapitalanforderungen" von internen Kapitalzielen abzugrenzen. Interne Kapitalziele bzw. deren Erfüllung sind unter IFRS nicht konkret anzugeben, weil diese nicht mit anderen Unternehmen vergleichbar sind und leicht manipuliert werden können.[98] Die Kapitalanforderungen aus der **Säule 2** sind eine Mischform interner und externer Kapitalanforderung, weil sie auf ein Unternehmen zugeschnitten und nicht mit anderen Unternehmen vergleichbar sind. Daher sind grundsätzlich keine quantitativen Angaben zur Säule 2 erforderlich (ggf. qualitative Angaben bei der Beschreibung des Kapi-

---

[96] Baseler Rahmenvertrag, Rn. 724.
[97] § 25a Abs. 1 und 1a KWG; § 39a Abs. 1 BWG.
[98] IAS 1.BC99 f.

4. Eigenmittelausstattung

talmanagements; IAS 1.135(a)). Ein Verstoß gegen die Kapitalanforderungen aus der Säule 2 wäre allerdings – weil es sich immerhin um eine verbindliche externe Kapitalanforderung handelt – gemäß IAS 1.135(d) anzugeben.

TAB. 15: Angaben zum ICAAP

Säule 3	IFRS
Zusammenfassung der institutseigenen Verfahren zur Bewertung der Eigenkapitalausstattung (**Säule 2**);[99] hierbei ist der Ansatz in seinen Grundzügen darzustellen, der folgende Themengebiete abdecken könnte[100]: ▶ Angabe der Risiken, die im Rahmen des ICAAP berücksichtigt werden; ▶ die Verfahren zur Risikobewertung und deren grundsätzliche Ausgestaltung; ▶ Aspekte aus der Einbeziehung von nachgeordneten Unternehmen. Quantitative Angaben sind in Bezug auf die im Rahmen des ICAAP ermittelten Eigenkapitalbeträge nicht offenzulegen.[101]	IAS 1.135 verlangt qualitative Angaben zum risikotragenden Kapital und dessen Management, um eine Beurteilung des **Risikoprofils** und der Reaktionsmöglichkeiten auf unerwartete, insbesondere negative, Entwicklungen zu ermöglichen. Anzugeben sind Ziele, Methoden und Prozesse des Kapitalmanagements.[102]
Schnittstellen zwischen Säule 3 und IFRS	
Die qualitative Beschreibung des Kapitalmanagements i. S. v. IAS 1.134 kann entsprechend der aufsichtsrechtlichen Anforderungen für den ICAAP erweitert werden, um die Säule 3 mit abzudecken.	

---

99 § 325 Abs. 1 SolvV; § 5 Z 1 Off-VO.
100 *Urbanek* (Kommentar 2007), § 5 Off-VO Rz. 4.
101 Vgl. *Urbanek* (Kommentar 2007), § 5 Off-VO Rz. 5.
102 IAS 1.135(a) und .BC90.

4.3 Eigenmittelanforderungen für das Kreditrisiko

TAB. 16:	Eigenmittelerfordernis Kreditrisiko
Säule 3	**IFRS**
In quantitativer Hinsicht ist bei der Anwendung des Kreditrisiko-Standardansatzes die Eigenmittelanforderung aus dem **Kreditrisiko des Anlagebuches** anzugeben (8 % der risikogewichteten Aktiva einschließlich der Risikoäquivalente für off balance-Kreditrisiken). Dabei ist hinsichtlich der Gliederung auf die aufsichtsrechtlichen Forderungsklassen einzugehen.[103] Bei Anwendung des IRB-Ansatzes sind ebenfalls die Eigenkapitalanforderungen aus dem Kreditrisiko des Anlagebuches gliedert nach den aufsichtsrechtlichen Forderungsklassen anzugeben. Für die Forderungsklasse Beteiligungen sind die Kapitalanforderungen für jeden Ansatz (einfache Risikogewichtung, PD/LGD, VaR) gesondert anzugeben. Bei einfacher Risikogewichtung (in der Praxis vorherrschend) aufgegliedert nach den drei Gewichtsklassen:[104] ▶ börsennotierte Beteiligungen (290 %), ▶ nicht börsennotierte, hinreichend diversifizierte Beteiligungen (190 %) und ▶ sonstigen Beteiligungen (370 %), ▶ Beteiligungen im Standardansatz (Grandfathering-Regel; 100 %).	Die Eigenmittelanforderungen für das Kreditrisiko sind nicht gesondert anzugeben.
Schnittstellen zwischen Säule 3 und IFRS	
Die Offenlegung der Eigenkapitalanforderungen aus Kreditrisiken des Anlagebuches könnte aufgrund des thematischen Zusammenhangs im **Risikobericht zum Kreditrisiko** enthalten sein. Da im Risikobericht gemäß IFRS 7 die Exposures nach sinnvoll gegliederten Klassen anzugeben sind (sinnvoll auf Basis der aufsichtsrechtlichen Forderungsklassen), können die jeweiligen Eigenmittelanforderungen mit sehr geringem Aufwand ergänzt werden. Da sich die Risikodefinitionen im Aufsichtsrecht und in IFRS 7 aber nicht exakt decken (Stichwort „operationelles Risiko"), ist eine Angabe im Rahmen der Kapitalangaben gemäß IAS 1.134 ff. vorzuziehen, auch wenn dies von IAS 1 nicht ausdrücklich gefordert wird.	

---

103 § 325 Abs. 2 Nr. 1; § 5 Z 2 Off-VO.
104 § 325 Abs. 2 Nr. 2 SolvV; § 5 Z 3 Off-VO; gemäß § 5 Z 3 lit. a Off-VO noch weitergehende Anforderungen bei der Forderungsklasse der Retail-Forderungen.

4. Eigenmittelausstattung

4.4 Eigenmittelanforderungen für das Marktrisiko

TAB. 17:	Eigenmittelerfordernis Marktrisiko
Säule 3	IFRS
Quantitative Angabe der gesamten Eigenmittelanforderung für das **Marktrisiko** (Standardverfahren oder internes Modell). Für deutsche Institute: nur für das Handelsbuch.[105] Für österreichische Institute: gesondert für das Handelsbuch und das Marktrisiko außerhalb des Handelsbuchs (Fremdwährungs-, Warenpositions- und Goldpositionsrisiko).[106]	Die Eigenmittelanforderungen für das Marktrisiko sind nicht gesondert anzugeben.
Schnittstellen zwischen Säule 3 und IFRS	
Die Offenlegung der Eigenkapitalanforderungen aus Marktrisiken könnte aufgrund des thematischen Zusammenhangs in den **Risikobericht zum Marktrisiko** gemäß IFRS 7 aufgenommen werden. Da dort zwischen den verschiedenen Marktrisiken differenziert werden muss, könnten die jeweiligen Eigenmittelanforderungen ergänzt werden. Da sich die Risikodefinitionen im Aufsichtsrecht und in IFRS 7 aber nicht exakt decken (Stichwort „operationelles Risiko"), ist eine Angabe im Rahmen der Kapitalangaben gemäß IAS 1.134 ff. vorzuziehen, auch wenn dies von IAS 1 nicht ausdrücklich gefordert wird.	

4.5 Eigenmittelanforderungen für operationelle Risiken

TAB. 18:	Eigenmittelerfordernis operationelles Risiko
Säule 3	IFRS
Quantitative Angabe der Eigenmittelanforderungen für das operationelle Risiko im Basisindikatoransatz, im Standardansatz oder im fortgeschrittenen Messansatz.[107]	Die Eigenmittelanforderungen für das operationelle Risiko sind nicht gesondert anzugeben.
Schnittstellen zwischen Säule 3 und IFRS	
Da der Risikobericht im Sinne von IFRS 7 kein operationelles Risiko vorsieht, bietet sich eine Angabe der Eigenmittelerfordernisse im Rahmen der Kapitalangaben gemäß IAS 1.134 ff. an, um damit die Offenlegungsverpflichtungen der Säule 3 zu erfüllen.	

---

105 § 325 Abs. 2 Nr. 3 SolvV.
106 § 5 Z 4 Off-VO (für die Trennung *Urbanek* (Kommentar 2007), § 5 Off-VO Rz. 6).
107 § 325 Abs. 2 Nr. 4 SolvV; § 5 Z 5 Off-VO.

4.6 Kernkapital- und Eigenmittelkoeffizient

Der Kernkapitalkoeffizient und der Eigenmittelkoeffizient sollte grundsätzlich aus den im Rahmen der Säule 3 offenzulegenden Inhalten einfach berechenbar sein, daher hat die CRD keine gesonderte Offenlegung der Koeffizienten vorgesehen.[108]

Allerdings ist es gängige Praxis, diese Koeffizienten im IFRS-Abschluss anzugeben. In Deutschland ist eine Angabe im Rahmen der Säule 3 sogar ausdrücklich vorgesehen. Für bedeutende Tochterunternehmen ist anders als in der Richtlinie und in Österreich überhaupt nur die Angabe der Koeffizienten vorgesehen (siehe Kapitel 3.3, S. 39 ff.).

Ursprünglich waren die Koeffizienten als eine Art Eigenkapitalquote in Bezug auf die risikogewichteten Aktiva einschließlich der Risikoäquivalente für außerbilanzielle Kreditrisiken gedacht, es waren also reine Kreditrisikokoeffizienten. Mit der Einführung der Marktrisikounterlegung Ende der 90er Jahre und vor allem mit Basel II (zusätzliche Unterlegung des operationellen Risikos) ist die Interpretation der Koeffizienten schwierig und es bestehen verschiedene Berechnungsmethoden:

▶ Manche Unternehmen rechnen die Kapitalanforderungen für das Marktrisiko und das operationelle Risiko in ein „risikogewichtetes Vermögensäquivalent" um (Multiplikation der Eigenmittelerfordernisse mit dem Faktor 12,5). Damit werden alle unterlegungspflichtigen Risiken gedanklich in ein Kreditrisiko transformiert. Das Kernkapital bzw. die Eigenmittel werden dann mit den risikogewichteten Aktiva zuzüglich dieser Äquivalente verglichen. Äquivalente für das Marktrisiko werden teilweise nur für den Gesamteigenmittelkoeffizienten und nicht für den Kernkapitalkoeffizienten herangezogen, weil das Marktrisiko i. d. R. nicht mit Kernkapital unterlegt wird.

▶ Manche Unternehmen ziehen vom Kernkapital bzw. den übrigen Eigenmittelbestandteilen jene Beträge ab, die zur Abdeckung des Marktrisikos und des operationellen Risikos „verbraucht" werden. Das danach verbleibende „freie Kernkapital" bzw. die „freien Eigenmittel" für das Kreditrisiko werden dann mit den risikogewichteten Aktiva in Bezug gesetzt. Damit errechnen sie einen klassischen Kreditrisikokoeffizient.

Je nach Methode unterscheiden sich die Koeffizienten bei ein und derselben Bank beträchtlich. Allerdings bleibt die Frage nach der „richtigen" Methode – gerade für Zwecke des IFRS-Abschlusses – ungelöst. Eine getreue Darstellung der Lage des Unternehmens ist u. E. nur dann gewährleistet, wenn die Methode der Berechnung offengelegt wird (z. B. Angabe der Formel mit entsprechenden Bezügen zu den offengelegten Eigenmittelbestandteilen in einer Fußnote).

---

[108] Ebenso *Urbanek* (Kommentar 2007) § 5 Off-VO Rz. 9.

4. Eigenmittelausstattung

Die in der SolvV gewählte Formulierung „Eigenkapitalanforderung insgesamt sowie das Verhältnis zu den Gesamteigenmitteln und zum Kernkapital als Gesamt- und Kernkapitalquote" gibt auch keine exakte Berechnungsformel vor. Ein „Verhältnis" zwischen Eigenmitteln und Eigenmittelanforderungen ergäbe zwar eine eindeutige Zahl, die den **Eigenmitteldeckungsgrad** beschreibt (also mindestens 100 % bei den Gesamteigenmitteln). Allerdings wird dann von einer Gesamt- und Kernkapital*quote* gesprochen, also offenbar eine „Quote" in Bezug auf ein Risiko-Exposure. Hier scheint die Formulierung in der SolvV eher auf eine Umrechnung aller Eigenmittelerfordernisse in Vermögensäquivalente schließen zu lassen (Wortlaut: „Eigenkapitalanforderung insgesamt"). Da es keine eindeutige Berechnungsmethode gibt, sollten Quoten besser nicht isoliert, sondern in Verbindung mit den entsprechenden Details der Säule 3 angegeben werden.

Verstöße gegen die aufsichtsrechtlichen Eigenmittelanforderungen (Unterdeckungen) sind ebenfalls anzugeben (behandelt in Kapitel. 3.6, S. 50 ff.).

TAB. 19:	Eigenmittel- und Kernkapitalkoeffizient
Säule 3 (nur Deutschland)	**IFRS**
Für deutsche Institute: Das Institut hat die Eigenkapitalanforderung insgesamt sowie das Verhältnis zu den Gesamteigenmitteln und zum Kernkapital als Gesamt- und Kernkapitalquote anzugeben.[109]	IAS 1.135(d) erfordert die Angabe, ob in der Berichtsperiode die **externen Kapitalanforderungen** erfüllt wurden. Ebenso sind bei einer (auch geringfügigen oder kurzfristigen) Nichterfüllung der externen Kapitalanforderungen diese Tatsache und die Konsequenzen der Verfehlung der externen Kapitalanforderungen offen zu legen (IAS 1.135(e)). Eine Quantifizierung oder die Angabe von Quoten wird nicht verlangt, ist aber gängige Praxis.
Im Rahmen der Offenlegung des übergeordneten Unternehmens sind die Gesamt- und Kernkapitalquote der **signifikanten Institutstochtergesellschaften** auf Einzelebene oder unterkonsolidierter Ebene offen zu legen.[110]	
Schnittstellen zwischen Säule 3 und IFRS	
Im Rahmen der Angaben zum Kapitalmanagement gemäß IAS 1.134 ff. bietet sich auch die Angabe der gesamten Eigenmittelerfordernisse und der Koeffizienten an, um die Anforderungen der Säule 3 in Deutschland zu erfüllen. Signifikante Tochterunternehmen sollten im Rahmen ihres IFRS-Abschlusses in Deutschland aus Gründen der Transparenz und Nachvollziehbarkeit auch die Berechnungsmethode und die zugrundeliegenden Parameter der Koeffizienten offenlegen.	

---

109 § 325 Abs. 2 Nr. 5 SolvV.
110 § 325 Abs. 2 Nr. 5 SolvV.

5. Allgemeine Angaben zu Risiken und zum Risikomanagement

5.1 Risikobegriff und Risikoarten

Basel II Säule 3 bezieht sich grundsätzlich auf die Risikoarten der Säule 1; manche Bestimmungen beziehen sich auf die Offenlegung der Risiken in der Säule 2, die Risikobegriffe der Säule 2 sind aber weniger spezifiziert.

Die Risikoarten in der Säule 1 sind das Kreditrisiko, das Marktrisiko und das operationelle Risiko. Im Rahmen dieser Begriffe werden auch noch das **Kontrahentenausfallrisiko** (potentielles Kreditrisiko beider Vertragspartner bei Geschäften mit unsicherer, variabler Forderungshöhe) und das **Verwässerungsrisiko** (Wertminderung angekaufter Forderungen in Bezug auf deren Nennwert) unterschieden. Weitere Risikobegriffe im Aufsichtsrecht sind etwa das Zinsrisiko im Anlagebuch, das Risiko aus Verbriefungspositionen, das Konzentrationsrisiko, das Liquiditätsrisiko, das Restrisiko aus kreditrisikomindernden Techniken oder das Risiko aus dem makroökonomischen Umfeld. Im Rahmen der Säule 3 wird teilweise auf diese Risikobegriffe Bezug genommen.

IFRS 7 beschränkt sich auf die Angabe der Risiken, die aus Finanzinstrumenten resultieren. Als typische Risiken genannt werden das Kreditrisiko, das Liquiditätsrisiko und das Marktrisiko, ohne jedoch die Berichterstattung auf diese Risikoarten zu beschränken (IFRS 7.32); es können somit grundsätzlich auch sonstige Risiken aus Finanzinstrumenten offengelegt werden.

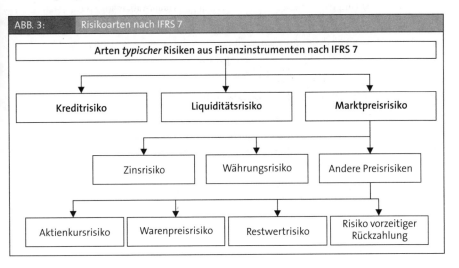

ABB. 3: Risikoarten nach IFRS 7

5. Allgemeine Angaben zu Risiken und zum Risikomanagement

IFRS 7 erfordert eine qualitative und eine quantitative Berichterstattung über Risiken aus Finanzinstrumenten. Die quantitativen Angaben beziehen sich vorwiegend auf das Kreditrisiko, das Liquiditätsrisiko und das Marktrisiko. Die Offenlegung hat auf Grundlage jener Daten zu erfolgen, auf denen die interne Berichterstattung an das *key management* beruht (IFRS 7.34(a)). Sofern Daten nicht auch auf Ebene der Unternehmensführung verwendet werden, sind diese als nicht relevant im Sinne der externen Berichterstattung anzusehen und sollten keinen Eingang in die Anhangsangaben nach IFRS 7 finden, sofern IFRS 7.36 bis .42 nicht explizit eine Angabe verlangt (IFRS 7.34(b)).

Ist die Angabe **sonstiger Risiken** für die Einschätzung der Natur und des Umfangs der Risiken aus Finanzinstrumenten notwendig (Informationsziel gem. IFRS 7.31), müssen sie qualitativ beschrieben werden (IFRS 7.33 i.V.m. .31 und .32). Eine Quantifizierung sonstiger Risiken ist erforderlich, wenn diese Quantifizierung Bestandteil der internen Berichterstattung an das *key management* ist (IFRS 7.34(a)). Das operationelle Risiko ist allerdings i.d.R. kein Risiko aus Finanzinstrumenten und daher von IFRS 7 nicht betroffen;[111] allenfalls ist bei Banken eine Offenlegung im Rahmen des Kapitalmanagements sinnvoll (IAS 1.134 ff.; siehe Kapitel 4.5, S. 58).

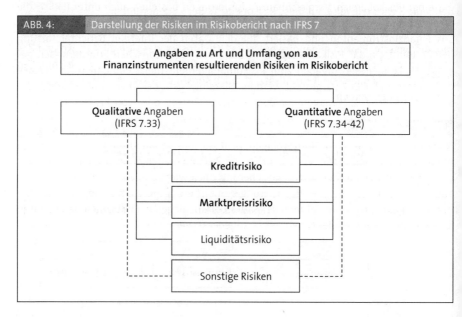

ABB. 4: Darstellung der Risiken im Risikobericht nach IFRS 7

---

[111] Vgl. IFRS 7.BC65.

Auf das Kreditrisiko und das Marktrisiko wird nachfolgend im Detail eingegangen; die Gemeinsamkeiten und Unterschiede im Vergleich zu den aufsichtsrechtlichen Risikobestimmungen der Säule 1 werden aufgezeigt.

Für das Liquiditätsrisiko werden kurz die verpflichtenden Angaben aus IFRS 7 dargestellt. Da sich die aufsichtsrechtlichen Anforderungen an die Liquidität grundsätzlich vom Liquiditätsrisikobegriff des IFRS 7 unterscheiden, kann kein umfassender Vergleich gezogen werden. Dies gilt auch für das operationelle Risiko, das zwar im Aufsichtsrecht, nicht aber für IFRS 7 relevant ist.

Die sonstigen Risiken sind aufgrund der Themenvielfalt keinem speziellen Kapitel zugeordnet und werden hinsichtlich der Definition nicht behandelt.

5.2 Risikomanagement einzelner Risikoarten

Die Säule 3 erfordert eine detaillierte Offenlegung des Risikomanagements zu jedem einzelnen Risikobereich. Vergleichbare Anforderungen bestehen auch unter IFRS 7, die aber weniger detailliert vorgegeben sind. Außerdem bezieht sich IFRS 7 nur auf **Risiken aus Finanzinstrumenten** und basiert auf den Daten der internen Berichterstattung (IFRS 7.34(a)). Da das Risikomanagement stark von regulatorischen Erfordernissen geprägt ist, können die Angaben zum Risikomanagement meist einheitlich für Zwecke der Säule 3 und IFRS 7 dargestellt werden. Allerdings geht der Anwendungsbereich der Säule 3 weiter (z. B. Management operationeller Risiken oder von Risiken aus Nichtfinanzinstrumenten).

Neben IFRS 7 ist auch im **Konzernlagebericht** auf die Verwendung von Finanzinstrumenten einzugehen; darin sind ebenfalls die Risikomanagementziele und -methoden, einschließlich der Methoden zur Absicherung aller wichtigen Arten geplanter Transaktionen, die im Rahmen der Bilanzierung von Sicherungsgeschäften angewandt werden, anzugeben.[112] Die im Rahmen der Säule 3 offenzulegenden Informationen könnten somit auch im Rahmen des Lageberichts abgedeckt werden.[113]

---

112 Konzernlagebericht gemäß § 315 Abs. 2 Nr. 2a HGB; § 267 Abs. 3 Z 4 lit. a UGB.
113 Rechtsgrundlage § 320 Abs. 1 zweiter Satz SolvV; § 26 Abs. 2 BWG.

5. Allgemeine Angaben zu Risiken und zum Risikomanagement

TAB. 20: Risikomanagement einzelner Risikoarten	
Säule 3	**IFRS**
Die **Strategien und Prozesse** zu jedem einzelnen Risikobereich sind im Hinblick auf die Ziele und Grundsätze des Risikomanagements zu beschreiben.[114] Es wird dabei auf das gesamte Risikomanagement des Instituts abgestellt (einschließlich, aber nicht begrenzt auf das Kreditrisiko, Marktrisiko, operationelle Risiko und Zinsänderungsrisiko im Anlagebuch). Offenzulegen sind jene Risiken bzw. Risikoarten, die für die Beurteilung der Risikosituation durch den Marktteilnehmer wesentlich sind; deshalb wurde von einer taxativen Aufzählung aller ggf. betroffenen Risiken abgesehen.[115] Auch die im Rahmen der Sorgfaltspflichten bzw. der Säule 2 zu berücksichtigenden Risiken sind ggf. anzugeben; als weitere mögliche Risikoarten kommen das Konzentrationsrisiko, das Liquiditätsrisiko, das Restrisiko aus kreditrisikomindernden Techniken oder das Risiko aus dem makroökonomischen Umfeld in Betracht. Offenzulegen sind interne Risikodefinitionen und ggf. Abweichungen vom Aufsichtsrecht, die strategische Ausrichtung und die Verfahren des Risikomanagements sowie die Vorgehensweisen bei Identifikation, Messung und Steuerung.[116] Gemeinsame Merkmale der verschiedenen Risikokategorien können zur Vermeidung von Redundanzen gemeinsam besprochen werden.[117] Es soll ein Eindruck von der **Risikoaufnahmefähigkeit** des Instituts vermittelt werden.	Für jede Risikoart aus Finanzinstrumenten sind die Ziele, die Strategien und Prozesse des Instituts für das Risikomanagement und die Methoden zur Bewertung und Erfassung des Risikos offenzulegen.[118] Die Angaben beziehen sich auf alle Risikoarten aus Finanzinstrumenten; die Angaben sind nicht notwendigerweise auf das Kredit-, Markt- und Liquiditätsrisiko beschränkt, sondern haben alle Risiken darzustellen, denen das Institut während des Berichtszeitraums und zum Berichtszeitpunkt ausgesetzt ist.[119] Die Angaben erfolgen grundsätzlich qualitativ, d. h. in Form einer narrativen Beschreibung.[120] Die Implementierungshinweise[121] empfehlen narrative Beschreibungen der Strategien und Prozesse für die Annahme, die Bewertung, Überwachung und Kontrolle des Risikos. Dabei ist auch auf **Veränderungen** in Bezug auf die Risiken und des Risikomanagements im Vergleich zur Vorperiode einzugehen. Die Gründe dafür sind zu erläutern.[122] Anders als bei den quantitativen Angaben haben die qualitativen Angaben das Risikomanagement objektiv zu beschreiben; es geht somit nicht primär um Informationen, die dem Management zur Verfügung gestellt werden.

---

114 § 322 Nr. 1 SolvV bzw. § 2 Z 1 Off-VO.
115 *Urbanek* (Kommentar 2007), § 2 Off-VO Rz. 2.
116 *Urbanek* (Kommentar 2007), § 2 Off-VO Rz. 5.
117 Vgl. *Urbanek* (Kommentar 2007), § 2 Off-VO Rz. 4.
118 IFRS 7.33(b).
119 IFRS 7.32 und IFRS 7.1(b).
120 Überschrift zu IFRS 7.33.
121 IFRS 7.IG15 lit. b.
122 IFRS 7.33(c) und IFRS 7.IG17.

5.2 Risikomanagement einzelner Risikoarten

TAB. 20:	Risikomanagement einzelner Risikoarten
Säule 3	IFRS
Die Darstellung der grundsätzlichen Vorgehensweise über mehrere Risiken hinweg ist möglich, wobei Besonderheiten getrennt darzustellen sind.	
Schnittstellen zwischen Säule 3 und IFRS	
Die Angabepflichten zum Risikomanagement sind sehr ähnlich und können jedenfalls durch eine gemeinsame Beschreibung abgedeckt werden; dabei sollten sowohl die Erfordernisse der Säule 3 als auch die Empfehlungen des IASB berücksichtigt werden. Dies ist vor allem deswegen möglich, weil beide Offenlegungserfordernisse (auch) auf institutsspezifische Risikodefinitionen abstellen.	
Aufgrund der Säule 3 muss zwingend eine Erweiterung um diejenigen Risiken vorgenommen werden, die nicht aus Finanzinstrumenten resultieren (z. B. operationelles Risiko, Marktrisiko aus Nichtfinanzinstrumenten wie Grundstückspreise, nichtfinanzielle Aspekte sonstiger Risiken wie z. B. rechtliche Risiken oder Bewertungsrisiken im Rahmen des Restrisikos aus kreditrisikomindernden Techniken oder das Risiko aus dem makroökonomischen Umfeld).	
Für Säule 3 zu berücksichtigen sind mitunter auch Risiken aus Finanzinstrumenten, die für Zwecke der IFRS ausgebucht wurden (z. B. im Rahmen von traditionellen Verbriefungen). Umgekehrt sind für Zwecke von IFRS 7 mitunter Risiken zu erfassen, die aus aufsichtsrechtlicher Sicht nicht mehr bestehen (z. B. bei traditionellen oder synthetischen Verbriefungen, die aufsichtsrechtlich ausgebucht werden). Soweit wesentliche Unterschiede zwischen dem Aufsichtsrecht und den IFRS bestehen, sollten diese zusammen mit den Implikationen für das Risikomanagement offengelegt werden.	
Keine Schnittstellen ergeben sich beim Liquiditätsrisiko (IFRS 7.39), weil es sich nicht um eine Risikoart i. S. d. Säule 3 handelt. Diesbezüglich sind nur die Offenlegungsanforderungen gemäß IFRS 7 zu berücksichtigen.	

5.3 Risikomanagementstruktur und Berichtswesen

TAB. 21: Risikomanagementstruktur und Berichtswesen

Säule 3	IFRS
Die **Struktur und Organisation** des Risikomanagements ist anzugeben. [123] Dazu können Organigramme, Aufgaben- und Verantwortungsbereiche dargestellt werden.[124]	Nach IFRS 7.33(b) ist über das Management von Risiken aus Finanzinstrumenten zu berichten. Die Implementierungshinweise[125] empfehlen eine Beschreibung der Struktur und Organisation der Risikomanagementfunktionen (einschließlich einer Diskussion deren Unabhängigkeit und deren Rechenschaftspflichten).
Anzugeben sind die Art und der Umfang der internen **Risikoberichte** und/oder des **Managementinformationssystems**.[126] Dazu werden z. B. die Berichtswege, die Häufigkeit der Berichterstattung und die grundlegenden Inhalte des Managementinformationssystems beschrieben; über Analyseergebnisse ist nicht zu berichten.[127]	Nach IFRS 7.33(b) ist über das Management von Risiken aus Finanzinstrumenten zu berichten. Die Implementierungshinweise[128] empfehlen eine Beschreibung der Art und des Umfangs des Risikomess- und Berichtssystems.
Schnittstellen zwischen Säule 3 und IFRS	
Die Angabepflichten nach der Säule 3 und die Implementierungshinweise des IASB sind beinahe identisch und können daher im IFRS-Abschluss abgedeckt werden. Ergänzend zu IFRS 7 müssen ggf. auch das Risikomanagement für Nichtfinanzinstrumente beschrieben werden (z. B. im Immobilienbereich).	

---

[123] § 322 Nr. 2 SolvV; § 2 Z 2 Off-VO.
[124] *Urbanek* (Kommentar 2007), § 2 Off-VO Rz. 5.
[125] IFRS 7.IG15 lit. b(i).
[126] § 322 Nr. 3 SolvV; § 2 Z 3 Off-VO.
[127] Vgl. *Urbanek* (Kommentar 2007), § 2 Off-VO Rz. 5.
[128] IFRS 7.IG15 lit. b(ii).

5.4 Risikoabsicherung

TAB. 22: Leitlinien der Risikoabsicherung	
Säule 3	IFRS
Offenlegung der Leitlinien der Risikoabsicherung und Strategien und Prozesse zur Überwachung der laufenden Wirksamkeit getroffener Maßnahmen.[129] Dabei sind organisatorische und prozessuale Aspekte des Risikomanagements darzulegen, im Unterschied zu den vorigen Punkten sind konkrete Maßnahmen der laufenden Kontrolle angesprochen.[130]	Nach IFRS 7.33(b) ist über das Management von Risiken aus Finanzinstrumenten zu berichten. Die Implementierungshinweise[131] nennen: ▶ die Strategien zum Hedging und zur Risikominderung (einschließlich Strategien und Abläufe zur Hereinnahme von Sicherheiten) und ▶ die Abläufe zur Überwachung der fortlaufenden Effektivität dieser Maßnahmen.
Schnittstellen zwischen Säule 3 und IFRS	
Die Angabepflichten nach der Säule 3 und die Implementierungshinweise des IASB sind beinahe identisch und können daher im IFRS-Abschluss abgedeckt werden. Ergänzend zu IFRS 7 müssen ggf. auch Absicherungstechniken für Nichtfinanzinstrumente beschrieben werden (z. B. im Immobilienbereich).	

---

129 § 322 Nr. 4 SolvV; § 2 Z 4 Off-VO.
130 *Urbanek* (Kommentar 2007), § 2 Off-VO Rz. 5.
131 IFRS 7.IG15 lit. b(iii) und (iv).

6. Kreditrisiko: Säule 1 und IAS 39

6.1 Bedeutung der Säule 1 für die IFRS

Die Messung und Begrenzung des Kreditrisikos ist der zentrale Bestandteil von Basel II, der auch den Datenhaushalt von Kreditinstituten umfassend prägt. In der Praxis greifen Kreditinstitute daher für Zwecke der Kreditrisikoerfassung gemäß IAS 39 und für Zwecke der Kreditrisikodarstellung gemäß IFRS 7 auf diesen Datenhaushalt zurück.

Die Offenlegung von Kreditrisiken gemäß der Säule 3 beruht grundsätzlich auf den Kreditrisikodaten der Säule 1 (Schnittstellen zwischen Säule 3 und IFRS 7 setzen daher auch voraus, dass dem IFRS 7 auch die Daten der Säule 1 zugrunde gelegt werden). Zusätzlich erfordert die Säule 3 die Offenlegung von Daten aus der Rechnungslegung (also i. d. R. auf Basis von IAS 39), und zwar die Ausfallsdefinitionen, die Forderungsstrukturen und die gebuchten Verlustvorsorgen. Um Inkonsistenzen zu vermeiden, sollte der Datenhaushalt des IAS 39 daher möglichst gut auf die Säule 1 abgestimmt sein.

Inkonsistenzen zwischen der Säule 1 und IAS 39 sind in vielerlei Hinsicht problematisch:

- ▶ Unklarheiten im Rahmen der internen Steuerung und Erfolgsmessung (Bonifikation von Mitarbeitern, Ressourcenzuteilung, strategische und operative Managemententscheidungen);
- ▶ Unklarheiten im Risikomanagement und im Rahmen der Säule 2 (Welche Exposures bestehen unter Basel II und welche unter IFRS, insbesondere bei Ansatz von Fair Values? Wie wirken sich aufsichtsrechtliche Sicherheiten im IFRS-Abschluss aus?);
- ▶ Widersprüche im aufsichtsrechtlichen Meldewesen;
- ▶ widersprüchliche Daten, die als Grundlage für die Offenlegung nach Säule 3, IFRS 7 und ggf. andere kapitalmarktrechtliche Offenlegungen erforderlich sind.

Eine systematisch sinnvolle Verbindung der jeweiligen Offenlegungen nach Säule 3 und IFRS 7 setzt einen weitgehenden Abgleich der zugrundeliegenden Daten gemäß Säule 1 und IAS 39 voraus.

Die wesentlichen Aspekte der Kreditrisikoerfassung und -bewertung nach Säule 1 und IAS 39 werden daher nachfolgend dargestellt.[132]

In einem nächsten Schritt wird dargestellt, wie die Angaben nach IFRS 7 auf Grundlage der Daten aus Säule 1 aufbereitet werden können.[133]

---

132 Die Ausführungen basieren auf dem veröffentlichten Artikel *Grünberger* (Basel II: Schnittstellen 2007).
133 Die Ausführungen basieren auf dem veröffentlichten Artikel *Grünberger* (Kreditrisikoangaben 2007).

6.2 Bedeutung der Säule 1 für IAS 39

Sowohl im Standardansatz als auch im IRB-Ansatz stammen die zu gewichtenden Forderungswerte grundsätzlich aus dem Rechnungswesen, soweit keine Derivate, außerbilanzmäßige Geschäfte oder Handelsbuchpositionen im Sinne des Aufsichtsrechts vorliegen, für die das Exposure nach eigenen Methoden berechnet wird.[134] Werden Forderungen zum Fair Value bewertet, dann bildet der Fair Value auch den zu unterlegenden Forderungswert.

Bisher werden die Forderungswerte i. d. R. auf Grundlage des HGB berechnet, teilweise werden auch die IFRS als Grundlage herangezogen (vor allem in Deutschland).[135]

Soweit Forderungswerte noch auf Grundlage des HGB berechnet werden, können trotzdem die folgenden Schnittstellen zwischen Säule 1 und IAS 39 genutzt werden:

- ▶ die Portfoliozuordnung;
- ▶ die Ausfallsdefinitionen;
- ▶ interne und externe Ratings bzw. erwartete Verluste (IRB) für Portfoliowertberichtigungen und teilweise für Einzelwertberichtigungen;
- ▶ interne und externe Ratings für Zwecke der Fair Value-Ermittlung (Umrechnung in *credit spreads*);
- ▶ die Besicherungswerte im Rahmen der kreditrisikomindernden Techniken für Zwecke der Einzel- und Portfoliowertberichtigungen.

6.3 Standardansatz

Anders als im IRB-Ansatz gibt es im Standardansatz wenige Synergien zu IAS 39. Allerdings können die aufsichtsrechtlich definierten Forderungsklassen mit den Portfolien für Zwecke der Gruppenwertberichtigung (IAS 39.AG87) abgestimmt werden, um aus den externen Ratings Verlustraten für die Portfoliowertberichtigung gemäß IAS 39 abzuleiten. Retailforderungen können etwa im Einzelfall als Portfolio nicht signifikanter Einzelforderungen in IAS 39.64 eingestuft werden (1 Mio. Euro-Grenze kumuliert gegenüber allen verbundenen Kunden). Die 90-Tage Überfälligkeitsdefinition kann einen der Loss Events gemäß IAS 39.59 darstellen (siehe unten, wobei die Loss-Definition im IRB-Ansatz umfassender ist).

Eine besondere Problemstellung bei der Ermittlung des Forderungswerts bilden Portfoliowertberichtigungen unter IAS 39.AG87. Da sich das aufsichtsrechtlich zu unterlegende Exposure aus dem Buchwert nach Wertberichtigungen ergibt, müssen Wertberichti-

---

134 Art. 74 Nr. 1 und Art. 78 Nr. 1 CRD; § 22 Abs. 3 BWG.
135 § 10a Abs. 7 KWG; § 29a BWG.

gungen zumindest auf die verschiedenen Forderungsklassen im Standardansatz aufgeteilt werden. Soweit in einer Forderungsklasse verschiedene Bonitätsstufen vorgesehen sind (z. B. für Unternehmensforderungen sechs Stufen von 20 % bis 150 %) müssen Portfoliowertberichtigungen den jeweils betroffenen Forderungen zugeteilt werden. Das gleiche Problem stellt sich im Rahmen der Säule 3: Auch hier müssen die Forderungen (grundsätzlich nach Abzug von Wertberichtigungen) nach Forderungsklassen aufgeschlüsselt dargestellt werden.[136]

Eine Aufteilung von Portfoliowertberichtigungen kann vermieden werden, indem die Portfolien für Zwecke des IAS 39 bereits anhand der aufsichtsrechtlich relevanten Ratingstufen gegliedert werden. Sollte keine Übereinstimmung möglich sein, dann könnten Portfoliowertberichtigungen proportional zu den risikogewichteten Buchwerten aufgeteilt werden; dies deshalb, weil Forderungen mit hohem Risikogewicht meist die höchsten Portfoliowertberichtigungen verursachen.

Deutlich mehr Schnittstellen und Synergien gibt es zwischen IAS 39 und dem IRB-Ansatz, weshalb dieser in der Folge ausführlich behandelt wird.

6.4 IRB-Ansatz und Bewertungskategorien unter IAS 39

Die Bemessungsgrundlage für das Kreditrisiko im IRB-Ansatz umfasst grundsätzlich alle Forderungen in Form von Aktivposten sowie die Forderungsäquivalente von außerbilanziellen (außerbilanzmäßigen) Geschäften und Derivaten im Sinn des Aufsichtsrechts. Auch bei Verbriefungen können Forderungen in die Bemessungsgrundlage eingehen, die nicht in der Bilanz aktiviert sind.

Die **ersten vier Forderungsklassen**[137] – Zentralregierungen (Zentralstaaten/Zentralbanken), Institute, Unternehmen (inkl. Spezialfinanzierungen) sowie Retail – sind zumeist Finanzinstrumente nach IAS 32.11 und somit auch Gegenstand der Bewertungsbestimmungen des IAS 39 und der Offenlegungsbestimmungen des IFRS 7.

Unter IAS 39 sind die ersten vier Forderungsklassen meist finanzielle Vermögenswerte der Kategorie *loans and receivables* oder – bei Notierung an einem aktiven Markt – *held to maturity*. Ausnahmsweise fallen sie in die Kategorie AfS, wenn keine fixen oder bestimmbaren Zahlungen vorliegen oder eine freiwillige Designation in AfS erfolgt. Bei Ausübung der Fair Value Option fallen sie unter die Kategorie *at fair value through profit or loss*.

---

136 § 327 Abs. 2 Z 1 bis 3 SolvV; § 7 Abs. 1 Z 3 bis 6 Off-VO.
137 Art. 86 Nr. 1 lit. a bis d CRD; § 73 Nr. 1 bis 3 und Nr. 6 SolvV; § 22b Abs. 2 Z 1 bis Z 4 BWG.

6.4 IRB-Ansatz und Bewertungskategorien unter IAS 39

Werden die ersten vier Forderungsklassen unter IAS 39 zu Anschaffungskosten bilanziert, dann bietet sich eine gute Schnittstelle zu den *impairment*-Bestimmungen in IAS 39.63 bis .65.

Für **Wertberichtigungen auf Portfoliobasis** müssen finanzielle Vermögenswerte unter IAS 39 repräsentativ in Gruppen mit vergleichbaren Kreditrisikomerkmalen gegliedert werden (IAS 39.AG87; beispielhaft genannt ist ein *„grading process"* auf Basis von Forderungsart, Industrieart, Region, Sicherheiten, Verzugsstatus und anderen relevanten Faktoren). Die vier aufsichtsrechtlichen Forderungsklassen können das Kriterium der Industrieart grob abdecken. Für die ersten drei Forderungsklassen (Zentralbanken/-staaten, Institute, Unternehmen) können die unter Basel II erforderlichen sieben Non-Default-Schuldnerklassen und die Default-Schuldnerklasse auch für IAS 39 zur Portfoliobildung herangezogen werden; mit der Default-Schuldnerklasse wird auch dem Verzugsstatus Rechnung getragen. Angesichts der umfassenden qualitativen Anforderungen an das interne Ratingsystem unter Basel II werden die aufsichtlichen Ratingklassen auch für IAS 39 ausreichen. Die Retail-Forderungsklasse kann unter IAS 39 mit den nicht signifikanten Einzelforderungen im Sinne von IAS 39.64 in Einklang gebracht werden.

Beim *partial use* des IRB sollten IAS 39-Portfolien entsprechend getrennt werden, sonst ist ggf. eine Aufteilung der Portfoliowertberichtigungen proportional zu den Forderungswerten zwischen IRB- und Standardansatzforderungen erforderlich.[138]

Die **Forderungsklasse „Beteiligungen"**[139] wird für Zwecke des IRB-Ansatzes gesondert definiert (nicht rückzahlbarer, nachrangiger Anspruch auf Vermögen oder Einkünfte oder in wirtschaftlicher Substanz entsprechende rückzahlbare Forderungen). Es handelt sich um eine sehr abstrakte Eigenkapitaldefinition, für die gesellschaftsrechtliche Mitbestimmungsrechte nicht relevant sind – ebenso wie in IAS 32.11. Der nachrangige Anspruch auf Vermögen und Einkünfte entspricht im Grundsatz auch dem *„residual interest in the assets"* in IAS 32.11. Wie unter IAS 32 kann der nachrangige Anspruch auf Vermögen und Einkünfte nur indirekt über die Abgrenzung zu vorrangigen Ansprüchen auf Vermögen und Einkünfte definiert werden – also anhand einer konkreten Schulddefinition. Genaue Kriterien ergeben sich aus den CEBS-Implementierungsrichtlinien[140] auf Grundlage des Baseler Rahmenvertrags.[141] Kriterien für eine Beteiligung sind danach insbesondere:

---

138 CRDTG, Anfragebeantwortung „Question Number 164"; Rz. 380 des Baseler Rahmenvertrags; ebenso *Finanzmarktaufsicht/Oesterreichische Nationalbank* [Hrsg.] – Konzept für § 29a BWG.
139 Art. 86 Nr. 1 lit. e CRD; § 73 Nr. 4 SolvV; § 22b Abs. 2 Z 5 BWG.
140 *Committee of European Banking Supervisors* (CEBS) Guidelines on the implementation, validation and assessment of AMA and IRB Approaches; 4. April 2006 (http://www.c-ebs.org/pdfs/GL10.pdf), Rn. 201 ff.
141 Rz. 235 ff. des Baseler Rahmenvertrags.

6. Kreditrisiko: Säule 1 und IAS 39

- *„irredeemable"*; *„does not embody obligation on the part of issuer"*; *„issuer may defer indefinitely the settlement of the obligation"*; oder *„requires or permits settlement by issuance of a fixed number of the issuer's equity shares"*. Diese Kriterien sind konsistent mit der Eigenkapitaldefinition nach IAS 32.11.

- Weiters gelten nach CEBS alle Instrumente als Beteiligungen, welche auf der Gegenseite die Definition von Kernkapital erfüllen würden[142]; in den meisten Fällen liegt hier auch unter IAS 32 Eigenkapital vor (mit Ausnahme von kernkapitalfähigem Hybridkapital).

- *„indirect equity interests"*; das sind insbesondere *„derivative instruments tied to equity instruments"*. CEBS stuft somit alle beteiligungsbezogenen Derivate generell als Beteiligungen ein, auch wenn das Derivat für sich genommen gegenüber der Gegenpartei einen erstrangigen Anspruch darstellt. IAS 32 spricht dagegen grundsätzlich nur dann von einem Eigenkapitalinstrument, wenn das Derivat durch eine fixe Anzahl von **Eigenkapitalinstrumenten des Emittenten** getilgt wird.

TAB. 23:	IRB-Beteiligungsbegriff und Schnittstellen zu Eigenkapitalinstrumenten
In der Praxis sind Eigenkapitalinstrumente nach IAS 32 (auf der Aktivseite) jedenfalls mit dem IRB-Beteiligungsbegriff in Einklang zu bringen. IRB-Beteiligungen fallen somit meist in die Bewertungskategorie AfS, bei einem vorliegenden maßgeblichen Einfluss ggf. auch unter IAS 28. Ausnahmen können sich bei strukturierten Produkten ergeben, die eingebettete Derivate auf Beteiligungswerte enthalten und somit insgesamt als Beteiligungen eingestuft werden.	

Eine **Wandelanleihe** im Anlagebuch ist nach IAS 39.10 grundsätzlich ein finanzieller Vermögenswert mit einem eingebetteten Derivat als wertbestimmende Komponente. Die IFRS verlangen keine getrennte Darstellung (eine Aufspaltung in Schuld- und Eigenkapitalkomponente wäre nur auf der Passivseite erforderlich). Das eingebettete Derivat ist zwar nur eine Bewertungskomponente, kann aber den Eigenkapital- bzw. Schuldcharakter des Instruments insgesamt beeinflussen. BaFin und FMA überlassen es z. B. den beaufsichtigten Instituten, eine Wandelanleihe in eine klassische Forderung und eine Beteiligungsposition i. S. des IRB-Ansatzes zu zerlegen oder sie als ganzes einer Kategorie zuzuordnen – je nach Überwiegen des Eigenkapital- oder Schuldcharakters.[143] Dies kann mit den Darstellungswahlrechten nach IFRS in Einklang gebracht werden: Wird das eingebettete Derivat gesondert bewertet, kann für Aufsichtszwecke eine Aufspaltung erfolgen. Wird über das Gesamtinstrument die Fair Value Option ausgeübt, dann kann die Wandelanleihe als Ganzes einer Beteiligungs- oder einer Forderungsklasse zugeordnet werden.

---

142 Verweis auf Art. 57 lit. a bis lit. c CRD.
143 BaFin, Auslegungen der SolvV – Anfrage T001N001F005 (Internet http://www.bafin.de/auslegung/T001.pdf); offen ebenfalls *Finanzmarktaufsicht* [Hrsg.] (Auslegungsfragen 2005), Beantwortung vom 20. 6. 2005 (www.fma.gv.at/cms/basel2//attachments/3/5/4/CH0335/CMS1141209169618/rechtli2.pdf).

Bei einer **Aktienanleihe** sehen BaFin und FMA das Gesamtinstrument als Beteiligung[144]; aufgrund des eingebetteten Derivats (Aktienandienungsrecht) gibt es keinen festen „Forderungsanspruch". Bei einer **Optionsanleihe** mit einer verbrieften Option verlangt die BaFin eine getrennte Unterlegung[145]; dies entspricht IAS 39, weil ein gesondert übertragbarer Optionsschein ein eigener finanzieller Vermögenswert ist (*attached derivative* nach IAS 39.10).[146]

TAB. 24:	Strukturierte Produkte: Schnittstelle IAS 39, Säule 1, Säule 3 und IFRS 7
Bei strukturierten Produkten mit eingebetteten Derivaten ist auf die Schnittstelle zwischen internem Modell und IAS 39 zu achten: Bei getrennter Behandlung unter Basel II bietet sich eine gesonderte Darstellung des eingebetteten Derivats nach IFRS an[147], bei zusammengefasster Behandlung unter Basel II insbesondere die Ausübung der Fair Value Option nach IAS 39.11A. Damit kann auch die Darstellung nach der Säule 3 und IFRS 7 mit der Behandlung im Rahmen der Rechnungslegung vereinheitlicht werden.	

Eine Abweichung zu IFRS ergibt sich allerdings bei **Investmentfondsanteilen**, die grundsätzlich im Aufsichtsrecht nach dem *look-through*-Ansatz[148] zu behandeln sind. Als Investmentfonds für Zwecke des IRB-Ansatzes gelten nach der CRD grundsätzlich alle „Organismen für Gemeinsame Anlagen" (OGA), das sind offene Fonds, die Publikumsgelder nach dem Grundsatz der Risikostreuung veranlagen.[149] Im IRB-Ansatz sind Investmentfonds keine eigene Forderungsklasse und damit auch nicht von den übrigen Forderungsklassen abzugrenzen, vielmehr sind die dahinter liegenden Assets zu unterlegen. Unter IFRS gibt es keinen *look-through*, stattdessen ist der Fondsanteil regelmäßig ein Finanzinstrument nach IAS 39 oder fällt unter IAS 28, IAS 31 oder IAS 27.[150]

Der Buchwert ist aber insoweit auch für das Aufsichtsrecht maßgeblich, als der Buchwert das Exposure darstellt, der auf die einzelnen Assets verteilt wird (nicht die Assets selbst werden gewichtet, sondern nur der zugeteilte Buchwert).

---

144 *BaFin*, Auslegungen der SolvV – Anfrage T001N001F015 (Internet http://www.bafin.de/auslegung/T001.pdf); *Finanzmarktaufsicht* [Hrsg.] (Auslegungsfragen 2005), Beantwortung vom 20.6.2005 (www.fma.gv.at/cms/basel2//attachments/3/5/4/CH0335/CMS1141209169618/rechtli2.pdf).
145 *BaFin*, Auslegungen der SolvV – Anfrage T001N001F006 (Internet http://www.bafin.de/auslegung/T001.pdf).
146 Ebenso nach HGB, vgl. zuletzt *Gelhausen/Rimmelspacher* (Wandel- und Optionsanleihen 2006), AG 2006, S. 745.
147 Eingebettetes Derivat nach IAS 39.AG30(f).
148 Ausführlich dazu *Grünberger/Broszeit* (Hedgefonds-Investments 2007), RWZ 2007, S. 275.
149 Art. 87 Nr. 11 und 12 CRD; Art. 19 Abs. 1 lit. e der RL 85/611/EWG.
150 Ausführlich *PricewaterhouseCoopers AG* [Hrsg.] (IFRS für Banken 2008), S. 1431 ff.

TAB. 25:	Investmentfondsanteile: Implikationen für IFRS 7 und Säule 3
	Soweit die Säule 3 eine Darstellung von Forderungen im Rahmen der Kreditrisikoangaben verlangt[151] (Aufgliederungen der Forderungen und der Wertberichtigungen), sind grundsätzlich die Forderungen im Rechnungswesen gemeint. Anders als in der Säule 1 müssen Investmentfonds nicht transparent dargestellt werden; damit entspricht die Säule 3 dem IFRS 7. Soweit die Säule 3 eine Darstellung von **Wertberichtigungen** im Rahmen der Kreditrisikoangaben verlangt[152], sind die nach IAS 39 gebildeten Wertberichtigungen auf den Fondsanteil gemeint. Erfolgt nach IFRS eine **Vollkonsolidierung**, dann wird damit automatisch der **aufsichtsrechtliche look-through** abgebildet und die konsolidierten Buchwerte können für Zwecke von IFRS 7 und der Säule 3 einheitlich dargestellt werden.

Nichtfinanzielle Vermögenswerte außerhalb des Anwendungsbereichs von IAS 39 sind grundsätzlich sonstige Aktiva nach Art. 86 Nr. 1 lit. g CRD. Definitionsgemäß handelt es sich dabei um Aktiva, die keine Kreditverpflichtungen darstellen. Die „Kreditverpflichtung" wird zwar nicht definiert, kann aber gut mit dem vertraglichen Recht i. S. v. IAS 32.11(c) im Rahmen der Definition eines finanziellen Vermögenswerts in Einklang gebracht werden. Ein klassisches Beispiel sind Immobilien oder der Restwert von Leasingobjekten (sofern dieser nicht in der Leasingforderung enthalten ist). Auch aktive latente Steuern sind sonstige Aktiva, weil sie weder eine Kreditverpflichtung darstellen noch überhaupt einen Forderungscharakter an eine bestimmte Gegenpartei aufweisen. Diese Instrumente sind üblicherweise nicht Gegenstand des IFRS 7. Soweit die Säule 3 eine Offenlegung verlangt, müssen sie daher ergänzt werden.

6.5 IRB-Loss/LGD-Definition im Vergleich zu IAS 39

Die Ausfalls- und Verlustdefinitionen im Aufsichtsrecht und unter IAS 39 sollten so weit wie möglich abgestimmt werden, um breite Schnittstellen im Datenhaushalt zu schaffen. Außerdem müssen die Definitionen und Wertberichtigungen auch im Rahmen der Säule 3 offengelegt werden.[153] Daher wird auf das Thema nachfolgend im Detail eingegangen.

Aufsichtsrechtlich liegt ein Ausfall (*default*) einer Forderung dann vor, wenn auch nur eine wesentliche Verbindlichkeit des Schuldners gegenüber einem gruppenangehörigen Institut mehr als 90 Tage überfällig ist. Die Überfälligkeit einer wesentlichen Forderung führt daher zu einem Ausfall aller Forderungen gegenüber dem Schuldner.

---

151 § 327 SolvV; § 7 Off-VO.
152 § 327 SolvV Abs. 2 Nr. 6 SolvV; § 7 Abs. 1 Z 7 bis 9 Off-VO.
153 § 327 SolvV; § 7 Off-VO.

TAB. 26:	Kunden- und Kontensicht beim Default
Das Aufsichtsrecht verwendet somit die – risikotechnisch hochwertigere – Kundensicht anstatt einer bloßen Kontensicht. Auch die Verlusttatbestände des IAS 39.59 (*loss events*) beziehen sich immer auf die Person des Schuldners. Somit sollte die Kundensicht der Säule 1, die auf eine wesentliche Verbindlichkeit gegenüber der Gruppe abstellt, auch für IAS 39 verwendet werden.	

Neben der Überfälligkeit liegt ein Ausfall dann vor, wenn ein Schuldner seinen Verpflichtungen nicht in voller Höhe nachkommen wird, ohne dass das Kreditinstitut auf Maßnahmen wie die Verwertung von Sicherheiten zurückgreift.[154] Konkretisiert wird dieser Tatbestand durch folgende Merkmale[155]:

- ▶ Verzicht auf laufende Zinsbelastung;
- ▶ gebuchte Wertberichtigung für Kreditrisikoverschlechterung (nicht für Marktrisiken[156]);
- ▶ Verkaufsgeschäft mit relevantem bonitätsbedingtem Verlust;
- ▶ Restrukturierung mit voraussichtlichem Forderungsnachlass in Bezug auf Nominale, Zinsen oder Gebühren;
- ▶ Insolvenzantrag oder vergleichbare Maßnahme des Kreditinstituts;
- ▶ Gläubigerschutz mit Verringerung oder Verzögerung der Rückzahlung.

TAB. 27:	Ausfallstatbestände
Die Verlusttatbestände, insbesondere die 90-Tagefrist, sind im Ergebnis deckungsgleich zu den *loss events* in IAS 39.59[157]; die sechs genannten Einzelkriterien sind schließlich nur Folgemaßnahmen, die auf einen bereits eingetretenen Ausfall hinweisen; sie sind aber kein objektives Kriterium für den Ausfall als solchen.	

Für Beteiligungen ist die Ausfallsdefinition aufsichtsrechtlich relevant, wenn der PD/LGD-Ansatz gewählt wird. Im Gegensatz zu IAS 39.61 gibt es unter Basel II keine speziellen Ausfallstatbestände für Beteiligungen, bei denen definitionsgemäß kein Rückzahlungsanspruch besteht. Das Kreditinstitut sollte jedenfalls „ausreichende Informationen [haben], um die Ausfallsdefinition ... anzuwenden", ansonsten wird ein Skalierungsfaktor verlangt.[158] Da eine gebuchte Wertberichtigung als Ausfallsindiz gilt, sind die Kriterien eines verschlechterten Umfelds bzw. einer nachhaltigen Abwertung des Fair Value (IAS 39.61) auch für die Säule 1 relevant.

---

154 Anhang VII Teil 4 Rn. 44 CRD; § 46 SolvaV.
155 Anhang VII Teil 4 Rn. 45 CRD; Gesetzesmaterialien zu § 22b Abs. 5 BWG.
156 Marktrisikobasierte Abschreibungen sind nach Rz. 453 Fußnote 90 Baseler Rahmenvertrag auszuklammern.
157 Ebenso *Institut der Wirtschaftsprüfer in Deutschland e.V.* [Hrsg.] (IDW RS HFA 9 2007), Rz. 287; *PricewaterhouseCoopers AG* [Hrsg.] (Schnittstellenanalyse 2006), S. 25.
158 CRD Anhang VII Teil 1 Rn. 22; § 77 Abs. 4 SolvaV.

6. Kreditrisiko: Säule 1 und IAS 39

Da die Ausfallstatbestände nach Basel II und IAS 39 gut in Übereinstimmung gebracht werden können, wird nachfolgend der Ausfallsbegriff einheitlich für Basel II und IAS 39 verwendet.

Neben der qualitativen Verlustdefinition ergeben sich auch zahlreiche Schnittstellen hinsichtlich der **quantitativen Verlusterfassung**[159]:

- ▶ Zeitpunkt der Ermittlung eines Ausfalls nach Basel II bzw. des *impairments* nach IAS 39.
- ▶ Höhe des EL-Betrags bzw. des *impairments* im Fall eines bereits eingetretenen Ausfalls einer Einzelforderung der vier klassischen Forderungsklassen und der Beteiligungsklasse, insbesondere beim fortgeschrittenen IRB-Ansatz (LGD-Schätzungen).[160]
- ▶ EL-Betrag und *impairments* nicht ausgefallener Forderungen der vier klassischen Forderungsklassen (nicht aber Beteiligungen) auf Portfolioebene gemäß IAS 39.64, insbesondere beim fortgeschrittenen IRB-Ansatz.

Sowohl nach Basel II[161] als auch nach IFRS geht es um den **wirtschaftlichen Verlust**, der auch den Zinsverlust (materieller Diskontierungseffekt) zwischen dem Ausfallszeitpunkt und der Tilgung umfasst. Der maßgebliche Zinssatz wird in der Richtlinie nicht definiert, er muss aber einen wirtschaftlichen Verlust widerspiegeln; dies ist nicht zwingend der Marktzinssatz, weil der wirtschaftliche Verlust den Zinsverlust über den Betreibungszeitraum und nicht das Marktrisiko einer sofortigen Forderungsveräußerung abgebildet werden soll. Somit bietet sich eine gute Schnittstelle zu IAS 39.63 an, der die ursprüngliche Effektivverzinsung heranzieht. Nach CEBS[162] sollte außerdem ein angemessener Credit Spread berücksichtigt werden: Das Default-Ereignis selbst wird durch den EL-Abzug bzw. durch das *impairment* bereits berücksichtigt, somit muss ein bereits bevorsorgtes Kreditrisiko nicht nochmals über einen erhöhten Credit Spread abgebildet werden, weshalb die Effektivverzinsung im Sinne der IFRS mit dem ursprünglichen Credit Spread auch geeignet erscheint.[163]

Allerdings umfasst der wirtschaftliche Verlust nach Basel II auch **wesentliche direkte und indirekte Kosten der Betreibung**.[164] Diese Kosten werden im *impairment*-Aufwand

---

159 Art. 4 Nr. 26 CRD; in Österreich wurde die Definition nicht umgesetzt, allerdings sprechen die Gesetzesmaterialien zu § 22b Abs. 3 von einem wirtschaftlichen Verlust.
160 Anhang VII Teil 1 Nr. 30 vorletzter Satz CRD; § 81 Abs. 2 Z 3 SolvaV für Forderungen und § 81 Abs. 5 SolvaV beim PD/LGD-Ansatz von Beteiligungen.
161 Art. 4 Nr. 26 CRD; Baseler Rahmenvertrag Rn. 460.
162 *Committee of European Banking Supervisors* (CEBS): Guidelines on the implementation, validation and assessment of AMA and IRB Approaches, 4 April 2006 (http://www.c-ebs.org/pdfs/GL10.pdf), Rz. 247 ff.
163 In diesem Sinne auch *PricewaterhouseCoopers AG* [Hrsg.] (Schnittstellenanalyse 2006), S. 26.
164 Art. 4 Nr. 26 CRD; Baseler Rahmenvertrag Rn. 460.

nach IAS 39.63 nicht abgebildet – zumindest nicht generell. Bei gesicherten Forderungen bemisst sich die Abschreibung unter IAS 39 unter Berücksichtigung der *„cash flows that may result from foreclosure less costs for obtaining and selling the collateral, whether or not foreclosure is probable."*[165] IAS 39.AG84 unterscheidet hier nicht zwischen direkten und indirekten Kosten. Grundsätzlich darf im Rahmen des *impairments* keine Verlustvorsorge für zukünftige (interne) Aufwendungen gebildet werden. In diesem Fall geht es aber um ein anderes Problem, nämlich die Bewertung einer nicht bereits verfügbaren Sicherheit – ähnlich einer noch nicht „betriebsbereiten" Anlage. Sicherheiten sind grundsätzlich zum Fair Value zu berücksichtigen[166], dabei ist eine potentielle Übertragung der gesicherten, ausgefallenen Forderung aus der Perspektive des bilanzierenden Unternehmens (Sicherungsnehmers) zu unterstellen. Ein Dritter würde nach Berücksichtigung seiner Provision höchstens den erwarteten Verwertungserlös abzüglich aller direkten und aller üblichen indirekten Kosten ansetzen; die Fair Value-Ermittlung erfolgt somit retrograd: *„Wenn die Kosten für die Verwaltung bzw. Abwicklung eines finanziellen Vermögenswerts oder einer finanziellen Schuld wesentlich sind und andere Marktteilnehmer mit vergleichbaren Kosten konfrontiert sind, würde der Emittent sie bei der Ermittlung des beizulegenden Zeitwerts ... berücksichtigen"*[167]. Die indirekten Kosten der Betreibung von Sicherheiten sind daher auch unter IAS 39 anzusetzen, sofern diese auch bei anderen Marktteilnehmern anfallen[168]; dies entspricht auch der Verlustdefinition unter Basel II.

6.6 Ausgefallene Einzelforderungen

Liegt kein Ausfall vor, dann wird nach IAS 39 keine Verlustvorsorge getroffen. Das *impairment* nach IAS 39.59 betrifft nur Verlustereignisse nach der Ersterfassung; die Verlusterwartung im Anschaffungszeitpunkt spiegelt sich bereits in den Anschaffungskosten (Fair Value) wieder.[169] Anders Basel II: Erwartete Verluste werden schon im Anschaffungszeitpunkt berechnet. Dies führt grundsätzlich zu einem *shortfall* und somit zu einer Eigenmittelkürzung, bis tatsächlich ein Ausfall vorliegt und ein *impairment* gebucht wurde. Der grundsätzliche Unterschied zwischen dem *expected-* und dem *incurred loss model* zeigt sich somit zwischen Anschaffungszeitpunkt und Ausfallszeitpunkt – wird aber durch die anrechenbare Wertminderung auf Portfolioebene wieder abgeschwächt (Kapitel 6.7, S. 79).

---

165 IAS 39.AG84; *PricewaterhouseCoopers AG* [Hrsg.] (IFRS für Banken 2008), S. 368.
166 IAS 39. IG E.4.8.
167 IAS 39.AG82 lit. h.
168 A. A. (nur externe Betreibungskosten) *PricewaterhouseCoopers AG* [Hrsg.] (Schnittstellenanalyse 2006), S. 26.
169 IAS 39.43 i. V. m. IAS 39.AG77 (Bezug auf Kreditrisiko).

6. Kreditrisiko: Säule 1 und IAS 39

Liegt ein Ausfall einer Einzelforderung vor, dann beträgt die PD grundsätzlich 100 % – sowohl für die klassischen Forderungen an Zentralregierungen (Zentralstaaten/Zentralbanken), Institute und Unternehmen[170], Retailforderungen[171] als auch für Beteiligungen nach der PD/LGD-Methode[172]. Somit ergibt sich der EL-Betrag aus dem LGD, multipliziert mit dem Forderungswert (Buchwert zuzüglich gebuchter Wertberichtigungen, bei Beteiligungen Buchwert nach Wertberichtigungen). Der EL-Betrag kann mit dem *impairment* unter IAS 39 nur übereinstimmen, wenn die LGD-Werte mit IAS 39 konform sind.

Problematisch für die Schnittstelle zu IAS 39 sind dabei die aufsichtsrechtlich vorgegeben LGD im Basisansatz für Forderungen an Zentralregierungen (Zentralstaaten/Zentralbanken), Institute und Unternehmen (z. B. vorrangige Forderungen 45 %, nachrangige Forderungen 75 %, gedeckte Schuldverschreibungen 12,5 %, angekaufte Nachrangforderungen ohne ausreichende PD-Schätzung 100 %, jeweils unter Anrechnung der Sicherheiten)[173]. Unter IAS 39 ist eine Einzelbewertung mit Verlustschätzung auf Basis diskontierter erwarteter Cash Flows erforderlich; eine pauschalierte „Provision Matrix" ist nicht zulässig.[174] Eine Ausnahme von der Einzelbewertung in IAS 39 bilden nicht signifikante Forderungen, die auch im Ausfall pauschaliert auf Gruppenebene bewertet werden können[175]; der Ausfall wird dann aber i. d. R. durch Umgliederung in eine besondere Gruppe berücksichtigt. Sind tatsächlich keine besseren LGD-Schätzungen als die aufsichtsrechtlichen Pauschalwerte verfügbar, dann können die aufsichtsrechtlich vorgegebenen Werte unter Berücksichtigung der Sicherheiten (CRM) zumindest Anhaltspunkte für IAS 39 bieten.

Eine effektiv nutzbare Schnittstelle zwischen IAS 39 und Basel II ergibt sich jedenfalls im fortgeschrittenen Ansatz, wenn **eigene LGD-Schätzungen** für den *economic loss* im Sinne von Basel II verwendet werden[176]; dies gilt für Retailforderungen auch im Basisansatz, weil die LGD jedenfalls zu schätzen sind. Für ausgefallene Forderungen der ersten vier Forderungsklassen ist unter Basel II der beste Verlustschätzwert jeder einzelnen Forderung unter Berücksichtigung der aktuellen wirtschaftlichen Verhältnisse des Forderungsstatus und der Möglichkeit von unerwarteten Verlusten während des Verwertungszeitraums als Grundlage heranzuziehen.[177] Dies entspricht grundsätzlich auch IAS 39, wobei **unerwartete Verluste** nur dann in die Cash Flow-Schätzungen eingehen

---

170 CRD Anhang VII Teil 1 Rn. 3; § 68 Abs. 1 Z 3 SolvaV.
171 CRD Anhang VII Teil 1 Rn. 10; § 71 Abs. 1 Z 2 SolvaV.
172 CRD Anhang VII Teil 1 Rn. 22; § 72 Z 1 i. V. m. § 68 Abs. 1 Z 3 SolvaV.
173 CRD Anhang VII Teil 2 Rn. 8; § 69 Abs. 1 SolvaV.
174 Vgl. IAS 39 IG.E.4.5.
175 Vgl. *PricewaterhouseCoopers AG* [Hrsg.] (IFRS für Banken 2008), S. 382.
176 Ebenso *PricewaterhouseCoopers AG* [Hrsg.] (Schnittstellenanalyse 2006), S. 25.
177 CRD Anhang VII Teil 4 Rn. 80; § 50 Z 8 SolvaV.

dürfen, wenn sie auf objektiven Hinweisen am Stichtag basieren (IAS 39.63: *"excluding future credit losses that have not been incurred"*). Betreibungskosten können unter IAS 39 nur im Zusammenhang mit der Bewertung von Sicherheiten berücksichtigt werden.

Aufsichtsrechtlich sind „LGD-Schätzungen zu verwenden, die für eine Rezession angemessen sind, falls diese Schätzungen konservativer sind als der langfristige Durchschnitt"[178]. Ist die Datenmenge unbefriedigend, dann ist ein höheres Maß an Vorsicht geboten (gilt auch für die PD).[179] Beide Anforderungen sind angesichts des Vorsichtsprinzips (Absatz 37 des IFRS-Rahmenkonzepts) mit IAS 39 vereinbar, da sie auf eine konservative Anwendung von Schätzparametern gerichtet sind und nur auf bereits eingetretene Verluste angewendet werden.

Im IRB-Basisansatz ist mit dem EL-Abzug ausgefallener Forderungen für das Kreditrisiko vollständig vorgesorgt und ein allfälliger Restbuchwert muss nicht mehr unterlegt werden (der gewichtete Forderungsbetrag wird mit Null festgesetzt). Im fortgeschrittenen Ansatz muss der Forderungswert ausgefallener Forderungen zusätzlich unterlegt werden, soweit **unerwartete Verluste** zwar in der LGD, nicht aber im EL berücksichtigt werden müssen. Die Differenz wird zuerst mit dem Faktor 12,5 und dann mit dem allgemeinen Unterlegungssatz von 8 % multipliziert, das Eigenmittelerfordernis entspricht somit direkt dem nicht gebuchten unerwarteten Verlust auf den Forderungswert.[180]

Dieselben Überlegungen gelten grundsätzlich für Beteiligungspositionen, die nach der PD/LGD-Methode unterlegt werden. Überschneidungen zwischen dem erwarteten Verlust und den impairment-Bestimmungen in IAS 39 kann es nur bei ausgefallenen Beteiligungen geben (PD = 100 %[181]). Allerdings ist hier der LGD fix vorgegeben: 90 % und 65 % für nicht notierte Beteiligungen in hinreichend diversifizierten Portfolien.[182] Dies entspricht nicht (notwendigerweise) dem *impairment* für AfS-Instrumente, die auf den niedrigeren Fair Value abzuschreiben sind.

6.7 Portfoliowertberichtigung

Wertberichtigungen auf Portfoliobasis sind unter IAS 39.64 grundsätzlich nur für Forderungen vorgesehen, die zu fortgeführten Anschaffungskosten nach der Effektivzins-

---

[178] CRD Anhang VII Teil 4 Rn. 74; § 50 Z 2 SolvaV.
[179] CRD Anhang VII Teil 4 Rn. 54; § 47 Abs. 1 Z 4 SolvaV.
[180] Ausführlich Rn 471 des Baseler Rahmenvertrags, CRD Anhang VII Teil 1 Rn. 10; § 76 Z 2 SolvaV.
[181] CRD Anhang VII Teil 2 Rn. 24 (*„shall be determined according to the methods for corporate exposures"*) i. V. m. Teil 2 Rn. 4; § 72 Z 1 i. V. m. § 68 Abs. 1 Z 3 SolvaV.
[182] CRD Anhang VII Teil 2 Rn. 25; § 72 Z 2 SolvaV.

6. Kreditrisiko: Säule 1 und IAS 39

methode bewertet werden; damit bietet sich eine konkrete Schnittstelle zu den ersten vier Forderungsklassen unter Basel II an.

Zu unterscheiden sind grundsätzlich Portfolien, die auf Einzelbasis getestet wurden und keine Wertminderung aufweisen, und Portfolien, die aufgrund ihrer untergeordneten Bedeutung nur auf Gruppenbasis getestet werden; nach IAS 39.AG87 weisen beide Gruppen unterschiedliche Verlustrisiken auf, sodass regelmäßig getrennte Portfolien für Zwecke der Portfoliowertberichtigungen zu bilden sind. Dies lässt sich gut mit der aufsichtsrechtlich erforderlichen Trennung in Retail einerseits und in die Forderungsklassen Zentralregierungen (Zentralstaaten/Zentralbanken), Institute und Unternehmen andererseits abbilden.

Auch auf Gruppenebene dürfen unter IAS 39 nur eingetretene Verluste realisiert werden – die EL nach Basel II können somit nicht unmittelbar für IFRS übernommen werden. Allerdings erfordert IAS 39.AG89 ausdrücklich, zukünftige Cash Flows auf Portfolioebene nach historischen Verlusterfahrungen zu schätzen. Gegenstand der Schätzung sind zukünftige Cash Flows, die mit der Effektivzinsmethode diskontiert werden; somit ergeben sich folgende Besonderheiten im Vergleich von IAS 39 und Basel II:

- ▶ Als Alternative zur Cash Flow-Schätzung können auf Basis von IAS 39.AG92 die EL nach Basel II herangezogen werden, um die *incurred but not reported losses* während des Abschlussjahres zu berechnen. Dazu muss allerdings der richtige Zeitbezug hergestellt werden (siehe unten).

- ▶ Die Cash Flow-Schätzung unter IAS 39 basiert auf *"historic loss experience"*, genauere Anforderungen zur Zerlegung in PD und LGD fehlen. Da eine *loss experience* den Gesamtbetrag von Ausfallsraten und Ausfallshöhen umfasst, wären strenggenommen sowohl PD als auch LGD zu schätzen; dies ist im Basisansatz nur für Retailforderungen vorgesehen, im fortgeschrittenen Ansatz auch für andere Forderungen. Allerdings sind die aufsichtlich typisierten LGD auch nicht unrealistisch; da Sicherheiten (CRM) ohnedies gesondert berücksichtigt werden, können die EL häufig auch für Zwecke von IAS 39 herangezogen werden, sofern sie mit tatsächlichen historischen Erfahrungen konsistent sind (insbesondere bei besonders detaillierter Portfoliogliederung).

- ▶ IAS 39 erfordert Cash Flow-Schätzungen im Zeitverlauf (z. B. jährliche Zahlungsflüsse) für Zwecke der zwingend erforderlichen Diskontierung.[183] Die Formeln für Basel II sind dagegen zeitpunktbezogen, wobei der LGD aber auch einen ökonomischen Verlust verkörpert. Die Verlustdefinition unter Basel II erfasst auch materielle Diskontierungseffekte, sodass bei LGD-Schätzungen auch der zeitliche Verlauf bis zum

---

183 Vgl. etwa IAS 39.AG92.

6.7 Portfoliowertberichtigung

erwarteten Geldeingang zu berücksichtigen ist. Bei den aufsichtlich typisierten LGD wird die Diskontierung (zu) pauschal berücksichtigt.

▶ Sowohl IAS 39 als auch Basel II erlauben die Verwendung von *peer group*-Daten[184] und erfordern eine (empirische) Anpassung historischer Verlustdaten an die aktuellen Verhältnisse.[185]

Der EL stellt eine einjährige statistische Verlusterwartung dar, weil die PD als Ausfallswahrscheinlichkeit eines Jahres definiert ist.[186] Der EL verkörpert einen möglichst realistischen Ausfallswert und kein worst-case-Szenario. Basel II gibt keine Formeln vor, vielmehr sind die entsprechenden Werte von PD und ggf. LGD aus langfristigen Durchschnittswerten von Verlustausfällen statistisch zu schätzen, auf Basis einer mindestens fünfjährigen (PD) bzw. siebenjährigen (LGD) Datenhistorie. Dies entspricht jedenfalls auch den statistischen Modellen im Sinne von IAS 39.AG92 i.V.m. AG89, zumal IAS 39 keine konkreten Mindestanforderungen an die statistische Datenaufbereitung stellt. Die Mindestgröße des PD von 0,03 % für ungesicherte Forderungen (Unternehmen, Institute und Retail) wird in der Praxis wohl kaum unterschritten; liegen allerdings deutlich bessere Verlusterfahrungen vor, dann kann der EL für IAS 39 nicht herangezogen werden. Für die LGD gelten die im vorhergehenden Kapitel dargestellten Einschränkungen: Aufsichtsrechtlich typisierte LGD sind nur im Ausnahmefall für IAS 39 geeignet. Bei eigenen LGD-Schätzungen dürfen unerwartete Verluste nicht für Zwecke von IAS 39 berücksichtigt werden, sofern diese nicht auf objektiven Hinweisen vor dem Bilanzstichtag beruhen.

Aufgrund des Jahresbezugs des EL kann dieser auf jenen Teil des Jahres heruntskaliert werden, in dem Verluste entstanden aber noch nicht gemeldet wurden (*Loss Identification Period* – LIP). Der Wert EL×LIP kann nach *PwC* und *Fischer/Sittmann-Haury* auch für die Wertminderung auf Gruppenbasis unter IAS 39 herangezogen werden.[187] Die LIP ist ein portfolioabhängiger Durchschnittswert, regelmäßig zwischen 6 und 12 Monate[188]; dementsprechend können – je nach Jahresbruchteil – zwischen 50 % und 100 % des EL als Portfoliowertberichtigung herangezogen werden, sofern sich aus den obigen Besonderheiten keine Abweichungen ergeben (z.B. Diskontierung). Auf Portfolioebene kommt es daher meist zu einem *shortfall*. In manchen Fällen kann die LIP auch länger sein als ein Jahr, in diesem Fall übersteigt die Portfoliowertberichtigung den EL nach Basel II, was zu einem anrechenbaren *excess* führt.

---

[184] IAS 39.AG89; institutsübergreifende Datenpools: CRD Anhang VII Teil 4 Rn. 57; § 47 Abs. 8 SolvaV.
[185] IAS 39.AG89; CRD Anhang VII Teil 4 Rn. 30 lit. e und Rn. 49; § 47 Abs. 1 Z 1 und Abs. 3 SolvaV.
[186] Art. 4 Nr. 25 und Nr. 29 CRD; § 22b Abs. 4 Z 1 und Z 5 BWG.
[187] *PricewaterhouseCoopers AG* [Hrsg.] (Schnittstellenanalyse 2006), S. 38; *Fischer/Sittmann-Haury* (Risikovorsorge 2006), IRZ 2006, S. 221.
[188] *Fischer/Sittmann-Haury* (Risikovorsorge 2006), IRZ 2006, S. 221.

6. Kreditrisiko: Säule 1 und IAS 39

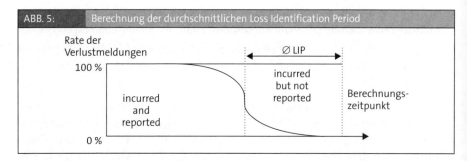

ABB. 5: Berechnung der durchschnittlichen Loss Identification Period

Bei Berechnung der LIP ist außerdem auf den **Werterhellungszeitraum** nach dem Bilanzstichtag zu achten. Dieser kann solange von der LIP abgezogen werden als dadurch keine Verzerrungen entstehen: Die LIP ist in der Formel als Durchschnittswert und nicht als eine „Verlustidentifikationskurve" dargestellt, die in der Praxis auch schwer bestimmbar wäre. In Extremfällen, z. B. bei einer LIP nahe oder unterhalb des Werterhellungszeitraums, würde z. B. die Portfoliowertberichtigung zu Unrecht entfallen (siehe Abbildung 6). Forderungen mit Ausfallmeldungen während des Werterhellungszeitraums sollten daher zuerst in ein Default-Portfolio ausgereiht werden und für das Restportfolio eine entsprechend längere LIP ermittelt werden. Nach Abzug des Werterhellungszeitraums wird die LIP dann mit den aktuellsten EL-Beträgen möglichst nahe am Bilanzerstellungszeitpunkt multipliziert.

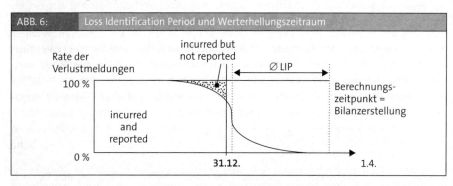

ABB. 6: Loss Identification Period und Werterhellungszeitraum

Für Portfolien aus **nicht signifikanten Forderungen**, die nicht einzeln auf Wertminderung getestet werden, ist ähnlich vorzugehen. Dabei kommt es aber auf die Verbuchungstechnik berichteter Verlustereignisse an: Werden berichtete Verluste etwa durch Ausreihung in ein Default-Portfolio erfasst[189], dann kann das Non-Default-Portfo-

---

[189] In diesem Sinne etwa *Institut der Wirtschaftsprüfer in Deutschland e.V.* [Hrsg.] (IDW RS HFA 9 2007), Rz. 259.

lio auf Basis von EL und LIP wertberichtigt werden; die LIP muss auch hier berücksichtigt werden, weil die Rate der Verlustmeldungen nicht alle eingetretenen Verluste abdeckt. Das Default-Portfolio wird anhand der LGD auf Basis einer PD von 100 % bevorsorgt. Dies entspricht insoweit der Einzelwertberichtigung, nur dass die LGD auf Portfolioebene ermittelt wird.

Bei der Portfoliowertberichtigung darf das *unwinding*, also die Aufzinsung der diskontierten Forderungswerte, grundsätzlich nicht als zusätzlicher Zinsertrag berücksichtigt werden. Dies deshalb, weil die entsprechenden Zinseffekte bereits im Rahmen der Effektivverzinsung der ungeminderten Einzelforderungen vollständig berücksichtigt werden. Die Thematik ist ausführlich in einen anderen Beitrag dargestellt.[190] Daher kann die LIP-Formel problemlos verwendet werden, ohne Zinseffekte bei der Folgebewertung gesondert darzustellen.

6.8 Off balance-Exposures für Garantien und Kreditlinien

Offene Kreditlinien lösen nach der Säule 1 ein *off balance-exposure* aus. Kreditlinien werden unter den IFRS regelmäßig durch eine Rückstellung gemäß IAS 37 bevorsorgt.[191] Das gleiche gilt für **Finanzgarantien**, die mit dem höheren Betrag aus fortgeführten Anschaffungskosten oder dem Erwartungswert nach IAS 37 bewertet werden.[192]

Bei beiden Geschäftsarten ist wiederum zwischen einer Verlusterfassung auf Einzelgeschäftsbasis und einer Portfolioverlustvorsorge zu unterscheiden.

Auf Einzelgeschäftsbasis kann der Rückstellungstatbestand (*obligating event*) nach IAS 37.17 wohl mit den Default-Tatbeständen im IRB-Ansatz in Einklang gebracht werden (analog zum *loss event* unter IAS 39). Um eine Rückstellung zu bilden, muss die PD der Einzelforderung allerdings zumindest 50 % betragen, weil IAS 37 Rückstellungen nur bei überwiegender Wahrscheinlichkeit des Verlusts zulässt.

Bei Gruppen ähnlicher Verpflichtungen ist das Wahrscheinlichkeitskriterium allerdings kumuliert zu betrachten (IAS 37.24), d. h. eine Pauschalrückstellung unter IAS 37 wird in der Praxis regelmäßig erforderlich sein, weil bei einer großen Anzahl von Kreditlinien und Garantien mit einer hohen Wahrscheinlichkeit zumindest ein Verlust eingetreten ist. In diesem Fall wäre der Erwartungswert nach statistischen Methoden zu ermitteln (IAS 37.39) und als Rückstellung zu erfassen.

---

190 Grünberger/Klein: Unwinding (Aufzinsung) nach Einzel- und Portfoliowertberichtigung gem. IAS 39; PiR 2008, S. 99 ff.
191 Ausführlich IAS 39.2(h).
192 IAS 39.47(c); sofern nicht die Fair Value Option ausgeübt wurde.

6. Kreditrisiko: Säule 1 und IAS 39

Da bei Finanzgarantien und Kreditlinien i.d.R. nur das Kreditrisiko rückgestellt wird, sollte die pauschale Verlustvorsorge nicht anders erfasst werden als beim *impairment* unter IAS 39. „*Incurred but not reported losses*" können daher ebenfalls aus der Formel EL × LIP abgeleitet werden, weil unter der Säule 1 ebenfalls ein EL auf die zugrundeliegende Forderung zu ermitteln ist.[193] Die Anwendung der LIP ist notwendig, weil auch unter IAS 37 der Verlusttatbestand vor dem Bilanzstichtag liegen muss (IAS 37.17). Außerdem können die Grundsätze zur Abgrenzung von Portfolio- und Einzelwertberichtigungen von IAS 39 analog unter IAS 37 herangezogen werden[194] (kollektive Verlustvorsorgen für nicht ausgefallene, signifikante Garantien und kollektive Verlustvorsorgen bzw. pauschale Einzelwertberichtigungen für nicht signifikante Garantien).

TAB. 28:	Risikovorsorge für Kreditzusagen und Finanzgarantien
▶ Für individuell signifikante Einzelzusagen und Garantien ist ab einer PD von 50 % eine Rückstellung gemäß IAS 37 zu bilden, sofern der Erwartungswert des Verlustes die bereits passivierte Prämie übersteigt. In diesem Fall kann die Formel LGD × PD einen Anhaltspunkt zur Ermittlung des Erwartungswerts darstellen, der ggf. rückzustellen ist.	
▶ Für Gruppen ähnlicher Kreditzusagen oder Finanzgarantien (nicht signifikante bzw. nicht einzeln unter IAS 37 bevorsorgte signifikante Kreditzusagen) sind unter IAS 37.39 statistische Schätzungen für Zwecke einer pauschalen Verlustvorsorge erforderlich. Diese Schätzungen können analog zur Verlustvorsorge gemäß IAS 39 anhand der Formel EL × LIP gebildet werden. Eine Rückstellung wird dotiert, soweit diese die ggf. passivierten Prämien übersteigt.	
▶ Bei teilweise ausgeschöpften Kreditlinien kann der Wert EL × LIP in das kollektive *impairment* unter IAS 39 (soweit in Anspruch genommen – *on balance*) und in die pauschale Rückstellung nach IAS 37 (soweit nicht ausgeschöpft – *off balance*) zerlegt werden.	

Problematisch ist allerdings, dass aufsichtsrechtlich vorgegebene Umrechnungsfaktoren (z.B. 75 %) nicht unmittelbar für die Rückstellungsbewertung geeignet sind; in diesen Fällen ist zu prüfen, in wie weit diese mit den Anforderungen nach IAS 37 konsistent sind. Werden Umrechnungsfaktoren selbst geschätzt, dann sind diese aber geeignet.

---

193 In diesem Sinne auch *Kuhn/Scharpf* (Finanzinstrumente 2006), Rn. 1423.
194 Vgl. *Grünberger* (Finanzgarantien 2006), KoR 2006, S. 89; gl. A. *Kuhn/Scharpf* (Finanzinstrumente 2006), Rn. 1423.

7. Kreditrisiko: Säule 1 und IFRS 7

7.1 Bedeutung der Säule 1 für IFRS 7

Der nach IFRS 7 erforderliche Risikobericht muss Angaben zum Kredit-, Liquiditäts- und Marktrisiko enthalten. Kreditinstitute steuern diese Risiken bereits nach aufsichtsrechtlichen Regeln, insbesondere Basel II Säule 1 auf Basis der CRD. Die Risikobegriffe in IFRS 7 und Basel II unterscheiden sich aber im jeweiligen Anwendungsbereich; die nachfolgende Tabelle vergleicht beide Systeme.

TAB. 29: Vergleich der Risiken in IFRS 7 und Basel II Säule 1

		IFRS 7	Basel II Säule 1 (CRD)
Kreditrisiko	On Balance-Exposure	Nur finanzielle Vermögenswerte (IFRS 7.3 und .B9)	Alle finanziellen und nichtfinanziellen Vermögenswerte (Art. 77)
	Off Balance-Exposure	Nicht abschließend definierte Finanzinstrumente (IFRS 7.B10; z. B. Finanzgarantien)	Taxativ genannte außerbilanzielle Geschäfte (Art. 77; Anhang II und IV)
	Abgrenzung Handelsbuch	Überschneidung mit Vermögen im Handelsbestand (Kategorie *held for trading*; ausdrücklich IFRS .B10(b))	Ausnahme für Instrumente des Handelsbuchs (Art. 75 (a)); tlw. Gegenparteikreditausfallsrisiko gem. RL 2006/49/EG Anh. II Rn 5
	Risikoklassen	Nach Informationsgehalt und Charakteristika, zumindest nach Fair Value- oder Anschaffungskostenbewertung getrennt (IFRS 7.6 und .B2)	Nach Art der Gegenpartei, abhängig von der Methode (Art. 79 – Standardansatz und Art. 86 – IRB-Ansatz)
	Maximaler Risikobetrag	Buchwert nach Wertberichtigung (*on balance*) oder maximale Inanspruchnahme (*off balance*)	Buchwert (*on balance*; unter IRB: vor Wertberichtigung); Kreditrisikoäquivalent (*off balance*)
	Großkredite (*Large Exposures*)	Unscharf: Entweder als Kreditrisiko oder als Risikokonzentrationen zu erfassen (IFRS 7.34(c) und .IG15(d))	Genaue Definition und Begrenzung (Art. 106 ff.)
Marktrisiko	Betroffene Instrumente	Finanzinstrumente (auch Anlagebuch); getrennte Darstellung von *trading* und *non-trading* empfohlen (IFRS 7.B17(a))	Nur Instrumente im Handelsbuch (Art. 11 RL 2006/49/EG)
	Interne Geschäfte	Keine Abbildung, soweit keine Risikodifferenzierung zwischen Handelsbuch und Anlagebuch erfolgt	Risikominderung zwischen Handels- und Anlagebuch (Anhang VII Teil C der RL 2006/49/EC)

7. Kreditrisiko: Säule 1 und IFRS 7

TAB. 29:	Vergleich der Risiken in IFRS 7 und Basel II Säule 1		
		IFRS 7	Basel II Säule 1 (CRD)
Sonstige Risiken	Liquiditätsrisiko	Fälligkeitsanalyse; Zeitbänder zwischen 1 Monat bis 5 Jahre (IFRS 7.B11)	Gegenüberstellung der Ein- und Auszahlungen (CRD Anhang V Rn. 14 und Anhang XI Rn. 1(e)); national unterschiedlich
	Operationelles Risiko	Keine Angabe, weil Konzepte noch nicht ausreichend entwickelt (IFRS 7.BC65)	Kapitalerfordernisse nach verschiedenen Konzepten (Art. 102 ff. CRD)

Die meisten Überschneidungen finden sich beim **Kreditrisiko**. Neben den Synergieeffekten aus der Nutzung von **Schnittstellen** besteht bei Kreditinstituten im IRB-Ansatz auch eine **formalrechtliche Verknüpfung**: Interne Ratings, Ausfalls- und Verlustschätzungen müssen bei der Kreditvergabe, bei der Kapitalallokation und im *Corporate Governance* (höheres Management[195]) tatsächlich eingesetzt werden, damit sie aufsichtsrechtlich anerkannt werden („Use Test").[196] Auch im Risikobericht nach IFRS 7.34(a) müssen die quantitativen Angaben auf jenen Informationen beruhen, die den Schlüsselpersonen des Managements zur Verfügung gestellt werden („Management Approach"). Basel II (IRB) und IFRS 7 stellen daher auf jenes Zahlensystem ab, nach dem das höchste Management die Risiken steuert.

Aufgrund von IFRS 7.36 müssen Kreditrisiken nach **Klassen von Finanzinstrumenten** angegeben werden. Die Klassenbildung richtet sich nach der Natur der dargestellten Information.[197] für Zwecke von IFRS 7.36 ist eine Differenzierung nach Kreditrisikokriterien geboten (ausdrücklich IFRS 7.IG21). Dies kann einerseits nach Art der Gegenparteien erfolgen, wofür sich die **Forderungsklassen** unter Basel II anbieten. Andererseits kann auch eine Gliederung nach der Bonitätsstufe (Standardansatz) bzw. der Schuldnerklasse (IRB-Ansatz) erfolgen. Bonitätsstufen bzw. Schuldnerklassen sind aber nur Unterkategorien der Forderungsklassen. Daher bietet sich eine Matrixdarstellung an: die Hauptgliederung erfolgt nach den Forderungsklassen, die Feingliederung nach Bonitätsstufen bzw. Schuldnerklassen.[198]

---

195 Anhang VII Teil 4 Rn. 124 CRD; zum gesellschaftsrechtlichen Begriff *Birkner/Löffler*, Corporate Governance in Österreich (2004), S. 16 ff.
196 Art. 84 Nr. 2(b), Nr. 3 und Nr. 4 CRD; ausführlich Committee of European Banking Supervisors (CEBS) [Hrsg.]: Guidelines for the implementation, validation and assessment of Advanced Measurement (AMA) and Internal Ratings Based (IRB) Approaches (http://www.c-ebs.org/pdfs/GL10.pdf), Rn. 128 ff.
197 IFRS 7.6 nimmt auf die jeweils angegebene Information Bezug: „... classes that are appropriate to the nature of the information disclosed ...".
198 Ebenso Annual Report and Accounts 2006 der HSBC Holdings plc, S. 193 (siehe Abbildung 8) und S. 188.

IFRS 7.B1(a) verlangt unterschiedliche Klassen für Instrumente, die zum Fair Value und für Instrumente, die zu Anschaffungskosten geführt werden. Für Zwecke der Kreditrisikoangaben ist diese Unterteilung nicht aussagekräftig und für Banken weniger streng zu handhaben.[199] Sie kann in einer Matrixdarstellung nur auf einer weniger detaillierten Ebene erfolgen (etwa durch einen davon-Vermerk[200]). Außerdem kann die Differenzierung auch nur für rechnungslegungsspezifische Angaben erfolgen, z. B. für IFRS 7.36(a) und (d), nicht aber für IFRS 7.36(b) und (c).

7.2 Kreditrisikodefinition

IFRS 7 Anhang A definiert Kreditrisiko wie folgt: *„The risk that one party to a financial instrument will cause a financial loss for the other party by failing to discharge an obligation"*. Dieser Wortlaut ist entscheidend, weil sich daraus Abweichungen zum Aufsichtsrecht ergeben. Die Definition basiert auf folgenden drei Grundelementen: (1) Nichterfüllung einer Verpflichtung durch die Gegenpartei, (2) Finanzinstrument zwischen bilanzierendem Unternehmen und Vertragspartner und (3) zukünftiger finanzieller Verlust (*„will cause"*).

7.2.1 Nichterfüllung einer Verpflichtung durch die Gegenpartei

Die Definition umfasst grundsätzlich alle finanziellen Vermögenswerte einer Bank, sowohl klassische Forderungen und Wertpapiere als auch Vermögenswerte im Handelsbestand (z. B. Derivate) und aktivierte Sicherungsinstrumente. Bei **Eigenkapitalinstrumenten** eines anderen Unternehmens (z. B. Aktien) gibt es keine „Verpflichtung", die von der Gegenpartei zu erfüllen wäre (darauf beruht schließlich die Eigenkapitaldefinition in IAS 32.11). Bei enger Auslegung sind Eigenkapitalinstrumente unter IFRS 7 daher keine Kreditrisikoquellen (analog zum Risikobegriff im Rahmen der Definition von Finanzgarantien[201]). IFRS 7 definiert eine *„obligation"* aber nicht. Da auf Finanzinstrumente abgestellt wird, könnten darunter auch die vertraglichen „Rechte" eines Eigenkapitalgebers verstanden werden (Eigenkapitalinstrumente i. S. v. IAS 32.11 sind Verträge). Das Kreditrisiko kann daher auch analog zu den *impairment*-Tatbeständen interpretiert werden (insbesondere IAS 39.61: *„the cost of the investment in the equity instrument may not be recovered"*).

Die Entscheidung über den Umfang der Kreditrisikoangaben hängt auch davon ab, inwieweit relevante Risikodaten überhaupt verfügbar sind. Banken im IRB-Ansatz, die für

---

[199] Ausführlich *Beiersdorf/Billinger/Schmidt* (IFRS 7 2006), ZfgK 2006, S. 1334.
[200] Vgl. Annual Report and Accounts 2006 der HSBC Holdings plc S. 188: bei Schuldpapieren werden Gegenparteien und Ratingstufen nicht nach Bewertungskategorien aufgegliedert.
[201] IAS 39.9; vgl. *Scharpf/Weigel/Löw* (Finanzgarantien und Kreditzusagen 2006), WPg 2006, S. 1493; *Weigel/Barz* (Finanzgarantien 2006), BankPraktiker 2006, S. 607; *Grünberger* (Finanzgarantien 2006), KoR 2006, S. 83.

7. Kreditrisiko: Säule 1 und IFRS 7

die Beteiligungsklasse den PD/LGD-Ansatz[202] oder einen VaR-Ansatz verwenden, könnten diese Daten auch für die Kreditrisikoangaben in IFRS 7 verwenden. Aus dem Standardansatz und dem einfachen Risikogewichtungsansatz für Beteiligungen können keine für IFRS 7 relevanten Kreditrisikoinformationen generiert werden.

IFRS 7 spricht von „*an obligation*". Es geht also um eine („beliebige") Verpflichtung, die von der Gegenpartei nicht erfüllt wird. Die Verpflichtung muss nicht gegenüber dem bilanzierenden Unternehmen bestehen. Wie im Aufsichtsrecht erfasst IFRS 7 auch das abgeleitete, *off balance*-Kreditrisiko aus Drittforderungen. Daher sind insbesondere **Finanzgarantien i. S. v. IAS 39.9** betroffen (ausdrücklich IFRS 7.B10(c)). Darunter fallen **Bankgarantien, Akkreditive, Bürgschaften, Stand-by Letters of Credit** (ausgenommen soft Stand-by Letters).[203] IFRS 7.B10(d) nennt ausdrücklich nicht widerrufbare **Kreditzusagen** als Kreditrisikoquelle. Die ausfallsgefährdete Verpflichtung muss am Bilanzstichtag also noch nicht bestehen (im Gegensatz zum *on balance*-Kreditrisiko).

Die außerbilanziellen Kreditrisikoquellen sind nicht auf die Beispiele in IFRS 7.B10 begrenzt, weil ausdrücklich von einer nicht abschließenden Aufzählung die Rede ist („*Activities ... include, but are not limited to ...*"); maßgeblich ist allein die Kreditrisikodefinition in IFRS 7 Anhang A. **Wechselakzepte** und die **Haftung des Wechselausstellers** nach § 9 Wechselgesetz sind ebenfalls betroffen, weil die Grundgeschäfte Finanzinstrumente darstellen, ebenso **Indossamentverbindlichkeiten** aus weitergegebenen Orderpapieren[204] oder Forderungszessionen mit Rückgriff. Führt eine Haftung wie z. B. ein Wechselindossament[205] oder eine Finanzgarantie dazu, dass ein zugrundeliegender Vermögenswert nicht ausgebucht werden darf (IAS 39.15 ff.), dann liegt nur ein *on balance*-Kreditrisiko vor (dies gilt i. d. R. auch im Aufsichtsrecht). Nicht eingezahlte Teile des gezeichneten Kapitals[206], die im Bedarfsfall nachgefordert werden können, sind analog zu Kreditzusagen als außerbilanzielle Kreditrisikoquelle darzustellen.

Ein *off balance*-Kreditrisiko nach IFRS 7 kann daher im Grunde bei allen **außerbilanzmäßigen (außerbilanziellen) Geschäften** i. S. d. Anhang II CRD bestehen. Kreditinstitute können die aufsichtsrechtlichen Daten somit teilweise auch für IFRS 7 verwenden. Allerdings sollten jene Geschäfte ausgenommen werden, die in keiner Weise von einem Forderungsausfall abhängen (z. B. Termingeschäfte auf Aktiva ohne Forderungscharakter, Bietungsgarantien und andere nichtfinanzielle Erfüllungsgarantien). **Derivate** nach

---

202 Anhang VII Teil 1 Rn 22 CRD.
203 Vgl. *Grünberger* (Finanzgarantien 2006), KoR 2006, S. 83; ebenso *Scharpf/Weigel/Löw* (Finanzgarantien und Kreditzusagen 2006), WPg 2006, S. 1493; *Weigel/Barz* (Finanzgarantien 2006), BankPraktiker 2006, S. 606.
204 Im Annual Report and Accounts der HSBC Holdings plc 2006, S. 187, werden „*Endorsements and acceptances*" als eigener Kreditrisikoposten ausgewiesen.
205 Vgl. *Institut der Wirtschaftsprüfer in Deutschland e. V.* [Hrsg.] (IDW RS HFA 9 2007), Rz. 203 zur Weitergabe von Wechseln.
206 Siehe Anhang II CRD.

Anhang IV CRD (z. B. Zinsswaps, Fremdwährungstermingeschäfte) haben i. d. R. kein *off balance*-Kreditrisiko nach der Risikodefinition in IFRS 7. IFRS 7 enthält keine klare Aussage zu geschriebenen Optionen; diese könnten ein *off balance*-Kreditrisiko aufweisen, wenn das Underlying Kreditrisikomerkmale aufweist; hier liegt die Auslegung des Kreditrisikobegriffs im Ermessen des Instituts (denkbar wäre es z. B. auf den deltagewichteten Wert des Underlyings abzustellen).

Werden **Kreditversicherungsverträge** als Finanzinstrumente nach IAS 39 bilanziert, dann fallen sie auch in den Anwendungsbereich von IFRS 7. Die Kreditrisikodefinition in Anhang A spricht von der Nichterfüllung einer Verpflichtung durch die Gegenpartei. Bei der Kreditversicherung ist die unmittelbare Gegenpartei (Versicherungsnehmer) aber der Gläubiger einer Forderung und nicht der Verpflichtete. Dabei handelt es sich um eine Regelungslücke: Einem *off balance*-Kreditrisiko liegt häufig ein Schuldverhältnis zwischen Dritten zugrunde; wird dieses Schuldverhältnis gesichert, dann ist es aus Risikosicht irrelevant, ob die unmittelbare Gegenpartei nun Gläubiger oder der Schuldner der gesicherten Forderung ist. Nicht zuletzt stellt IFRS 7.B10(c) auf Finanzgarantien im Sinne von IAS 39 ab, und diese können auch Kreditversicherungsverträge umfassen.[207] Daher ist für Kreditversicherungsverträge im Anwendungsbereich von IAS 39 ein Kreditrisiko anzugeben. Bei Bilanzierung nach IFRS 4 ist stattdessen das Versicherungsrisiko anzugeben.[208]

7.2.2 Finanzinstrument und künftiger finanzieller Verlust

Ein Kreditrisiko besteht nur zwischen Vertragspartnern eines Finanzinstruments; dies ergibt sich auch aus dem Anwendungsbereich in IFRS 7.3. Die konkrete Erfassung des Finanzinstruments unter IAS 39 ist nicht erforderlich (IFRS 7.4). Finanzinstrumente sind in IAS 32.11 definiert, diese Definition ist auch für die Kreditrisikoangaben maßgeblich (Verweis in IFRS 7 Anhang A). Dazu gehören auch jene Finanzinstrumente im Sinne von IAS 32.11, die ausdrücklich von IAS 39 ausgenommen sind[209], insbesondere **Kreditzusagen**, die ausdrücklich von IAS 39 ausgenommen sind und nach IAS 37 bewertet werden.[210] Leasingforderungen im Rahmen des **Finance Lease** (IAS 17.36) sind jedenfalls Gegenstand der Kreditrisikoangaben. Beim **Operating Lease** aktiviert der Leasinggeber den Leasinggegenstand zuzüglich anfänglicher Direktkosten. In der Bilanz wird somit keine Forderung erfasst; Zahlungsansprüche aus einem Operating Lease gelten nicht als Finanzinstrumente (IAS 32.AG9) und müssen daher nicht dargestellt werden. Im

---

207 IAS 39.AG4 und .BC23; vgl. *Grünberger* (Finanzgarantien 2006), KoR 2006, S. 83.
208 Vgl. *Grünberger* (Finanzgarantien 2006), KoR 2006, S. 91.
209 IAS 39 gilt aufgrund von IAS 39.2 erster Satz für alle „*types of financial instruments except*..."; dies belegt, dass die in IAS 39 genannten Ausnahmen mitunter auch Finanzinstrumente sind.
210 IAS 39.2(h) und IFRS 7.4 sind für die Definition eines Finanzinstruments in IAS 32.11 nicht relevant.

7. Kreditrisiko: Säule 1 und IFRS 7

IRB-Ansatz ist dagegen das Kreditrisiko auch bei einem Operating Lease mit dem Barwert der diskontierten Mindestleasingraten inklusive *bargain purchase options* und einem garantierten Restwert zu ermitteln.[211]

Durch die Einschränkung auf Finanzinstrumente unterscheidet sich IFRS 7 vom aufsichtsrechtlichen Kreditrisiko, das auch sonstige Aktiva des Anlagebuchs umfasst (z. B. Immobilien).

Flüssige Mittel (*cash*) gelten zwar als finanzielle Vermögenswerte, sie sind aber mangels Vertragsverhältnis kein Finanzinstrument (IAS 32.11). Flüssige Mittel sind daher nicht Gegenstand der Kreditrisikoangaben (auch nicht flüssige Mittel in Fremdwährungen). Auch im Aufsichtsrecht sind flüssige Mittel von der Kreditrisikounterlegung ausgenommen (Nullgewichtung). Dagegen gelten Zahlungsmitteläquivalente wie z. B. kurzfristige Wechsel als Finanzinstrumente und sind daher zu berücksichtigen.

Ein Kreditrisiko mündet in einen finanziellen Verlust (*financial loss*) des bilanzierenden Unternehmens **nach** dem Bilanzstichtag. Der „finanzielle Verlust" wird zwar nicht definiert, es kann sich aber nur um eine Verschlechterung der *„financial position and performance"* nach IFRS 7.7 handeln. Bei der Auslegung muss auch die Definition des maximalen Kreditrisikos in IFRS 7.B9(b) berücksichtigt werden, die grundsätzlich auf aktivierte Buchwerte abstellt und somit das buchhalterische Stichtagsprinzip mit der zukunftsorientierten Risikomanagementsicht verbindet. Der finanzielle Verlust im Sinne von IFRS 7 umfasst daher offenbar keine zukünftig anfallenden Kosten wie etwa Abwicklungskosten. Ausgenommen sind wohl auch Wiedereindeckungskosten, die aus Differenzen zwischen dem Buchwert eines Vermögenswertes bzw. dem Wert einer Sicherheit einerseits und dem zukünftigen Marktwert einer Position andererseits entstehen könnten. Die im Aufsichtsrecht[212] zu unterlegenden Abwicklungs- und Lieferrisiken, das Vorleistungsrisiko, das Gegenparteiausfallsrisiko bei echten Pensionsgeschäften, Wertpapierleihegeschäften und Geschäften mit langer Abwicklungsfrist, die solche Differenzverluste durch Ausfall der Gegenpartei zum Inhalt haben, müssen somit nicht angegeben werden.

7.3 Maximales Kreditrisiko (IFRS 7.36(a))

Der erste Angabepunkt zum Kreditrisiko (IFRS 7.36(a)) ist das maximale Kreditrisiko (*maximum exposure*). Beim maximalen Kreditrisiko werden keine Sicherheiten und keine anderen kreditrisikomindernden Techniken (CRM) berücksichtigt. Auch überfällige

---

211 Anhang VII Teil 3 Rn. 4 CRD; zum Standardansatz vgl. auch Art. 79 Rn. 3 CRD.
212 Vgl. RL 2006/49/EG Anhang II Rn. 1 bis 5 und CRD Anhang III.

und ausgefallene Forderungen sind anzugeben, sofern diese noch nicht vollständig ausgebucht wurden. Das maximale Kreditrisiko ist für sich genommen wenig aussagekräftig und kann nur durch Gegenüberstellung der CRM-Techniken (.b), der Kreditqualität (.c) und der Wertberichtigungen und Überfälligkeiten (IFRS 7.37) sinnvoll interpretiert werden.

7.3.1 Maximales *on balance*-Kreditrisiko

Für finanzielle Vermögenswerte ist das maximale Kreditrisiko „typischerweise" (IFRS 7.B9 zweiter Satz) der **Buchwert nach Wertberichtigungen** (*impairments*) und **nach Saldierungen** gemäß IAS 32.42 ff. Dies gilt auch für Instrumente des Handelsbestands bzw. des aufsichtsrechtlichen Handelsbuchs, sofern diese einen positiven Buchwert haben.

Wertberichtigungen sind als bilanzielle Verlustvorsorge risikomindernd; dies ergibt sich aus dem Kreditrisikobegriff des IFRS 7 Anhang A. Daher müssen jedenfalls auch Wertberichtigungen auf Portfoliobasis abgezogen werden. Das Exposure von Fremdwährungsforderungen ist nach den Umrechnungen gemäß IAS 21.23 anzugeben, weil nur der Buchwert nach Wechselkursdifferenzen aufwandswirksam ausfallen kann. Eingebettete Derivate nach IAS 39.10 sind keine eigenen Finanzinstrumente und daher keine eigenständigen Kreditrisikoquellen; ihr Buchwert ist dem Buchwert des Rahmenkontrakts hinzuzurechnen bzw. zu saldieren. Der maßgebliche Buchwert umfasst auch ein allfälliges *basis adjustment* im Rahmen des Fair Value Hedge.

Im Buchwert finanzieller Vermögenswerte sind gelegentlich auch Kosten aktiviert, die als Aufwand über die Restlaufzeit verteilt werden (z. B. anfängliche Direktkosten beim Finance Lease). Aktivierte Kosten führen zwar unabhängig vom Forderungsausfall zu zukünftigen Verlusten bzw. Ertragsminderungen; trotzdem gehören sie zum maximalen Kreditrisiko, weil IFRS 7.B9 auf Buchwerte abstellt.

Bei zum Fair Value angesetzten finanziellen Vermögenswerten ist der Fair Value als Exposure anzugeben. Der Fair Value ist das ökonomisch bessere Maß für das Kreditrisiko, weil mit dem Forderungsausfall auch die stillen Reserven ausfallen und der tatsächliche Wiedereindeckungsaufwand gezeigt wird.[213] Der Fair Value ist auch für *available for sale*-Instrumente und aktivseitig erfasste *cash flow hedge*-Sicherungsinstrumente anzugeben, obwohl ihre Wertsteigerungen erfolgsneutral in einer Rücklage erfasst werden; der Kreditrisikobegriff umfasst nicht nur aufwandswirksame Ausfälle, sondern auch nur eigenkapitalmindernde Ausfälle (IFRS 7.7: *financial position and performance*).

---

[213] Vgl. *Kuhn/Scharpf* (Finanzinstrumente 2006), Rn. 4502.

Auch im aufsichtsrechtlichen **Standardansatz** ist der Forderungswert von *on balance-exposures* der Buchwert nach Wertminderungen.[214] Im **IRB-Ansatz** ist für Forderungen an Zentralregierungen (Zentralstaaten/Zentralbanken), Institute, Unternehmen und Retailkunden allerdings der Buchwert **vor Wertberichtigungen** maßgeblich, da im IRB-Ansatz eigene „Wertberichtigungen" ermittelt werden (*expected loss*); bei angekauften Forderungen ist im IRB-Ansatz der Nennwert vor Kaufabschlägen maßgeblich, da für diese ein sogenanntes Verwässerungsrisiko ermittelt wird.[215] Für Zwecke des IFRS 7.36(a) müssen Wertberichtigungen und Kaufabschläge aber abgezogen werden. Saldierungen nach IAS 32.42 ff. sollten nicht nur in IFRS 7, sondern auch aufsichtsrechtlich Anerkennung finden, wenn die aufsichtlichen Forderungswerte auf Basis einer IFRS-konformen Buchführung ermittelt werden.[216]

Bei **Derivaten** mit positivem Fair Value ist auch der Buchwert maßgeblich (IFRS 7.B10(b)), sowohl im Handelsbuch als auch im Anlagebuch. Dies gilt auch für derivative Sicherungsinstrumente, denn das Hedge Accounting schließt das Kreditrisiko von Sicherungsinstrumenten nicht aus (bei Kreditderivaten kann allerdings eine Ausgleichswirkung gegeben sein, die ggf. im Rahmen der Kreditrisikoqualität gezeigt werden kann). Aufsichtsrechtlich ermittelte Forderungsäquivalente (Kreditäquivalente)[217] weichen regelmäßig vom Buchwert ab und umfassen oft auch Zuschläge für zukünftige Steigerungen von Exposures; sie sind daher unter IFRS 7 nicht anzugeben. Börsengehandelte Futures werden im Rahmen von Variation Margins stets bar ausgeglichen, sodass diese nicht als Derivate in der Bilanz erfasst sind[218]; daher ist unter IFRS 7 kein Kreditrisiko anzugeben.

7.3.2 Maximales *off balance*-Kreditrisiko

IFRS 7 enthält keine abschließende Regelung zur Bemessung des maximalen Kreditrisikos bei **außerbilanzmäßigen Geschäften** i. S. d. CRD (Anhang II). Beispielhaft wird für **Finanzgarantien** und unwiderrufliche, nicht bar ausgleichbare **Kreditzusagen** der maximale Betrag der Inanspruchnahme als maximales Kreditrisiko definiert (IFRS 7.B10(c) und (d)). Das maximale Kreditrisiko umfasst grundsätzlich alle *off balance*-Kreditrisiken, die in der Kreditrisikodefinition in IFRS 7 Anhang A Deckung finden.

Bei **Finanzgarantien** ist der maximale Betrag der Inanspruchnahme anzugeben (*maximum amount the entity could have to pay*). Bei abstrakten Garantien, die nicht vom

---

214 Art. 78 Nr. 1 CRD.
215 Anhang VII Teil 3 Rn. 1 CRD.
216 Vgl. *Grünberger* (Basel II: Schnittstellen 2007), KoR 2007, S. 275.
217 Im Anlagebuch z. B. Anhang IV und tlw. II CRD und im Handelsbuch z. B. nach RL 2006/49/EG Anhang II Rn. 5 lit. a.
218 Vgl. *Kuhn/Scharpf* (Finanzinstrumente 2006), Rn. 1347.

7.3 Maximales Kreditrisiko (IFRS 7.36(a))

Bestand der Hauptschuld abhängig sind, und bei einer selbstschuldnerischen Bürgschaft ist die vereinbarte Garantiesumme maßgeblich. Bei subsidiären Haftungen (z. B. akzessorische Bürgschaften), die nur in Höhe einer aushaftenden Hauptschuld geltend gemacht werden können, könnte auch auf den geringeren Betrag von Forderungsaußenstand und Garantiesumme abgestellt werden.[219] Bei **Kreditversicherungsverträgen**, die als Finanzinstrumente bilanziert werden, ist die Versicherungssumme oder ggf. ein niedrigerer Außenstand der gesicherten Forderungen anzugeben, falls dieser bekannt ist.

Bei **unkündbaren Kreditzusagen** besteht das Kreditrisiko darin, dass die Linie künftig voll ausgeschöpft und dann nicht mehr zurückbezahlt wird (IFRS 7.B10(d) dritter Satz). Bei teilweise ausgeschöpften Kreditzusagen ist das maximale Kreditrisiko teilweise *on balance* und teilweise *off balance*; aufgrund der ähnlichen Kreditrisikomerkmale können diese auch als Einheit unter IFRS 7 dargestellt werden. Ist ein Barausgleich der Kreditzusage möglich (z. B. für Zins- und Wechselkursvorteile), dann liegt ein Derivat vor[220]; bei Derivaten wäre nur ein positiver Fair Value kreditrisikorelevant. Allerdings kann ein solches Derivat keinen positiven Fair Value haben, die Linie würde unter derartigen Konditionen nicht in Anspruch genommen werden. Bei jederzeit **kündbaren Kreditzusagen** liegt im Umkehrschluss zu IFRS 7.B10(d) kein Kreditrisiko vor.

Auch das Aufsichtsrecht sieht bei **jederzeit kündbaren Kreditzusagen** keine Kreditrisikounterlegung vor; der Umrechnungsfaktor in das Forderungsäquivalent ist 0 %.[221] Für **unkündbare Kreditzusagen** sieht das Aufsichtsrecht Zwischenstufen vor, abhängig von Laufzeiten bzw. der zeitnahen Überwachung des Kreditnehmers. Die Umrechnungsfaktoren sind im Standardansatz 20 % und 50 % bzw. im IRB-Ansatz 75 % (ggf. selbst geschätzte Umrechnungsfaktoren). IFRS 7.B10(d) sieht keine derartige Abstufung vor.

Wurde für ein *off balance*-Kreditrisiko bereits eine **bilanzielle Verlustvorsorge** gebildet (Rückstellung), dann ergibt sich ein Widerspruch zwischen der Bestimmung zur Bemessung des maximalen Kreditrisikos in IFRS 7.B10(c) und .B10(d) in Höhe der Inanspruchnahme und dem Kreditrisikobegriff im Anhang A. Die Kreditrisikodefinition ist nämlich insoweit nicht erfüllt, weil in Höhe der bilanziellen Verlustvorsorge kein Risiko eines zukünftigen „*financial loss*" mehr vorliegt. Für die Lösung des Widerspruchs ist die Zielsetzung relevant: Kreditrisikoangaben haben im Vergleich zur Bilanz einen höheren Informationswert, weil das „*maximum exposure to **loss** may differ from the amount **recogni-***

---

219 Potentielle Steigerungen des Exposures nach dem Stichtag sind nach IFRS 7.BC50 auszuklammern, das müsste auch für künftige Erhöhungen des Forderungsaußenstands gelten.
220 Vgl. *Scharpf/Weigel/Löw* (Finanzgarantien und Kreditzusagen 2006), WPg 2006, S. 1502.
221 Standardansatz: Art. 78 Nr. 1 i. V. m. Anhang II CRD (niedriges Kreditrisiko); IRB-Ansatz: Anhang VII Teil 3 Rn. 9(a) mit weiteren Voraussetzungen.

7. Kreditrisiko: Säule 1 und IFRS 7

sed in the balance sheet"[222]. Auch IFRS 7.B10(c) und .B10(d) stellen jeweils einen vagen Bezug zur Rückstellung her: „... *may be significantly greater than the amount recognised as a liability*". Es geht also um Verlustquellen, die von den bilanziell erfassten Werten abweichen (*„differ"*). Rückstellungen sind daher vom maximalen Kreditrisiko abzuziehen. Die Angabe der vollen Haftungssumme wäre unsachlich, weil dem Bilanzleser fälschlich ein zukünftiges Verlustrisiko suggeriert würde. Vielmehr liegt nur ein Liquiditätsrisiko vor, das als solches anzugeben ist.[223] Außerdem wäre es ein Wertungswiderspruch, Verlustvorsorgen nur auf der Aktivseite auf das maximale Kreditrisiko anzurechnen (*impairments* gemäß IFRS 7.B9(b)).

Kreditderivate nach Anhang II CRD gelten aufsichtsrechtlich als außerbilanzielle Geschäfte mit hohem Risiko und sind daher grundsätzlich mit einem Umrechnungsfaktor von 100 % in ein Forderungsäquivalent umzurechnen.[224] Unter IFRS können Kreditderivate entweder Finanzgarantien oder Derivate im Sinne von IAS 39 sein. Derivate beruhen auf finanziellen Variablen oder nichtfinanziellen Variablen, die nicht spezifisch für die Gegenpartei sind.[225] Ist das *underlying* ein Marktpreis (z. B. Kurs einer Nachranganleihe), ein Preisindex, ein Kreditindex oder ein Credit-Rating, dann liegt ein Derivat vor. Ist das *underlying* der Ausfall einer bestimmten oder „bestimmbaren" Forderung, liegt eine Finanzgarantie vor.[226]

Reine *credit default*-Derivate sind daher wie Finanzgarantien darzustellen (IFRS 7.B10(c)); das maximale Kreditrisiko entspricht der maximalen Inanspruchnahme, also dem aufsichtsrechtlichen Wert (Umrechnungsfaktor 100 %). Andere *credit spread*- oder *total return*-Derivate sind Derivate nach IAS 39 – das maximale Kreditrisiko ist hier nicht eindeutig geregelt: Für Derivate ist unter IFRS 7.B10(b) grundsätzlich nur ein *on balance*-Kreditrisiko zu zeigen, die Aufzählung in IFRS 7.B10 ist aber nur beispielhaft (*„not limited to"*).[227] Es ist somit dem Anwender überlassen, den Kreditrisikobegriff auszulegen und ggf. auch *downgrade*-Risiken oder gemischte Risiken (*total returns*) als Kreditrisiko darzustellen.

---

222 Vgl. IFRS 7.BC49(b).
223 Vgl. *Grünberger* (Finanzgarantien 2006), KoR 2006, S. 92; *Scharpf* (Disclosures 2006), KoR Beilage 2/2006, S. 44.
224 Art. 78 CRD (Standardansatz); Anhang VII Teil 3 Rn. 11 CRD (IRB).
225 Vgl. IAS 39.9(a).
226 *Scharpf/Weigel/Löw* (Finanzgarantien und Kreditzusagen 2006) WPg 2006, S. 1494; nach *Burkhardt/Weis* (Kreditderivate 2007), IRZ 2007, S. 40, muss das *underlying* im Bestand des Sicherungsnehmers sein – bei dreiseitigen Rechtsgeschäften allgemein beim Garantienehmer oder beim Begünstigten.
227 Das IASB stellt nur deshalb auf den positiven Buchwert von Derivaten ab, weil Veränderungen des *exposure* nach dem Bilanzstichtag nicht vorweggenommen werden sollten (IFRS 7.BC50). Diese Argumentation trifft aber nur das *on balance*-Kreditrisiko, weil bei Kreditderivaten auch am Bilanzstichtag ein *off balance*-Kreditrisiko bestehen kann.

7.3 Maximales Kreditrisiko (IFRS 7.36(a))

In einer **Credit Linked Note** ist grundsätzlich ein Derivat oder eine Finanzgarantie eingebettet.[228] Derivat oder Garantie beeinflussen nur die Kreditrisikoqualität der Rahmenforderung, sind aber keine eigenen Finanzinstrumente. Daher müsste unter IFRS 7.36(a) nur der aktivierte Buchwert des Gesamtkontrakts angegeben werden. § 13 Abs. 1 Nr. 2 SolvV sieht in einem eingebetteten Credit Default Swap allerdings eine außerbilanzielle Kreditrisikoquelle; auch nach der Verwaltungspraxis der FMA liegt eine außerbilanzielle Kreditrisikoquelle vor. Folglich ergeben sowohl die Anleihekomponenten als auch das Derivat jeweils getrennte Exposures. Wenn dies dem internen Berichtswesen entspricht, kann dies auch unter IFRS 7 in dieser Form dargestellt werden.

7.3.3 Pensionsgeschäfte, Wertpapierleihe und ABS

Pensionsgeschäfte und Wertpapierleihegeschäfte unterliegen sowohl unter IAS 39 als auch im Aufsichtsrecht komplexen Bestimmungen. Beim **Pensionsgeschäft** veräußert der Pensionsgeber das Pensionsgut gegen Zahlung des Kaufpreises und vereinbart zugleich einen Rückkauf zu einem bestimmten Preis; wird statt eines verbindlichen Rückkaufs dem Pensionsnehmer nur eine Option zur Rückübertragung eingeräumt, dann liegt ein unechtes Pensionsgeschäft vor. Bei der Wertpapierleihe werden Wertpapiere übertragen und die Rückgabe gleichartiger Wertpapiere vereinbart. Statt eines Kaufpreises wird dem Verleiher nur ein zeitabhängiges Entgelt bezahlt; zur Risikominderung verlangt der Verleiher daher meist eine Sicherheit (z. B. eine Bar- oder Sachsicherheit).

Grundsätzlich ist unter IAS 39.15 ff. zu unterscheiden, ob der übertragene Vermögenswert auszubuchen oder weiter zu erfassen ist[229]: Beim **echten Pensionsgeschäft** und bei der **Wertpapierleihe** wird der übertragene Vermögenswert nicht ausgebucht. Beim unechten Pensionsgeschäft kommt es vor allem auf die Ausgestaltung der Rückübertragungsoption an. Erfolgt bei Pensionsgeschäften keine Ausbuchung, dann wird eine Schuld in Höhe des empfangenen Kaufpreises angesetzt, weil dieser zurückzuerstatten ist (der Pensionsnehmer aktiviert eine Forderung). Bei der Wertpapierleihe gibt es dagegen keinen Kaufpreis. Allerdings wird eine Barsicherheit analog behandelt: die erhaltenen Mittel werden vom Verleiher aktiviert und eine Schuld in selber Höhe eingebucht (der Entleiher aktiviert eine Forderung).

Beim echten Pensionsgeschäft, beim unechten Pensionsgeschäft ohne Ausbuchung und bei der Wertpapierleihe hat der Veräußerer nur ein on balance-Exposure in Höhe des weiterhin aktivierten Buchwerts. Werden bei einer Wertpapierleihe keine ausrei-

---

[228] Zur Trennungspflicht für Zwecke der Bewertung vgl. *Burkhardt/Weis* (Kreditderivate 2007), IRZ 2007, S. 43.
[229] Ausführlich *Kuhn/Scharpf* (Finanzinstrumente 2006), Rn. 1066 ff.; *PricewaterhouseCoopers AG* [Hrsg.] (IFRS für Banken 2008), S. 570 ff., S. 573 ff. und S. 585 ff.

chenden Sicherheiten gestellt, dann erhöht sich das Kreditrisiko, weil der Wertpapierleiher zur Rückübertragung eventuell nicht in der Lage ist. Dies ist aber kein zusätzliches Exposure nach IFRS 7, sondern verschlechtert nur die Kreditrisikoqualität der aktivierten Vermögenswerte.

Auch im Aufsichtsrecht hat der Veräußerer die weiterhin aktivierten Buchwerte als *on balance*-Exposure zu unterlegen[230]; die aufsichtsrechtlichen Forderungswerte entsprechen somit den Exposures unter IFRS 7, sofern die Forderungswerte auf Basis der IFRS ermittelt werden. Das Aufsichtsrecht verlangt aber zusätzlich komplexe Berechnungen für bestimmte Wiedereindeckungsrisiken aus Marktwertänderungen zu Ungunsten des Instituts[231]; diese müssen unter IFRS 7 nicht berücksichtigt werden.

Bei **unechten Pensionsgeschäften** kann es zu einem Abgang kommen; dies setzt aber i. d. R. die Übertragung aller wesentlichen Chancen und Risiken voraus, sodass beim Pensionsgeber dann kein signifikantes *off balance*-Kreditrisiko mehr vorliegen kann; außerdem wird die Stillhalterverpflichtung des Pensionsgebers zur Rücknahme als Derivat zum Fair Value[232] passiviert, sodass für verbleibende Kreditrisiken bilanziell ausreichende Verlustvorsorgen eingestellt werden. Werden die wirtschaftlichen Chancen und Risiken aufgeteilt, dann wird dieses Exposure i. d. R. durch ein weiterhin zu erfassendes *continuing involvement* ausgedrückt. Der Buchwert eines *continuing involvement* ist unter dem maximalen Kreditrisiko darzustellen. Ein darüber hinausgehendes *off balance*-Exposure besteht nicht.

Der **Pensionsnehmer** bilanziert beim echten Pensionsgeschäft eine Kreditforderung in Höhe des bezahlten Kaufpreises, die mit ihrem Buchwert unter IFRS 7.36(a) als Exposure anzugeben ist (übernommene Assets sind ggf. als Sicherheiten unter IFRS 7.36(b) anzugeben). Bei unechten Pensionsgeschäften, die zu einem Vermögensübergang führen, sind übernommene finanzielle Vermögenswerte unter IFRS 7.36(a) anzugeben; ebenso der positive Buchwert der Rückübertragungsoption. Veräußert der Pensionsnehmer inzwischen einen erhaltenen (marktgängigen) Vermögenswert, dann ist der drohende Rückeindeckungsverlust marktrisikobezogen und unter IFRS 7 kein *off balance*-Kreditrisiko. Der **Entleiher bei der Wertpapierleihe** hat mangels Aktivierung kein Kreditrisiko aus dem übernommenen Wertpapier; bei zwischenzeitlicher Veräußerung ist der drohende Rückeindeckungsaufwand marktrisikobezogen. Die Forderung für übertragene Barsicherheiten bzw. die weiterhin beim Entleiher aktivierten sonstigen Sicherheiten sind mit dem Buchwert als maximales Kreditrisiko anzugeben.

---

230 Standardansatz: Art. 78 Nr. 1 erster Satz CRD; IRB: Anhang VII Teil 3 Rn. 7 erster Satz i.V. m. Art. 74 CRD.
231 Standardansatz: Art. 78 Nr. 2 i.V. m. Anhang III und VIII CRD; IRB-Ansatz: Anhang VII Teil 3 Rn. 1 Z 7 letzter Satz i.V. m. Anhang III und Anhang VIII Teil 3 Rn. 12 bis 21 CRD; im Handelsbuch RL 2006/49/EG Anhang II Rn. 5 lit. b.
232 Vgl. *PricewaterhouseCoopers AG* [Hrsg.] (IFRS für Banken 2008), S. 573; *Kuhn/Scharpf* (Finanzinstrumente 2006), Rn. 1070.

7.3 Maximales Kreditrisiko (IFRS 7.36(a))

Ähnlich wie bei unechten Pensionsgeschäften ist auch das Kreditrisiko bei klassischen **Verbriefungen** zu beurteilen. Die Ausbuchung setzt neben der effektiven Übertragung der Zahlungsansprüche auch eine Übertragung aller wesentlicher Chancen und Risiken voraus.[233] Ein Kreditrisiko nach IFRS 7 kann daher nur vorliegen, soweit keine Ausbuchung erfolgt. Werden Kreditrisiken teilweise zurückbehalten (z. B. aufgrund einer Finanzgarantie gegenüber dem Forderungskäufer), dann kann insoweit ein *continuing involvement* aktiviert bleiben, dessen Buchwert unter IFRS 7.36(a) anzugeben ist.[234] Das Kreditrisiko bleibt *on balance*, ein *off balance*-Risiko besteht somit nicht. Entgegen der üblichen Vorgehensweise in IFRS 7.B10(c) ist die Finanzgarantieverpflichtung nicht (nochmals) darzustellen. Erhält das Unternehmen als Gegenleistung für die übertragenen Forderungen auch Verbriefungstranchen (z. B. eine First Loss-Tanche), dann kann dies dem Risikotransfer und damit der Ausbuchung entgegenstehen. Falls trotzdem noch eine Ausbuchung erfolgt, dann besteht das Kreditrisiko-Exposure im aktivierten Buchwert dieser Tranchen.

Auch aufsichtsrechtlich kommt es bei klassischen Verbriefungen auf die wirtschaftliche Übertragung der Risiken an.[235]

TAB. 30:	Risikotransfer
Die österreichische, fast wörtliche Umsetzung der CRD stellt auf die Risikoübertragung der Forderungen insgesamt ab und ist daher gut mit der Rechnungslegung in Einklang zu bringen. Die deutsche Umsetzung der CRD stellt für die Beurteilung des Risikotransfers nur auf jenen Forderungsteil ab, der in Form von Mezzanine-Tanchen ausgereicht wird.[236] Daraus können sich erhebliche Abweichungen zwischen aufsichtlicher und bilanzieller Behandlung ergeben, weil die First Loss-Tranche nur unter IFRS entscheidungsrelevant ist.	

Bei synthetischen Verbriefungen ist das Exposure der Forderungen unter IFRS 7 jedenfalls beim Risikoverkäufer zu erfassen; Kreditderivate können im Rahmen der Kreditrisikoqualität angegeben werden. Dagegen kann im Aufsichtsrecht mitunter eine Übertragung angenommen werden.

Da IAS 39 eine Ausbuchung nur nach Maßgabe des Risikoübergangs erlaubt, besteht bei den genannten Geschäften somit grundsätzlich kein *off balance*-Kreditrisiko nach IFRS 7. Ausnahmen von dieser Grundregel sind aber möglich, etwa wenn Risiken zwischen Vertragspartnern aufgeteilt werden und eine vollständige Ausbuchung wegen Übertragung der Kontrolle erfolgt (IAS 39.20(c)(i)).

---

233 Vgl. IAS 39.AG36.
234 Vgl. *Grünberger* (Finanzgarantien 2006), KoR 2006, S. 90.
235 Anhang IX Teil 2 Rn. 1 CRD.
236 § 232 Abs. 2 SolvV; §§ 156, 157 SolvV; *Frese/Glüder* (Verbriefungen 2006), ZfgK 2006, S. 1042.

7.4 Kreditrisikominderung (CRM)

7.4.1 CRM-Techniken (IFRS 7.36(b))

IFRS 7.36(b) verlangt anzugeben „*in respect to the amount disclosed in (a), a description of collateral held as security and other credit enhancements*"[237]. Die Angabe von Sicherheiten betrifft alle *on balance*- und *off balance*-Kreditrisiken unter IFRS 7.36(a). Die selben Angaben sind nochmals gesondert für jene (*on balance*-) Forderungen anzugeben, die überfällig oder wertgemindert sind (IFRS 7.37(c)).

IFRS 7 erfordert vor allem qualitative Angaben über kreditrisikomindernde Techniken (CRM-Techniken). Quantitative Wirkungen der CRM-Techniken können bei den Angaben zur Kreditrisikoqualität berücksichtigt werden (IFRS 7.36(c)). Da die Angaben nach Klassen von Finanzinstrumenten erfolgen, sollten diese einheitlich mit den Angaben in IFRS 7.36(a) gegliedert werden oder bei Matrixdarstellung eine Überleitung ermöglichen.

IFRS 7.IG22 enthält eine Liste möglicher Themen: (a) Interne Vorgaben und Prozesse zur Wertermittlung, (b) Beschreibung der wesentlichen Arten von CRM-Techniken wie Garantien, Kreditderivate und jener Nettingvereinbarungen, die zu keiner Saldierung führen, (c) die wesentlichen Arten von Gegenparteien der CRM-Instrumente und (d) Risikokonzentrationen innerhalb der CRM-Techniken.

Aufgrund des Bezugs zum maximalen Kreditrisiko („*in respect to ... (a)*") sind Nettingvereinbarungen nicht anzugeben, die zur Saldierung nach IAS 32 führen und damit ein Kreditrisiko von vornherein ausschließen. Im Gegensatz zu den Kreditrisikoquellen müssen die CRM-Techniken nicht in Finanzinstrumenten bestehen; auch Pfandrechte, Hypotheken oder zivilrechtliches Eigentum an nichtfinanziellen Vermögenswerten sind geeignet. Anders als das Aufsichtsrecht schränkt IFRS 7 die Sicherungsinstrumente nicht ein und enthält keine Voraussetzungen für die Anerkennung. Ausschlaggebend sind vielmehr die in der internen Berichterstattung und im internen Kreditrisikomanagement herangezogenen Instrumente (IFRS 7.34(a)). Da die Kreditrisikodefinition auf finanzielle Verluste abstellt, müssen CRM-Techniken zumindest eine ausreichende Werthaltigkeit haben, um bei einem Ausfall das *impairment* oder die Rückstellung zu reduzieren (problematisch sind weiche Patronatserklärungen und Laufzeitinkongruenzen). Die interne Berichterstattung von Banken, die nach IFRS 7.34a maßgeblich ist, ist zwangsläufig vom Aufsichtsrecht dominiert; daher sind gröbere Abweichungen zu den aufsichtsrechtlichen Vorgaben nur in besonderen Fällen denkbar.[238] Allerdings könnten

---

237 Die deutsche Fassung des Amtsblatts der Europäischen Gemeinschaften enthält einen Übersetzungsfehler.
238 Zu CRM-Techniken im Aufsichtsrecht *Achtelik/Flach*, BankPraktiker 2006, S. 226; *Schulte-Mattler* (Double-Default-Effekt 2006), die bank 2006, S. 55.

auch aufsichtsrechtlich nicht anerkannte CRM unter entsprechender Kennzeichnung berücksichtigt werden (z. B. persönliche Sicherheiten wie akzessorische Garantien, die das Unmittelbarkeitskriterium nicht erfüllen). Die Angabe von Risikokonzentrationen innerhalb der CRM-Techniken (IFRS 7.IG22(d)) ist ebenfalls erforderlich (z. B. eine geringe Streuung der Sicherungsgeber oder Korrelationen bei wenig gestreuten Immobiliensicherheiten)

Der **Fair Value der Sicherheiten** muss unter IFRS 7.36(b) nicht zwingend angegeben werden; für ausgefallene und überfällige Forderungen allerdings verlangt IFRS 7.37(c) auch die Angabe des Fair Value von Sicherheiten, soweit praktikabel.[239] Wird der Fair Value angegeben, dann muss der richtige Bezug zum maximalen Kreditrisiko hergestellt werden. Wertmäßige Überdeckungen mancher Forderungen dürfen nicht mit wertmäßigen Unterdeckungen anderer Forderungen vermischt werden, weil damit eine erhöhte Sicherungswirkung suggeriert würde.[240] Für die Fair Value-Angaben kann auf die aufsichtsrechtlichen CRM-Daten zurückgegriffen werden: Finanzielle Sicherheiten müssen alle sechs Monate neu bewertet werden.[241] Immobiliensicherheiten sind bei einem Hinweis auf eine erhebliche Wertminderung oder bei Krediten über EUR 3 Mio. alle drei Jahre durch einen unabhängigen Sachverständigen zu bewerten.[242] Andere Immobilien, Sachsicherheiten und Sicherheiten in Form von Forderungen müssen nicht regelmäßig neubewertet werden, sondern nur bei Kreditvergabe; danach erfolgt nur eine regelmäßige „Überprüfung" (je nach Qualität der Überprüfung könnte die Fair Value-Angabe möglich oder nicht praktikabel sein). Die Fair Value-Angaben dienen nicht der stichtagsgenauen Vermögensermittlung, sondern der Kreditrisikoinformation; soweit die Fair Values keinen erheblichen Schwankungen unterliegen sind historische Daten immer noch besser als der gänzliche Verzicht auf Fair Value-Angaben. IDW ERS HFA 24 findet es ausreichend, wenn die Fair Values bei der Hereinnahme der Sicherheit auch in den Folgejahren als Schätzung herangezogen werden, es sei denn, es sind Indikatoren für einen niedrigeren Fair Value vorhanden.[243]

7.4.2 Aktivierte Sicherheiten (IFRS 7.38)

Die CRM-Techniken unter IFRS 7.36(b) und IFRS 7.37(c) sind von den Angaben in IFRS 7.38 abzugrenzen: Wurden die Sicherheiten bereits in den **Besitz übernommen** („*taking possession*") bzw. finanzielle CRM-Instrumente bereits ausgeübt (z. B. Garan-

---

[239] Die deutsche Fassung des Amtsblatts der Europäischen Gemeinschaften enthält einen grob sinnstörenden Übersetzungsfehler.
[240] Vgl. IFRS 7.BC52.
[241] Vgl. Anhang VIII Teil 2 Rn. 6 lit. c CRD.
[242] Vgl. Anhang VIII Teil 2 Rn. 8 lit. b CRD.
[243] Vgl. *Institut der Wirtschaftsprüfer in Deutschland e.V.* [Hrsg.] (IDW ERS HFA 24 2007), Rz. 52.

tien gezogen) und qualifizieren sich die erhaltenen Vermögenswerte für eine Aktivierung, dann sind unter IFRS 7.38(a) die Art der Sicherheiten und der Buchwert anzugeben.[244] Für Zwecke der Kreditrisikoangaben in IFRS 7.36 liegen keine Sicherheiten mehr vor, sondern bereits **neue Vermögenswerte**. Handelt es sich um neue **finanzielle** Vermögenswerte (ausgenommen flüssige Mittel), dann sind wiederum alle Angaben nach IFRS 7.36 erforderlich. Werden flüssige Mittel gewährt, dann ist der erhaltene Geldbetrag anzugeben.

Die Angaben der aktivierten Sicherheiten in IFRS 7.38 sind periodenbezogen, während jene in IFRS 7.36 stichtagsbezogen sind. Anzugeben sind daher die Aktivierungen von Sicherheiten während der Berichtsperiode.

Ausschlaggebend für die Darstellung unter IFRS 7.38 ist weniger der Besitz oder das Eigentum, sondern vielmehr die Aktivierung: Wird eine Forderung auf den Wert einer Sicherheit abgeschrieben, dann wird die Sicherheit solange unter IFRS 7.36(b) und (c) bzw. IFRS 7.37(c) berücksichtigt, bis die Sicherheit als eigener Vermögenswert aktiviert wird[245]; erst dann erfolgt eine Angabe nach IFRS 7.38. Bei einer hypothekarisch besicherten Forderung führt erst die Verwertung der Hypothek (z. B. Veräußerung im Rahmen einer Zwangsversteigerung) zu einer Angabe unter IFRS 7.38.[246]

Offen bleibt aber, ob es nur um die Aktivierung geht oder um die Verwertung aus Anlass eines Forderungsausfalls. **Barsicherheiten** werden etwa schon bei Zufluss aktiviert und eine Schuld in Höhe der Rückzahlungsverpflichtung eingebucht (z. B. bei Wertpapierleihe oder Initial Margins im Derivatehandel). Nach *Scharpf* soll gezeigt werden, in wieweit ein Unternehmen gezwungen war, Kredite durch die Übernahme von Sicherheiten abzulösen.[247] Geht es also um den Verbrauch von Sicherheiten zur Verlustabdeckung, dann sollte bei Barsicherheiten nicht auf die Aktivierung, sondern auf die Inanspruchnahme durch Entfall der Rückzahlungsverpflichtung abgestellt werden; dies wird dem bloßen Einlagencharakter von Barsicherheiten besser gerecht.

Bei **echten Pensionsgeschäften** und der **Wertpapierleihe** bleibt der übertragene Gegenstand aktiviert, sodass dieser keine Sicherheit für den Veräußerer darstellt, weder unter IFRS 7.36(b) noch unter IFRS 7.38 (eine Sicherheit muss immer mit einer Forderung in Zusammenhang stehen, deren maximales Kreditrisiko unter IFRS 7.36(a) angegeben wird). Erhält der Verleiher im Rahmen einer **Wertpapierleihe** eine Sachsicherheit, dann kann diese im Hinblick auf das Kreditrisiko der Rückübertragung unter IFRS 7.36(b) und

---

244 Ausführlich *Kuhn/Scharpf* (Finanzinstrumente 2006), Rn. 4540 ff.
245 Vgl. IAS 39.AG84 letzter Satz und IAS 39.IG E.4.8: „*The collateral is not recognised as an asset separate from the impaired financial asset unless it meets the recognition criteria for an asset in another Standard.*"
246 *Kuhn/Scharpf* (Finanzinstrumente 2006), Rn. 4543.
247 *Scharpf* (Disclosures 2006), KoR Beilage 2/2006, S. 43.

(c) als Sicherheit für das weiterhin aktivierte Wertpapier berücksichtigt werden. Kann der Entleiher die Verpflichtung zur Rückübertragung nicht erfüllen, dann wird das Wertpapier ausgebucht und die Sachsicherheit aktiviert (Angabe unter IFRS 7.38). Barsicherheiten werden schon bei Erhalt aktiviert und können unter IFRS 7.36(b) und (c) als Sicherheit für das weiterhin aktivierte Wertpapier berücksichtigt werden. Kann der Entleiher die Verpflichtung zur Rückübertragung nicht erfüllen, dann bucht der Verleiher das Wertpapier und die Verbindlichkeit zur Rückzahlung der Barsicherheit aus; wegen dem Entfall der Verbindlichkeit kann die Barsicherheit unter IFRS 7.38 angegeben werden.

Der **Entleiher einer Wertpapierleihe** kann das entliehene (nicht aktivierte) Wertpapier als Sicherheit für die Forderung zur Rückzahlung der Barsicherheit unter IFRS 7.36(b) und (c) berücksichtigen.

Bei einem **Operating Lease** bilanziert der Leasinggeber den Leasinggegenstand und keine Forderung, die ein Kreditrisiko nach IFRS 7.36(a) auslöst. Somit ist der Leasinggegenstand keine Sicherheit für eine Forderung und weder unter IFRS 7.36(b) noch unter IFRS 7.38 anzugeben. Beim **Finance Lease** wird eine Leasingforderung erfasst, das Leasinggut wird ausgebucht, bleibt aber im zivilrechtlichen Eigentum und stellt daher eine Sicherheit dar. Das Leasinggut ist unter IFRS 7.36(b) anzugeben und bei der Kreditrisikoqualität nach IFRS 7.36(c) zu berücksichtigen; bei einer Aktivierung ist das Leasinggut unter IFRS 7.38 anzugeben (z. B. physischer Zugriff wegen Zahlungsstörungen).

7.5 Credit Quality (IFRS 7.36(c))

7.5.1 Betroffene Exposures

IFRS 7.36(c) verlangt „*information about the credit quality of financial assets that are neither past due nor impaired*". Die Auswahl der angemessenen Methode obliegt dem Unternehmen, wobei auch die interne Kreditrisikoberichterstattung maßgeblich ist.[248] Dabei ist eine **Abgrenzung zu IFRS 7.37** erforderlich: Bei Überfälligkeit **oder** *impairment* muss nicht die Kreditrisikoqualität angegeben werden, sondern eine Aufgliederung der Überfälligkeitszeiten bzw. der *impairment*-Faktoren sowie Informationen über Sicherheiten und andere CRM-Techniken. Ist ein Vermögenswert nur auf Portfoliobasis und nicht individuell wertgemindert und auch nicht überfällig, dann ist die Kreditrisikoqualität noch nach IFRS 7.36(c) anzugeben.[249]

---

[248] Vgl. IFRS 7.34(a) und .BC54.
[249] Ergibt sich aus dem Vergleich zu IFRS 7.37(b), der nur auf individuelle Wertminderung abstellt; ebenso *Scharpf* (Disclosures 2006), KoR Beilage 2/2006, S. 40.

7. Kreditrisiko: Säule 1 und IFRS 7

Während sich die Ausfallsdefinition unter Basel II gut mit dem individuellen *impairment* unter IAS 39 vereinbaren lässt (insbesondere die 90-Tage-Überfälligkeit)[250], kommt mit der Überfälligkeit unter IFRS 7 ein zusätzlicher differenzierender Faktor hinzu. Mit überfälligen und nicht wertgeminderten Forderungen sind in IFRS 7.37(a) nämlich neben ausreichend gesicherten Forderungen auch jene Forderungen gemeint, deren Überfälligkeit noch zu kurz ist, um ein *impairment* auszulösen[251], z. B. zwischen erster Mahnstufe und 90 Tagen (vgl. dazu auch IFRS 7.IG28(a), der dafür ein eigenes Zeitband vorschlägt). Im Gegensatz zum Aufsichtsrecht und IAS 39 gibt es unter IFRS 7.36 und .37 somit zwei konkurrierende Default-Tatbestände. Sind kürzere Überfälligkeiten als 90 Tage nicht Gegenstand der internen Kreditrisikomessung, dann könnte auf Grundlage von IFRS 7.34 auch eine einheitliche Frist von 90 Tagen argumentiert werden.[252]

Überfälligkeit ist bereits für die gesamte Forderung gegeben, wenn nur eine regelmäßige Zinszahlung ausbleibt (IFRS 7.IG26). Der anzugebende Wert ist also nicht notwendigerweise der überfällige Einzelbetrag. Es handelt sich daher eher um ein Qualifikationsmerkmal der Gegenpartei als um ein Qualifikationsmerkmal der Forderung an sich (IFRS 7.IG26: „*the counterparty has failed to make a payment*", also der Verzug „irgendeiner" Zahlung). Für Zwecke von IFRS 7 sollte eher auf eine Kundensicht als auf eine Kontensicht abgestellt werden.[253] Dies entspricht nämlich auch den Verlusttatbeständen des IAS 39[254] und es wäre nicht einzusehen, warum in IFRS 7 plötzlich ein qualitativ grundverschiedener Kreditrisikotatbestand etabliert werden sollte. Im aufsichtsrechtlichen IRB-Ansatz braucht etwa nur eine wesentliche Verbindlichkeit eines Schuldners gegenüber der Institutsgruppe die 90-Tage-Frist überschreiten, dann gelten auch alle anderen Forderungen als ausgefallen.[255]

Forderungen der Kategorie *at fair value through profit or loss* unterliegen nicht den *impairment*-Bestimmungen des IAS 39.58 und sind daher nur bei Überfälligkeit unter IFRS 7.37 darzustellen.

---

250 Vgl. *Grünberger* (Basel II: Schnittstellen 2007), KoR 2007, S. 280.
251 Vgl. *Eckes/Sittmann-Haury* (Offenlegungsvorschriften 2006), WPg 2006, S. 435.
252 im Ergebnis auch *Kuhn/Scharpf* (Finanzinstrumente 2006), Rn. 4522 und *KPMG Deutsche Treuhand-Gesellschaft AG* [Hrsg.] (Offenlegung 2007), S. 137.
253 A. A. *Institut der Wirtschaftsprüfer in Deutschland e.V.* [Hrsg.] (IDW ERS HFA 24 2007), Rz. 49. Dessen Begründung, die Überfälligkeit könne auch auf Leistungsmängeln bezüglich des Einzelgeschäfts beruhen, ist allerdings für Banken nicht einschlägig, weil der Forderungsbestand bei Banken idR nicht fraglich ist.
254 Siehe Kapitel 6.5, S. 74.
255 Anhang VII Teil 4 Rn. 44 lit. b CRD.

7.5 Credit Quality (IFRS 7.36(c))

ABB. 7: Differenzierung nach Impairment und Past Due

Distribution of loans and advances by credit quality
(Audited)

	At 31 December 2006	
	Loans and advances to customers US$m	Loans and advances to banks US$m
Loans and advances:		
- neither past due nor impaired	856,681	185,125
- past due but not impaired	11,245	72
- impaired	13,785	15
	881,711	185,212

(HSBC Holdings plc Annual Report and Accounts 2006, S. 193)

Anders als der Einleitungssatz von IFRS 7.36 spricht IFRS 7.36(c) nur von „*financial assets*"; ob damit eine Einschränkung zu den Angaben in .36(a) und .36(b) gewollt ist, ist zumindest fraglich. Insbesondere im Bankbereich ist es aus Informationsgesichtspunkten vorzuziehen, die Kreditqualität für alle in .36(a) gezeigten Exposures und die quantitative Auswirkung aller nach .36(b) beschriebener CRM-Techniken darzustellen, die auch *off balance*-Exposures umfassen. Daher sollte auch die Kreditrisikoqualität dieser Exposures gezeigt werden, weil die Angaben zum maximalen Kreditrisiko unter .36(a) sonst nicht sinnvoll interpretierbar sind. Auszunehmen sind nur jene Exposures, die unter IFRS 7.37 dargestellt werden.

Nach IFRS 7.36(d) ist der **Buchwert neu ausverhandelter finanzieller Vermögenswerte** anzugeben, die ansonsten überfällig oder wertgemindert wären. Eine Abgrenzung zu .36(c) ist nicht geboten, auch für diese Vermögenswerte ist die Kreditrisikoqualität anzugeben.

7.5.2 Ratings aus dem Standardansatz

IFRS 7.IG23 und .IG24 verweisen für die Angaben der Kreditqualität auf externe und interne Ratings, sodass die für Zwecke von Basel II eingesetzten Ratings so weit wie möglich herangezogen werden sollen.

Im Standardansatz werden die Ratings anerkannter Rating-Agenturen regelmäßig **sechs Bonitätsstufen** zugeordnet. Da diese Stufen mit verschiedenen Nomenklaturen von Ratingagenturen kompatibel sind, eignen sie sich auch für die Darstellung unter IFRS 7. Ein erläuterndes „Mapping" der Stufen mit den Nomenklaturen von Moody's oder Standard&Poor's ist dabei zu empfehlen, bei dieser Gelegenheit kann auch die

7. Kreditrisiko: Säule 1 und IFRS 7

Empfehlung zur Angabe der herangezogenen Agenturen erfüllt werden.[256] Da die sechs Bonitätsstufen für sich genommen wenig Aussagekraft haben, sollte eine verbale Beschreibung der Kreditrisikoqualität jeder Stufe angefügt werden.

ABB. 8: Kreditrisikodarstellung

	At 31 December 2006	
	Loans and advances to customers US$m	Loans and advances to banks US$m
Grades:		
1 to 3 – satisfactory risk	785,946	184,059
4 – watch list and special mention	62,557	1,040
5 – sub-standard but not impaired	8,178	26
	856,681	185,125

(HSBC Holdings plc Annual Report and Accounts 2006, S. 193)

Bei **Forderungen an Institute** ist die Anwendung der Methode des Sitzstaates bei entsprechender Erläuterung wohl auch für IFRS 7 denkbar.[257] Die pauschale Zusammenfassung von **Retailforderungen** (Risikogewicht 75 %), **Hochrisikoforderungen** (Risikogewicht 150 %) und **nicht gerateten Unternehmensforderungen** (Risikogewicht 100 %)[258] ist für IFRS 7 zwar wenig aussagekräftig. Durch quantitative Ergänzungen wie z. B. CRM-Effekte und historische Ausfallsraten, die für die Portfoliowertberichtung unter IAS 39 verwendet werden, kann aber ein ausreichender Informationsgehalt erreicht werden. Bei besonders konzentrierten Exposures in diesen Klassen ist die Bildung von Bonitätsstufen abseits vom Aufsichtsrecht zu empfehlen.

Die aufsichtsrechtliche Forderungsklasse der **überfälligen Forderungen** ist aus den Angaben der Kreditrisikoqualität auszuklammern und gemäß IFRS 7.37(a) oder .37(b) darzustellen. **Investmentfondsanteile** sollten aufgrund Ihres eigenkapitalähnlichen Charakters nur dargestellt werden, wenn sinnvolle Kreditrisikodaten vorhanden sind, z. B. Durchschnittsgewichte aus dem „look through"-Ansatz".

Die Darstellung der Kreditrisikoqualität sollte einerseits die Gegenparteien umfassen (zumindest die Forderungsklassen im Standardansatz), daneben aber auch die Exposures je Ratingklasse (Bonitätsstufe)[259]; dafür bietet sich eine Matrixdarstellung an.

---

256 IFRS 7.IG24(b).
257 Anhang VI Teil 1 Rn. 26 CRD.
258 Anhang VI Teil 1 Rn. 42, 43 und 66 CRD.
259 IFRS 7.IG23(b) und .IG25(b).

7.5 Credit Quality (IFRS 7.36(c))

7.5.3 Ratings aus dem IRB-Ansatz

Im IRB-Ansatz basieren die Ratings grundsätzlich auf internen Ausfallsstatistiken, welche die Merkmale des Schuldners und der Transaktion berücksichtigen. Die umfassendsten Anforderungen beziehen sich auf Forderungen an **Zentralregierungen (Zentralstaaten/Zentralbanken), Institute und Unternehmen**. Anhand einer internen Ratingskala sind mindestens 7 Bonitätsklassen für nicht ausgefallene Schuldner zu bilden,[260] die sich auch für die Angaben nach IFRS 7.36(c) eignen. Eine Klasse ist für ausgefallene Schuldner zu bilden, die nach IFRS 7.37(a) oder .37(b) abgebildet werden kann. Ähnlich werden auch **Retailforderungen** in Klassen eingeteilt, die für die Kreditrisikoangaben verwendet werden können. Neben einer verbalen Beschreibung der internen Ratingskala sollten auch die Bandbreiten der historischen Ausfallsraten (PD) bzw. soweit bekannt der statistisch ermittelten Ausfallshöhen (LGD) angegeben werden.[261] Daneben empfiehlt sich eine Überleitung der internen Ratingskala auf die Nomenklaturen bekannter Ratingagenturen.[262]

Beteiligungen im Sinne der IRB-Beteiligungsdefinition[263] müssen aufgrund ihres Eigenkapitalcharakters nicht dargestellt werden. Die pauschalen Risikogewichte aus dem einfachen Risikogewichtungsansatz (190 %, 290 % und 370 %) bieten auch keine sinnvolle Grundlage für die Kreditrisikoqualität nach IFRS 7; dies gilt auch für Investmentfonds, die nach dem einfachen Risikogewichtungsansatz unterlegt werden. Bei Anwendung des PD/LGD-Ansatzes auf Beteiligungen können aber die historischen Verlustraten auch unter IFRS 7 dargestellt werden. Soweit bei Investmentfonds auf die zugrundeliegenden Forderungen „durchgesehen" wird (*look through*-Ansatz), können die zugrundeliegenden Forderungen auch für IFRS 7 den jeweiligen Risikoklassen proportional zum Fondsanteil zugeordnet werden.

Hochrisikopositionen, die aufsichtsrechtlich ein Gewicht von 1.250 % erhalten (z. B. zurückbehaltene Junior-Tranchen bei Verbriefungen), sollten bei wesentlichen Buchwerten gesondert gezeigt und erläutert werden. Dies aber nur, wenn die Juniortranche und nicht das gesamte Verbriefungsportfolio unter IAS 39 aktiviert wurde.

Die statistisch ermittelten Einjahresverlustraten (*expected loss*; Produkt aus Ausfallswahrscheinlichkeit und Ausfallshöhe) müssen nicht angegeben werden, sie können einem branchenkundigen Bilanzleser aber sinnvolle Zusatzinformation bieten. Da beim maximalen Kreditrisiko in IFRS 7.36(a) bilanzielle Verlustvorsorgen abgezogen werden,

---

[260] Anhang VII Teil 4 Rn. 5 ff. CRD.
[261] Empfohlen in IFRS 7.IG23(c).
[262] Empfohlen in IFRS 7.IG25(c).
[263] Anhang VII Teil 1 Rn. 17 ff. CRD.

7. Kreditrisiko: Säule 1 und IFRS 7

sollte auch der Überhang über die Wertberichtigungen und Rückstellungen gezeigt werden (*expected loss* abzüglich *incurred loss*).

Die Darstellung sollte nach IFRS 7.IG23(b) und .IG24(a) einerseits die **Gegenparteien** umfassen (zumindest die Forderungsklassen), andererseits aber auch die **Exposures je Schuldnerklasse** (Bonitätsklasse). Da die Schuldnerklassen im IRB-Ansatz möglichst gleichverteilt festgelegt werden sollten[264], dürften sich dabei keine signifikanten Konzentrationen ergeben.

7.5.4 Berücksichtigung von CRM-Effekten

CRM-Techniken haben entscheidenden Einfluss auf die Kreditrisikoqualität, sie sind daher jedenfalls bei den Angaben nach IFRS 7.36 zu berücksichtigen. Da IFRS 7.36(b) qualitative Angaben über CRM-Techniken erfordert sollten die quantitativen Auswirkungen eher bei den Angaben der Kreditrisikoqualität unter IFRS 7.36(c) einbezogen werden. Allerdings sollten nur wirksame CRM-Techniken berücksichtigt werden, die auch unter IFRS 7.36(b) beschrieben wurden.

Im Aufsichtsrecht kommt bei persönlichen und finanziellen Sicherheiten i. d. R. der **Substitutionsansatz** zur Anwendung; jedem Exposure wird das Risikogewicht des Sicherungsgebers zugeordnet, soweit es durch das CRM-Instrument abgesichert ist. Für Zwecke von IFRS 7.36(c) können abgesicherte Exposures von vornherein der besseren Schuldnerklasse des Sicherungsgebers zugeordnet werden bzw. bei nur teilweiser Sicherung aufgeteilt werden. Alternativ kann die Sicherungswirkung auch gesondert dargestellt werden, etwa durch Angabe der reduzierten Ausfallswahrscheinlichkeiten. Dabei kann auch der **Double Default Effekt** berücksichtigt werden, der aufsichtsrechtlich nur sehr eingeschränkt anerkannt wird. Im Gegensatz zum Substitutionsansatz berücksichtigt der Double Default Effekt die viel geringere kumulierte Wahrscheinlichkeit, dass sowohl Schuldner als auch Sicherungsgeber zugleich ausfallen.[265]

Die **Sicherungswirkung von Immobilien** wird im Standardansatz nur durch pauschale Gewichte berücksichtigt (35 % für Wohnimmobilien oder 50 % für Gewerbeimmobilien anstatt 100 % für ungesicherte Forderungen).[266] Für Zwecke von IFRS 7 kann daraus nur eine Aufteilung in hypothekarisch gesicherte und ungesicherte Exposures abgeleitet werden, weil diese Gewichte wenig über die konkrete Kreditrisikoqualität aussagen. Im IRB-Ansatz wird abhängig vom Besicherungsgrad eine niedrigere Verlustrate (LGD) festgesetzt[267], was für Zwecke von IFRS 7 auch wenig aussagekräftig ist. Auch hier kann

---

264 Anhang VII Teil 4 Rn. 9 und 11 CRD.
265 Ausführlich *Schulte-Mattler* (Double-Default-Effekt 2006), die bank 2006, S. 52.
266 Anhang VI Teil 1 Rn. 44 ff. CRD.
267 Anhang VIII Teil 3 Rn. 68 ff. CRD; ggf. auch niedrigere PD (Rn. 73).

nur eine Aufteilung in gesicherte und ungesicherte Exposures abgeleitet werden. Lediglich bei eigenen Ausfalls- und Verlustschätzungen[268] für Immobilienkredite können die Ergebnisse für IFRS 7 herangezogen werden.

---

[268] Vgl. Anhang VII Teil 2 Rn. 10 CRD.

8. Kreditrisiko: Säule 3 und IFRS 7

8.1 Kreditrisikodarstellung nach der Säule 3

Die Säule 3 verlangt umfassende Offenlegungen im Zusammenhang mit dem Kreditrisiko:

- Allgemeine Offenlegungen zum Kreditrisiko (§ 327 SolvV; § 7 Off-VO); diese beruhen primär auf der Rechnungslegung und können daher gut mit IFRS 7 abgestimmt werden.

- Spezielle Offenlegungen zum Standardansatz (§ 328 SolvV; § 8 Off-VO); diese entsprechen großteils den Anforderungen des IFRS 7 zum Kreditrisiko.

- IRB-Banken: qualifizierende Offenlegungen zu internen Modellen und zu kreditrisikomindernden Techniken (§§ 335 f. SolvV; § 11 Off-VO); die Beschreibungen können auch im Rahmen von IFRS 7 genutzt werden, auch wenn IFRS 7 keine so detaillierten Anforderungen enthält.

- IRB-Banken: bestimmte Offenlegungen von Positionswerten und Gewichten für Spezialfinanzierungen und Beteiligungen (§ 329 SolvV; § 9 Off-VO). Da der einfache Risikogewichtungsansatz keine für IFRS 7 relevanten Informationen enthält, gibt es kein entsprechendes Gegenüber im IFRS 7.

- Kontrahentenausfallsrisiko (*Counterparty Credit Risk*) bei Derivaten, Pensions- und Wertpapierleihegeschäften, Lombardgeschäften und Geschäften mit langer Abwicklungsfrist (§ 326 SolvV; § 6 Off-VO); aufgrund zahlreicher aufsichtsrechtlicher Spezialbestimmungen gibt es zahlreiche Abweichungen zum IFRS 7.

Die entsprechenden Offenlegungserfordernisse werden nachfolgend beschrieben und mit IFRS 7 verglichen. Es gibt viele Übereinstimmungen, weshalb die entsprechenden Informationen vorzugsweise im Risikobericht gemäß IFRS 7 dargestellt werden sollten.

8.2 Allgemeine Offenlegungen zum Kreditrisiko

Die allgemeinen Offenlegungen zum Kreditrisiko stellen grundsätzlich auf jene Datenbasis ab, die im Rahmen der externen Rechnungslegung veröffentlicht wird; bei Einzelinstituten ist das der Einzelabschluss, bei Institutsgruppen der Konzernabschluss unter Berücksichtigung des **Konsolidierungskreises nach den Rechnungslegungsbestimmungen**. Nach Ansicht des Baseler Ausschusses müssen nicht die aufsichtsrechtlichen Daten zugrunde gelegt werden.[269] Zur dezidierten Klarstellung sollte bei der Offenlegung auf diesen Umstand hingewiesen werden.[270]

---

[269] Vgl. Basler Ausschuss für Bankenaufsicht (Basel II 2006), Rz. 825.
[270] Vgl. *Urbanek* (Kommentar 2007), § 7 Off-VO Rz. 2.

8.2 Allgemeine Offenlegungen zum Kreditrisiko

Auch der **Forderungsbegriff** wird nicht exakt vorgegeben[271]; während unter der Säule 1 mit dem Forderungsbegriff alle Assets und off balance-Exposures gemeint sind, kann der Forderungsbegriff mit dem Kreditrisiko-Exposurebegriff des IFRS 7 abgestimmt werden (siehe ausführlich Kapitel 7, S. 85 ff.). So können einerseits nur Finanzinstrumente im Sinne von IFRS 7 dargestellt werden und andererseits Eigenkapitalinstrumente von diesen Angaben ausgeklammert werden. Der jeweils für die Offenlegung herangezogene Forderungsbegriff sollte erläutert werden[272]; wird die Offenlegung im Rahmen von IFRS 7 abgedeckt, ergibt sich dies ohnehin durch den Bezug auf Finanzinstrumente.

TAB. 31:	Überfälligkeit und Ausfallgefährdung
Säule 3	**IFRS**
Die qualitative Definitionen von „in Verzug" und „notleidend" für die Zwecke der Rechnungslegung sind offenzulegen (in Österreich: „überfällig" und „ausfallgefährdet").[273]	Die Bilanzierungsmethoden – insbesondere in Bezug auf Finanzinstrumente – sind offenzulegen (IFRS 7.21).
Die Differenzierung ist geboten, weil nicht jede überfällige Forderung auch zwangsläufig ausfallgefährdet ist (z. B. bei ausreichenden Sicherheiten) und umgekehrt auch eine noch nicht überfällige Forderung ausfallgefährdet sein kann (z. B. bei Konkurs des Schuldners vor der Fälligkeit).	Vergleichbare Begriffe finden sich in IFRS 7.36(c): „*information about the credit quality of financial assets that are neither past due nor impaired*". Die Bedeutung dieser Begriffe ist in Kapitel 7.5.1, S. 101 ausführlich dargestellt.
Die für Zwecke der Rechnungslegung verwendeten, institutsspezifischen Definitionen müssen sich nicht mit dem Überfälligkeitsbegriff (*past due*) bzw. dem Ausfalls-Begriff (*default*) der Säule 1 decken; im IRB-Ansatz kann aber eine vollständige Übereinstimmung erreicht werden (Kapitel 6.5, S. 74).	
Außerdem sollte offengelegt werden, wie weit die Kundensicht und wie weit die Kontensicht verwendet wird (siehe dazu Kapitel 6.5, S. 74).	
Schnittstellen zwischen Säule 3 und IFRS	
Die von der Säule 3 geforderten Definitionen sollten im Rahmen der Bilanzierungsmethoden offengelegt werden (ab welchem Zeitpunkt wird die Überfälligkeit gemessen, ab welcher Überfälligkeit wird ein Verlusttatbestand für IAS 39 angenommen). Diese Informationen sollten mit den Offenlegungen nach IFRS 7.36(c) konsistent sein.	

---

271 Vgl. *Urbanek* (Kommentar 2007), § 7 Off-VO Rz. 2.
272 Vgl. *Urbanek* (Kommentar 2007), § 7 Off-VO Rz. 2.
273 § 327 Abs. 1 Nr. 1 SolvV; § 7 Abs. 1 Z 1 Off-VO.

TAB. 31:	Überfälligkeit und Ausfallgefährdung
Schnittstellen zwischen Säule 3 und IFRS	
Das *impairment* nach IAS 39 bezieht sich nicht auf die Kategorie *at fair value through profit or loss*. Um die Kreditrisiko-Exposures sowohl unter der Säule 3 als auch in IFRS 7 vollständig abzubilden, sollte diese Bewertungskategorie auch bei allen Kreditrisikoangaben sowie bei den Angaben zur Verlustvorsorge berücksichtigt werden. Daher sollten diese Vermögenswerte ggf. auch als „wertgemindert" dargestellt werden (siehe dazu Tabelle 35 auf S. 114 und Tabelle 36 auf S. 116 ff.). Die entsprechende Definition des Begriffs „wertgemindert" bei der Kategorie *at fair value through profit or loss* wäre zu beschreiben. Im Bereich der AfS-Instrumente sollten nur aufwandswirksame Abwertungen als wertgemindert dargestellt werden, nicht aber erfolgsneutrale.	

TAB. 32:	Methoden zur Ermittlung der Kreditrisikovorsorgen
Säule 3	**IFRS**
Qualitative Beschreibung der Methoden zur Bildung der Kreditrisikovorsorgen.[274] Betroffen sind nicht nur Vorsorgen für *on balance*-Kreditrisiken (Wertberichtigungen gemäß IAS 39), sondern auch Vorsorgen für *off balance*-Kreditrisiken (z.B. Rückstellungen gemäß IAS 37). Dabei sollte zwischen Einzel- und Portfolioverlustvorsorgen unterschieden werden.[275] Kapitel 6.6, S. 77, Kapitel 6.7, S. 79 und Kapitel 6.8, S. 83 beschreiben Methoden, die von multinationalen Banken auf Grundlage der Basel II-Parameter verwendet werden. Werden diese Methoden (sinnvollerweise) genutzt, sollte die Verwendung des EL für Einzelwertberichtigungen und Rückstellungen angegeben werden; für Portfoliovorsorgen sollte auch die herangezogene LIP offengelegt werden.	Die Bilanzierungsmethoden – insbesondere in Bezug auf Finanzinstrumente – sind offenzulegen (IFRS 7.21).
Schnittstellen zwischen Säule 3 und IFRS	
Die von der Säule 3 geforderten Definitionen sollten im Rahmen der Bilanzierungsmethoden gemäß IFRS 7.21 offengelegt werden. Problematisch sind zum Fair Value angesetzte Forderungen; hier besteht die Vorsorge in der Abwertung unter die Anschaffungskosten; Kredit- und Marktrisikofaktoren lassen sich dabei schwer trennen (gem. IFRS 7.9 sind nur für „*loans and receivables*" Bonitätseffekte darzustellen[276]).	

---

274 § 327 Abs. 1 Nr. 2 SolvV; § 7 Abs. 1 Z 2 Off-VO.
275 *Urbanek* (Kommentar 2007), § 7 Off-VO Rz. 5.
276 Ausführlich dazu *Grünberger* (Fair Value-Option 2006), PiR 2006, S. 161 ff.

TAB. 33: Gesamt- und Durchschnittsbetrag der Forderungen

Säule 3	IFRS
Für deutsche Institute: Gesamtbetrag der Forderungen ohne Berücksichtigung von Kreditrisikominderungstechniken aufgeschlüsselt nach Forderungsarten. Weichen die Beträge zum Stichtag wesentlich von den Durchschnittsbeträgen ab, sind auch die Durchschnittsbeträge offenzulegen.[277]	Nach IFRS 7.36(a) ist das gesamte **Kreditrisikoexposure am Abschlussstichtag** anzugeben, ohne Abzug von Sicherheiten oder kreditrisikomindernden Techniken, allerdings nach Saldierungen gemäß IAS 32.42 ff. und nach Abzug von Wertberichtigungen. Diese Angabepflicht ist in Kapitel 7.3, S. 90 detailliert beschrieben.
Für österreichische Institute: Gesamtbetrag der Forderungen nach Rechnungslegungsaufrechnungen und ohne Berücksichtigung der Wirkung von Kreditrisikominderungen; Angabe des nach Forderungsklassen aufgeschlüsselten Durchschnittsbetrags während des Berichtszeitraumes.[278]	
Je nach Variabilität der Exposures sind Durchschnitte aus Quartalszahlen oder Monatszahlen erforderlich. Bei konstanten Trends und geringer Variabilität können aufgrund des Wesentlichkeitsprinzips Durchschnitte entfallen, wenn Vorjahresvergleichszahlen angegeben werden; dieser Umstand sollte dann angegeben werden.	
Abhängig vom gewählten Forderungsbegriff für Zwecke dieses Paragraphen sind hier auch *off balance*-Exposures erfasst (z. B. Garantien, Kreditzusagen). Da die allgemeinen Offenlegungspflichten auf die Rechnungslegung abstellen, sind hier die Buchwerte (nach IFRS) bzw. die *off balance*-Exposures nach Wertberichtigungen bzw. nach Rückstellungen gemeint; nicht gemeint sind die Buchwerte vor Wertberichtigungen bzw. vor Kreditverwässerungen (Exposure im IRB-Ansatz).	

---

277 § 327 Abs. 2 Nr. 1 SolvV.
278 § 7 Abs. 1 Z 3 Off-VO („Forderungsklassen" müssen nur für Durchschnittswerte aufgeschlüsselt werden. § 7 Abs. 1 Z 3 Off-VO fordert jedenfalls die Angabe des Durchschnittsbetrags; allerdings gilt der generelle Wesentlichkeitsgrundsatz.); Anhang XII Teil 2 Nr. 6 lit. c CRD spricht auch von Forderungen nach Rechnungslegungsaufrechnung.

8. Kreditrisiko: Säule 3 und IFRS 7

TAB. 33:	Gesamt- und Durchschnittsbetrag der Forderungen
Schnittstellen zwischen Säule 3 und IFRS	
Sofern der Forderungsbegriff der Säule 3 analog zum Exposure-Begriff des IFRS 7 gewählt wird (d. h. inklusive *off balance*-Exposures für Garantien und Kreditzusagen), deckt die Offenlegung der Exposures nach IFRS 7.36(a) die notwendigen Angaben nach Säule 3 ab. Zur Vermeidung von Unklarheiten sollten *off balance*-Exposures gesondert angeführt werden. Die Gliederung nach Forderungsarten bzw. Forderungsklassen unter der Säule 3 kann mit den dargestellten Klassen gemäß IFRS 7 abgestimmt werden (zum Klassenbegriff nach IFRS 7 siehe S. 85). Durchschnittsbeträge wären gesondert zu IFRS 7 anzugeben (diese können zur Erfüllung von IFRS 7.35 dienen, wenn die Exposures am Stichtag nicht repräsentativ für die Gesamtperiode sind). Da IFRS 7 grundsätzlich Vorjahresvergleichszahlen verlangt, sind Durchschnittsbeträge nur bei stärkeren unterjährigen Schwankungen der Exposures erforderlich.	

TAB. 34:	Verteilung der Forderungen
Säule 3	**IFRS**
Verteilung der Forderungen auf bedeutende Regionen, aufgeschlüsselt nach Forderungsarten (gilt für deutsche Institute) bzw. Forderungsklassen (gilt für österreichische Institute).[279] Gemeint ist grundsätzlich der Sitz der Gegenpartei, nicht die Zugehörigkeit des Exposures zu ausländischen Gruppenmitgliedern. Regionen können Einzelstaaten, Gruppen von Staaten oder Regionen innerhalb eines Staates sein, basierend auf der institutsinternen Portfolioverwaltung.[280] Um eine übertrieben starke Gliederung zu vermeiden, sind Forderungsarten bzw. Forderungsklassen ggf. nach Wesentlichkeit zu bilden bzw. zusammenzufassen.	IFRS 7.36(a) fordert nur eine Verteilung nach Klassen, die sinnvollerweise mit den Forderungsklassen im Aufsichtsrecht abgestimmt werden sollte und mit der Verteilung gem. § 327 Abs. 2 Nr. 1 SolvV bzw § 7 Abs. 1 Z 3 Off-VO abgedeckt wird. Eine Verteilung nach Regionen wird nicht verlangt (IFRS 8.33(b)) nimmt Finanzinstrumente aus den geographischen Angaben aus).

---

[279] § 327 Abs. 2 Nr. 2 SolvV; § 7 Abs. 1 Z 4 Off-VO fordert eine Aufschlüsselung nach (aufsichtsrechtlichen) Forderungsklassen.
[280] Basler Ausschuss für Bankenaufsicht (Basel II 2006), S. 264, FN. 198.

8.2 Allgemeine Offenlegungen zum Kreditrisiko

TAB. 34:	Verteilung der Forderungen
Säule 3	**IFRS**
Verteilung der Forderungen auf Branchen oder Schuldnergruppen aufgeschlüsselt nach Forderungsarten (gilt für deutsche Institute) bzw. Forderungsklassen (gilt für österreichische Institute).[281] Die Einteilung erfolgt nach der geschäftspolitischen Ausrichtung.[282] Soweit die Schuldnergruppen mit den aufsichtsrechtlichen Forderungsklassen bzw. Forderungsarten zusammenfallen, wird diese Verteilung bereits aufgrund von § 327 Abs. 2 Nr. 1 SolvV bzw § 7 Abs. 1 Z 3 Off-VO erreicht und ist somit redundant.	IFRS 7.36(a) fordert nur eine Verteilung nach Klassen, die sinnvollerweise mit den Forderungsklassen im Aufsichtsrecht abgestimmt werden sollte und mit der Verteilung gem. § 327 Abs. 2 Nr. 1 SolvV bzw § 7 Abs. 1 Z 3 Off-VO abgedeckt wird.
Aufschlüsselung der verschiedenen Forderungsarten (gilt für deutsche Institute) bzw. Forderungsklassen (gilt für österreichische Institute) nach **vertraglichen Restlaufzeiten**.[283] Die Gliederungstiefe sollte so gewählt werden, dass die Restlaufzeiten in aussagekräftige Laufzeitbänder zusammengefasst werden können.[284] Forderungsarten bzw. -klassen sind nach Wesentlichkeitskriterien zu bilden bzw. zusammenzufassen.	Eine Gliederung der Exposures nach vertraglichen Restlaufzeiten ist grundsätzlich nicht erforderlich (außer für *off balance*-Exposures beim Liquiditätsrisiko[285]). Eine zusätzliche Offenlegung ist möglich, es sollte aber keine Gegenüberstellung mit den vertraglichen Abflüssen im Rahmen der Liquiditätsanalyse erfolgen; diese wäre i. d. R. verzerrend. Gegenüberstellungen sollten, wenn überhaupt, nur auf Basis erwarteter Cash Flows erfolgen.[286]
Schnittstellen zwischen Säule 3 und IFRS	
Die nach Säule 3 geforderten Verteilungen der Forderungen (geographisch, nach Branchen und nach Restlaufzeiten) ist in IFRS 7 nicht gefordert. Eine zusätzliche Offenlegung im Risikobericht nach IFRS 7 ist unschädlich. Die für die Klassenbildung geltenden Anforderungen (z. B. Trennung nach Fair Value oder Anschaffungskosten, Überleitbarkeit auf die Bilanz) gelten dafür nicht.	

---

281 § 327 Abs. 2 Nr. 3 SolvV; § 7 Abs. 1 Z 5 Off-VO fordert eine Aufschlüsselung nach (aufsichtsrechtlichen) Forderungsklassen.
282 Vgl. *Urbanek* (Kommentar 2007), § 7 Off-VO Rz. 13.
283 § 327 Abs. 2 Nr. 4 SolvV; § 7 Abs. 1 Z 6 Off-VO fordert eine Aufschlüsselung nach (aufsichtsrechtlichen) Forderungsklassen.
284 Vgl. *Urbanek* (Kommentar 2007), § 7 Off-VO Rz. 15.
285 IFRS 7.39(a) und .B14(e).
286 Vgl. IFRS 7.IG30.

8. Kreditrisiko: Säule 3 und IFRS 7

TAB. 35: Ausgefallene und überfällige Forderungen	
Säule 3	**IFRS**
Aufgliederung **ausgefallener und überfälliger Forderungen** (getrennt), jeweils nach: ▶ Branchen/Vertragspartnern ▶ nach bedeutenden Regionen jeweils mit den zugeordneten Beständen an Einzel- und Pauschalwertberichtigung und Rückstellungen. Hinsichtlich Branchen/Vertragspartnern sind auch Aufwendungen für Einzel- und Pauschalwertberichtigungen, für Rückstellungen und für Direktabschreibungen sowie den zuzuordnenden Eingängen auf abgeschriebene Forderungen offenzulegen.[289]	IFRS 7.37(a) erfordert eine Analyse der Altersstruktur **überfälliger, nicht wertgeminderter** finanzieller Vermögenswerte nach Klassen (nur *on balance*-Exposures, *off balance* auch möglich). IFRS 7.37(b) erfordert eine Analyse **wertgeminderter Forderungen** nach Klassen. Mit Wertminderung ist jeweils nur eine Einzelwertberichtigung gemeint (ausdrücklich IFRS 7.37(b); offen bleibt, wie Vermögenswerte der Kategorie *at fair value* zu behandeln sind). Der Wertberichtigungsaufwand je Klasse von finanziellen Vermögenswerten ist anzugeben (IFRS 7.20(e)). Wertberichtigungskonten sind anzuführen und die Bestände überzuleiten (IFRS 7.16; im Folgekapitel behandelt).
Schnittstellen zwischen Säule 3 und IFRS	
Die Details der Säule 3 können auch zur Erfüllung der Angabepflichten des IFRS 7.37(a) und .37(b) genutzt werden, der allerdings keine so aufwändigen Analysen verlangt. Die Begriffe „überfällig" („in Verzug") und „ausgefallen" („notleidend") der Säule 3 können mit „überfällig" und „wertgemindert" unter IFRS 7 abgeglichen werden. Zusätzlich muss zur Erfüllung von IFRS 7.37(a) eine **Altersstrukturanalyse** überfälliger Forderungen erstellt werden. Die nach Säule 3 erforderten Gliederungstiefen sind nicht in einer Tabelle darstellbar. Unterschiedliche Tabellen sind jeweils für Branchen/Vertragspartner bzw. Regionen erforderlich. Mit den Tabellen für Branchen/Vertragspartner werden auch die Inhalte des IFRS 7 abgedeckt, in dem die Klassen gemäß IFRS 7 bzw. die Branchen/Vertragspartner einheitlich und vorzugsweise analog zu den Forderungsklassen der Säule 1 gegliedert werden. Die Tabellen zur geographischen Verteilung werden zusätzlich und mit weniger Details erstellt (ohne ein entsprechendes Pendant in IFRS 7); diese können problemlos in den Risikobericht gemäß IFRS 7 aufgenommen werden. Vermögenswerte der Kategorie *at fair value through profit or loss* unterliegen nicht den *impairment*-Bestimmungen in IAS 39, müssen aber ggf. auch im Rahmen der Säule 3 abgebildet werden. Hier bietet es sich an, diese im Zeitpunkt des Ausfalls nach der Säule 1 (Default) wie eine wertgeminderte Forderung darzustellen (von diesen sollten wiederum vollständig besicherte Forderungen ausgeklammert werden). Soweit der Fair Value unter den fortgeführten Anschaffungskosten liegt, kann dies wie eine Einzelwertberichtigung dargestellt werden. So kann eine konsistente Darstellung aller Bewertungskategorien gewährleistet werden.	

---

287 § 327 Abs. 2 Nr. 5 SolvV; § 7 Abs. 1 Z 7 und Z 8 i. V. m. § 7 Abs. 3 Off-VO.

TAB. 35:	Ausgefallene und überfällige Forderungen
Säule 3	IFRS
Im Bereich der AfS-Instrumente sollten nur aufwandswirksame Abwertungen als Verlustvorsorgen dargestellt werden, nicht aber erfolgsneutrale.	

8.3 Risikovorsorge mittels Wertberichtigungskonto

Wird gemäß IAS 39.63 für Finanzinstrumente der Kategorie *loans and receivables* und *held to maturity* ein Wertberichtigungskonto verwendet (bei Banken zur Evidenthaltung der zivilrechtlichen Forderungsansprüche unabdingbar), dann sind Änderungen in der Berichtsperiode und der Vorperiode in einer Überleitungsrechung für jede Klasse von Vermögenswerten dazustellen (IFRS 7.16). Betroffen sind sowohl Einzelwertberichtigungen als auch Portfoliowertberichtigungen (letztere sind verbindlich und können nur indirekt verbucht werden).

Die Ausgestaltung der Überleitungsrechnung ist nicht im Detail vorgeschrieben und kann daher entsprechend den Anforderungen der Säule 3 ausgestaltet werden. Jedenfalls sollte zwischen Einzelwertberichtigungen und Portfoliowertberichtigungen unterschieden werden.[288] Dies gilt auch für die Säule 3.[289]

Risikovorsorgen für *off balance*-Exposures (z. B. Kreditzusagen) werden in Form von Rückstellungen berücksichtigt. Die Entwicklung dieser Rückstellungen in der Berichtsperiode[290] ist gemäß IAS 37.84 detailliert und nach Klassen gegliedert anzugeben.

IFRS 7 und IAS 37 erwähnen Direktabschreibungen, Eingänge auf bereits abgeschriebene Forderungen oder Wertaufholungen in diesem Zusammenhang zwar nicht ausdrücklich, eine sinnvolle Überleitungsrechnung enthält aber auch diese Angaben.

---

288 Vgl. *Institut der Wirtschaftsprüfer in Deutschland e. V.* [Hrsg.] (IDW ERS HFA 24 2007), Rz. 24.
289 *Urbanek* (Kommentar 2007), § 7 Off-VO Rz. 20.
290 IAS 37.84 verlangt eine Darstellung für jede Gruppe von Rückstellungen, wobei die institutsspezifische Darstellung die Risikovorsorge für nicht-bilanzierte Finanzinstrumente als eine Gruppe umfassen kann. Es wird jedoch keine Darstellung der Vergleichsperiode durch IAS 37.84 etabliert.

8. Kreditrisiko: Säule 3 und IFRS 7

TAB. 36:	Überleitungsrechnung von Risikovorsorgen des Kreditgeschäfts
Säule 3	**IFRS**
Überleitungsrechnung der Einzelwertberichtigungen, der Pauschalwertberichtigungen und der Rückstellungen im Kreditgeschäft.[291] Die Überleitungsrechnung enthält jeweils den Anfangsbestand, die Fortschreibung (Zuweisung), die Auflösung, den Verbrauch (Verwendung), wechselkursbedingte und sonstige Veränderungen sowie den Endbestand. Unter den sonstigen Veränderungen sind z. B. der Erwerb bzw. die Veräußerung von im Konsolidierungskreis befindlichen Unternehmen oder die Übertragungen zwischen den einzelnen Risikovorsorgearten (Rückstellungen aus dem Kreditgeschäft und Wertberichtigungen) zu verstehen.	Eine **Überleitung der Verlustvorsorgen** für jede Klasse von Finanzinstrumenten bzw. Rückstellungen ist nach IFRS 7.16 sowie IAS 37.84 erforderlich.
Schnittstellen zwischen Säule 3 und IFRS	
Die nach der Säule 3 erforderlichen Überleitungen erfüllen jedenfalls auch die Voraussetzungen in IFRS 7 und IAS 37 (hinsichtlich *off balance*-Risiken aus dem Kreditgeschäft) und können daher einheitlich im Anhang angegeben werden. Die Wertberichtigungen, die nicht über ein bilanzielles Wertberichtigungskonto erfasst werden, sind jedenfalls zu ergänzen. Die IFRS erwähnen wechselkursbedingte und sonstige Veränderungen zwar nicht, diese müssen für die rechnerischen Vollständigkeit aber ohnedies berücksichtigt werden. Vermögenswerte der Kategorie *at fair value through profit or loss* unterliegen nicht den *impairment*-Bestimmungen in IAS 39, müssen aber ggf. auch im Rahmen der Säule 3 abgebildet werden. Hier bietet es sich an, diese im Zeitpunkt des Ausfalls nach der Säule 1 (Default) wie eine wertgeminderte Forderung darzustellen (von diesen sollten wiederum vollständig besicherte Forderungen ausgeklammert werden). Soweit der Fair Value unter den fortgeführten Anschaffungskosten liegt, kann dies wie eine Einzelwertberichtigung dargestellt werden. So kann eine konsistente Darstellung aller Bewertungskategorien gewährleistet werden. Im Bereich der AfS-Instrumente sollten nur aufwandswirksame Abwertungen als Verlustvorsorgen dargestellt werden, nicht aber erfolgsneutrale.	

---

291 § 327 Abs. 2 Nr. 6 SolvV; § 7 Abs. 1 Z 9 Off-VO.

8.4 Offenlegung beim Standardansatz

TAB. 37:	Verwendung externer Ratings
Säule 3	**IFRS**
Offenzulegen sind die Namen der nominierten (aufsichtrechtlich anerkannten) **Rating-Agenturen** und **Exportversicherungsagenturen** (Rating-Agenten). **Externe Ratings** sind kontinuierlich und im Zeitverlauf konsequent anzuwenden, um eine selektive Nutzung zu verhindern. Entsprechend ist eine Begründung für etwaige Änderungen des Kreises der nominierten Agenturen offen zu legen.[292]	Soweit das Unternehmen im Management der Kreditqualität **externe Ratings** verwendet, sollte es Angaben zu der herangezogenen Rating-Agentur offenlegen (IFRS 7.IG24(b)).
Angabe der Forderungsklassen im Kreditrisiko-Standardansatz, für die die Rating-Agenturen bzw. Agenten jeweils nominiert sind.[293]	IFRS 7 erfordert keine derartige Angabe.
Eine Beschreibung des Prozesses zur Übertragung von Bonitätsbeurteilungen von Emittenten bzw. Emissionen auf Forderungen im Anlagebuch ist offen zu legen (Mapping).[294] Im Rahmen dieses Mappings können nicht geratete Wertpapiere mit Ratings aus einem vergleichbaren Emissionsprogramm versehen werden.[295]	IFRS 7.IG24 empfiehlt die Beschreibung des Verhältnisses von externen Ratings und internen Ratings. In diesem Rahmen kann das Mapping dargestellt werden.
Für österreichische Institute: Falls das Kreditinstitut bei der Zuteilung der Ratings vom Standardmapping (d. h. von der MappingV) abweicht, ist die Zuordnung zu beschreiben.[296]	IFRS 7.IG24 empfiehlt die Beschreibung des Verhältnisses von externen Ratings und internen Ratings. Dabei können individuelle Mappings beschrieben werden.
Schnittstellen zwischen Säule 3 und IFRS	
Die aufsichtsrechtlich erforderlichen Angaben können zur Erfüllung der Empfehlungen des IFRS 7.IG24 im Risikobericht offengelegt werden. Damit können die nach IFRS 7 erforderlichen quantitativen Angaben zur Kreditrisikoqualität sinnvoll beschrieben und ergänzt werden (ausführlich dargestellt in Kapitel 7.5.2, S. 101).	

---

292 § 328 Abs. 1 Nr. 1 SolvV; § 8 Z 1 Off-VO.
293 § 328 Abs. 1 Nr. 2 SolvV; § 8 Z 2 Off-VO; gemäß § 8 Z 2 Off-VO fallen hierunter auch die Rating-Agenten, die jeweils in Anspruch genommen werden.
294 § 328 Abs. 1 Nr. 3 SolvV; § 8 Z 3 Off-VO.
295 *Urbanek* (Kommentar 2007), § 8 Off-VO Rz. 4.
296 § 8 Z 4 Off-VO.

TAB. 38:	Zuteilung der Exposures auf Bonitätsstufen
Säule 3	IFRS
Das gesamte Kreditrisikoexposure im Anlagebuch ist den Bonitätsstufen im Standardansatz bzw. der Kategorie „Eigenmittel-Abzugsposten" zuzuteilen. Die Zuteilung hat zweifach zu erfolgen: einmal vor und einmal nach Anwendung von Kreditrisikominderungstechniken.[297] Dies führt zu einer expliziten Darstellung der CRM-Effekte. Nicht geratete Forderungen werden i. d. R. der Risikogewichtsklasse 100 % zugeordnet. Sind Forderungen teilweise durch persönliche Sicherheiten gesichert, dann wird das Exposure aufgeteilt (der gesicherte Teil wird der Bonitätsstufe des Sicherungsgebers zugeordnet; Substitutionsansatz).	IFRS 7.36(c) erfordert die quantitative Angabe der Kreditqualität nicht wertgeminderter und nicht überfälliger Forderungen; IFRS 7.37(a) und .37(b) Analysen überfälliger bzw. wertgeminderter Forderungen. Bei der Kreditqualität werden kreditrisikomindernde Techniken grundsätzlich berücksichtigt. Zur Umsetzung der Bestimmungen sind ebenfalls Aufgliederungen des Exposures nach Bonitätsgraden erforderlich (IFRS 7.IG24(a); ausführlich erläutert in Kapitel 7.5.2, S. 103).
Schnittstellen zwischen Säule 3 und IFRS	
Die Zuteilung der Exposures nach der Säule 3 erfüllt die Angabepflichten nach IFRS 7 (IFRS 7 würde aber nur eine einzige Aufgliederung erfordern, und zwar nach Berücksichtigung von CRM-Effekten). Die gesonderte Gegenüberstellung der CRM-Effekte ist aber auch für Zwecke von IFRS 7 sinnvoll.	

8.5 Qualifizierende Anforderungen beim IRB-Ansatz (§ 335 SolvV; § 16 Off-VO)

Bei Anwendung des IRB-Ansatzes sind Informationen offenzulegen, welche die Güte des internen Regelwerks nachvollziehbar und beurteilbar machen. Neben der Offenlegung der qualitativen Informationen sind diesbezüglich insbesondere die Analyse der eingegangenen Risiken des Instituts und der tatsächlichen Ergebnisse zu ermöglichen.[298]

Die qualifizierenden Anforderungen stellen eine Voraussetzung für die behördliche Bewilligung dar, zugleich ist die Offenlegung aber erst mit erfolgter Bewilligung sinnvoll, weil ansonsten unbewilligte und damit in rechtlicher Hinsicht noch substanzlose Verfahren beschrieben werden. Dieses Zusammenspiel wechselseitiger Voraussetzungen ist jeweils nach dem nationalen Aufsichtsrecht zu lösen.[299]

---

297 § 328 Abs. 2 SolvV; § 8 Z 5 Off-VO.
298 Vgl. *Urbanek* (Kommentar 2007), § 16 Off-VO Rz. 1.
299 Vgl. *Urbanek* (Kommentar 2007), § 16 Off-VO Rz. 3.

8.5 Qualifizierende Anforderungen beim IRB-Ansatz (§ 335 SolvV; § 16 Off-VO)

Um die entsprechenden Zeitfenster einzuhalten, müssen die qualifizierenden Informationen im Rahmen ihrer erstmaligen Veröffentlichung i. d. R. außerhalb der Regelberichterstattung (d. h. außerhalb eines IFRS-Abschlusses) veröffentlicht werden. Allerdings werden sie dann zum festen Bestandteil der Regelberichterstattung.

TAB. 39:	Bewilligtes Verfahren und genehmigte Übergangsregelungen
Säule 3	IFRS
Die behördlich **bewilligten Verfahren oder genehmigten Übergangsregelungen** sind durch das Institut in der Offenlegung zu nennen.[300] Hierbei ist auf den Umfang der Bewilligung (z. B. temporärer „Partial Use"/„Roll-Out", permanenter „Partial Use") und auf den Zeitpunkt der erstmaligen Anwendung einzugehen.[301]	IFRS verlangt keine Angaben, diese können aber im Risikobericht Deckung finden.
Die Struktur der internen Ratingsysteme und die Beziehung zwischen internen Ratings und externen Bonitätsbeurteilungen sind darzustellen und zu erläutern.[302] Die Darstellung umfasst insbesondere das Zusammenspiel externer und interner Ratings, z. B. die Darstellung einer „Masterskala".[303]	Verwendet das Institut beim Management und der Überwachung der Kreditqualität interne Ratings, so wird das Unternehmen Informationen zum internen Rating-Prozess sowie zum Verhältnis von internen und externen Ratings offenlegen (IFRS 7.IG25).
Schnittstellen zwischen Säule 3 und IFRS	
Angaben zu behördlich bewilligten Ansätzen oder genehmigten Übergangsregelungen sind zur Erfüllung der Säule 3 im Risikobericht zu ergänzen. Die Beschreibung der internen Ratingsysteme nach der Säule 3 ist auch für IFRS 7 sinnvoll und kann daher im Risikobericht dargestellt werden.	

---

300 § 335 Abs. 1 Nr. 1 SolvV; § 16 Abs. 1 Z 1 Off-VO.
301 Vgl. *Urbanek* (Kommentar 2007), § 16 Off-VO Rz. 6.
302 § 335 Abs. 1 Nr. 2 lit. a; § 16 Abs. 1 Z 2 lit. a Off-VO.
303 *Urbanek* (Kommentar 2007), § 16 Off-VO Rz. 8

8. Kreditrisiko: Säule 3 und IFRS 7

TAB. 40: Organisatorische Angaben zu internen Ratings und CRM

Säule 3	IFRS
Die Verwendung der internen Ratings für andere Zwecke als die aufsichtsrechtliche Risikogewichtung ist darzustellen und zu erläutern.[304] Damit ist insbesondere die Verwendung für die Rechnungslegung gemeint[305] (Einzel- und Portfoliowertberichtigungen gemäß IAS 39; ausführlich dazu Kapitel 6.6, S. 77, Kapitel 6.7, S. 79 und Kapitel 6.8, S. 83).	Soweit interne Ratings für die Wertberichtigungen nach IAS 39 oder als wertbestimmender Faktor bei der Fair Value-Modellbewertung herangezogen werden, sollte dies im Rahmen der Bilanzierungsmethoden für Finanzinstrumente offengelegt werden (IFRS 7.21).
Der Prozess der Steuerung und Anerkennung von kreditrisikomindernden Techniken ist darzustellen.[306] Dabei ist auf die organisatorischen Aspekte z. B. die Vorgehensweise bei der Anerkennung und laufenden Beurteilung von Sicherheiten einzugehen.[307]	Gemäß IFRS 7.33 und .IG15(b)(iii) sind qualitative Informationen zu den Zielen, Strategien und Verfahren zur Steuerung und Begrenzung der Risiken offen zu legen.
Die Kontrollmechanismen für Ratingsysteme sowie eine Beschreibung der Unabhängigkeit, der Verantwortlichkeitsstrukturen und der Überprüfung des Ratingsystems sind offenzulegen.[308]	IFRS 7 enthält keine vergleichbaren Anforderungen, allerdings kann eine solche Beschreibung im Rahmen der qualitativen Informationen zu den Zielen, Strategien und Verfahren zur Steuerung und Begrenzung der Risiken (IFRS 7.33 und .IG15(b)(iii)) gemacht werden.
Schnittstellen zwischen Säule 3 und IFRS	
Die nach Säule 3 erforderlichen Angaben können gut zur Erfüllung der qualitativen Angabepflichten des IFRS 7 genutzt werden.	

---

304 § 335 Abs. 1 Nr. 2 lit. b; § 16 Abs. 1 Z 2 lit. b Off-VO.
305 *Urbanek* (Kommentar 2007), § 16 Off-VO Rz. 9.
306 § 335 Abs. 1 Nr. 2 lit. c SolvV; § 16 Abs. 1 Z 2 lit. c Off-VO.
307 Vgl. *Urbanek* (Kommentar 2007), § 16 Off-VO Rz. 10.
308 § 335 Abs. 1 Nr. 2 lit. d SolvV; § 16 Abs. 1 Z 2 lit. d Off-VO.

8.5 Qualifizierende Anforderungen beim IRB-Ansatz (§ 335 SolvV; § 16 Off-VO)

TAB. 41:	Prozess des Mappings von Exposures auf Ratingklassen
Säule 3	IFRS
Eine qualitative Beschreibung des internen Ratingprozesses für die **Zuordnung von Positionen oder Schuldnern zu Ratingklassen oder Risikopools** hat getrennt für die folgenden Forderungsklassen zu erfolgen: a. Zentralregierungen (Zentralstaaten/Zentralbanken), b. Institute, c. Unternehmen, d. Retail (davon gesondert durch Immobilien gesicherte und qualifizierte revolvierende Retailforderungen) und e. Beteiligungen i. S. d. IRB-Beteiligungsdefinition.[309]	IFRS 7 enthält keine vergleichbaren Anforderungen, allerdings kann eine solche Beschreibung im Rahmen der qualitativen Informationen zu den Zielen, Strategien und Verfahren zur Steuerung und Begrenzung der Risiken (IFRS 7.33 und .IG15(b)(iii)) gemacht werden.
<u>Für österreichische Institute</u>: Die Arten der Forderungen in den jeweiligen Forderungsklassen, die Definition, die Methoden und Daten für die Schätzungen und Validierung der PD und ggf. des LGD und der CCF, der getroffenen Annahmen und eine Beschreibung wesentlicher Abweichungen von der aufsichtsrechtlichen Ausfallsdefinition und der davon betroffenen Segmente sind zu ergänzen.[310]	
Schnittstellen zwischen Säule 3 und IFRS	
Die Informationen aus der Säule 3 können im Risikobericht offengelegt werden.	

---

309 § 335 Abs. 1 Nr. 3 SolvV; § 16 Abs. 1 Z 3 Off-VO.
310 § 16 Abs. 2 Off-VO.

8. Kreditrisiko: Säule 3 und IFRS 7

TAB. 42: Quantitatives Mapping von Exposures auf Ratingklassen	
Säule 3	**IFRS**
Offenzulegen ist die **Summe der Positionswerte** (Forderungswerte)[311] für jede der folgenden Forderungsklassen: a. Zentralregierungen (Zentralstaaten/Zentralbanken), b. Institute, c. Unternehmen, d. Retail (für deutsche Institute: davon gesondert durch Immobilien gesicherte und qualifizierte revolvierende Retailforderungen) und e. Beteiligungen i. S. d. IRB-Beteiligungsdefinition. [Für österreichische Institute: auch: Verbriefungspositionen und sonstige Forderungen.] Bei den Forderungsklassen a, b und c ist außerdem eine gesonderte Aufteilung nach jenen Positionen erforderlich, für die der LGD bzw. der CCF (Umrechnungsfaktor) selbst geschätzt wird.	Nach IFRS 7.36(a) ist das gesamte **Kreditrisikoexposure am Abschlussstichtag** nach Klassen gegliedert anzugeben (ohne Abzug von Sicherheiten oder kreditrisikomindernden Techniken, allerdings nach Saldierungen gemäß IAS 32.42 ff. und nach Abzug von Wertberichtigungen). Diese Angabepflicht ist in Kapitel 7.3, S. 90 detailliert beschrieben.
Schnittstellen zwischen Säule 3 und IFRS	
Werden die Klassen im Sinne von IFRS 7, wie hier empfohlen, nach den aufsichtsrechtlichen Forderungsklassen gegliedert, dann ist grundsätzlich eine gemeinsame Darstellung der Positionswerte mit der Exposuredarstellung in IFRS 7.36(a) denkbar (insofern wäre die Darstellung redundant, als diese Darstellung bereits mit den allgemeinen Kreditrisikoinformationen abgedeckt wird – Tabelle 33, S. 111). Allerdings ist der Exposurebegriff im IRB-Ansatz grundsätzlich der Buchwert vor Wertberichtigungen bzw. vor Kreditverwässerungen – im Gegensatz zum Exposure nach IFRS 7; außerdem sind aufsichtsrechtlich vorgegebene CCF (z. B. pauschal 75 %) nicht unbedingt für die Exposure-Darstellung nach IFRS 7 geeignet. Auch eine Trennung in Exposures mit selbst geschätzten LGD und CCF ist in einer Darstellung gemäß IFRS 7.36(a) nicht unbedingt sinnvoll. Daher sollte das gesamte quantitative Mapping (§ 335 Abs. 2 SolvV; § 16 Abs. 1 Z 4 ff. Off-VO) besser in einer eigenen Tabelle – innerhalb des Risikoberichts nach IFRS 7 – dargestellt werden und dabei auf die aufsichtsrechtliche Ermittlung der Exposures hingewiesen werden.	

---

311 § 335 Abs. 2 Nr. 1 SolvV; § 16 Abs. 1 Z 4 Off-VO.

8.5 Qualifizierende Anforderungen beim IRB-Ansatz (§ 335 SolvV; § 16 Off-VO)

TAB. 42:	Quantitatives Mapping von Exposures auf Ratingklassen
Säule 3	IFRS
Für jede der Forderungsklassen: 1. Zentralregierungen (Zentralstaaten/Zentralbanken), 2. Institute, 3. Unternehmen, 4. Beteiligungen i. S. d. IRB-Beteiligungsdefinition. sind die aufsichtsrechtlichen **Positionswerte (Forderungswerte) in ausreichend differenzierte Ratingstufen** (Schuldnerklassen) inklusive der Stufe „ausgefallen" aufzuteilen.[312] Die Angaben erfolgen grundsätzlich unter Berücksichtigung der CRM-Techniken (ggf. Substitution). Dazu sind für jede Ratingstufe jeweils anzugeben (**Parameteranalyse**): ▶ bei selbst geschätzten LGD die durchschnittliche LGD als Prozentsatz – gewichtet nach Exposures.[313] ▶ das Durchschnittsrisikogewicht, gewichtet nach Expsoures[314] sowie ▶ bei selbst geschätzten CCF der Gesamtbetrag der nicht in Anspruch genommenen Kreditlinien (Kreditzusagen) und der durchschnittliche Positionswert für jede Forderungsklasse (Forderungswert dividiert durch Forderungsanzahl).[315]	IFRS 7.36(c) erfordert die quantitative Angabe der Kreditqualität nicht wertgeminderter und nicht überfälliger Forderungen; IFRS 7.37(a) und .37(b) Analysen überfälliger bzw. wertgeminderter Forderungen. Bei der Kreditqualität werden kreditrisikomindernde Techniken grundsätzlich berücksichtigt. Zur Umsetzung der Bestimmungen sind ebenfalls Aufgliederungen des Exposures nach Ratingstufen erforderlich (IFRS 7.IG25(b); ausführlich erläutert in Kapitel 7.5.3, S. 105).

---

312 § 335 Abs. 2 Nr. 2 lit. a SolvV; § 16 Abs. 1 Z 5 lit. a Off-VO.
313 § 335 Abs. 2 Nr. 2 lit. b SolvV; § 16 Abs. 1 Z 5 lit. b Off-VO.
314 § 335 Abs. 2 Nr. 2 lit. c SolvV; § 16 Abs. 1 Z 5 lit. c Off-VO.
315 § 335 Abs. 2 Nr. 2 lit. d SolvV; § 16 Abs. 1 Z 5 lit. d Off-VO; dazu *Urbanek* (Kommentar 2007), § 16 Off-VO Rz. 25.

TAB. 42:	Quantitatives Mapping von Exposures auf Ratingklassen
Säule 3	IFRS
Für Retailforderungen[316] (davon gesondert durch Immobilien gesicherte und qualifizierte revolvierende Retailforderungen) sind anzugeben: ▶ die selben Informationen wie für Zentralregierungen (Zentralstaaten/Zentralbanken), Institute usw. (siehe oben) oder ▶ eine Analyse der Forderungen (*on* und *off-balance*) bezüglich einer ausreichend differenzierten Anzahl von EL.	
Schnittstellen zwischen Säule 3 und IFRS	
Die nach Säule 3 erforderlichen Angaben der Kreditrisikoqualität decken die Anforderungen in IFRS 7.36(c), .37(a) und .37(b) gut ab und können daher durch eine einheitliche Darstellung auf Basis der Säule 3 im Risikobericht dargestellt werden. Zusätzlich wäre allerdings die nur in IFRS 7.37(a) geforderte **Überfälligkeitsanalyse** darzustellen. Da der IRB-Exposurebegriff Buchwerte vor Wertberichtigungen und Kreditverwässerungen umfasst (anders als IFRS 7.36(a)), sollte im Rahmen der Aufteilung des Exposures in Ratingstufen auf diesen Umstand hingewiesen werden; dies gilt auch für aufsichtsrechtlich vorgegebene CCF.	

---

316 § 335 Abs. 2 Nr. 3 SolvV; § 16 Abs. 1 Z 6 Off-VO.

8.5 Qualifizierende Anforderungen beim IRB-Ansatz (§ 335 SolvV; § 16 Off-VO)

TAB. 43: Wertberichtigungen und Verlustanalyse

Säule 3	IFRS
Tatsächliche Verluste in Form von **Direktabschreibungen** und **Wertberichtigungen** der vorhergehenden Periode sind je Forderungsklasse anzugeben; hinsichtlich Retailforderungen gesondert für durch Immobilien gesicherte Retailforderungen und qualifizierte revolvierende Retailforderungen. Außerdem sind signifikante Abweichungen von Erfahrungswerten in der Vergangenheit zu analysieren.[317] Der Begriff der tatsächlichen Verluste ist vom Institut zu konkretisieren und offenzulegen und kann sich z. B. ergeben aus der Summe von[318]: ▶ Verbräuchen der EWB, ▶ Eingängen auf abgeschriebene Forderungen und ▶ Direktabschreibungen/Rückstellungen oder aus der Summe von: ▶ Zuführungen zu EWB, ▶ Auflösungen der EWB, ▶ Direktabschreibungen/Rückstellungen und ▶ Eingängen auf abgeschriebene Forderungen.	Für jede Klasse von Finanzinstrumenten ist der **Wertminderungsaufwand** offenzulegen (IFRS 7.20(e)). Dieser umfasst Wertberichtigungen und Direktabschreibungen; ein **Wahlrecht** besteht für den Einbezug von Eingängen auf bereits abgeschriebene Forderungen und Auflösungen von Wertberichtigungen.[319] Für jede Art von Rückstellungen (z. B. Rückstellungen im Kreditgeschäft für Garantien oder Zusagen) sind anzugeben: Buchwert zu Periodenbeginn, Zuführungen, Verbräuche, Auflösungen und Diskontierungseffekte (IAS 37.84). Eine **Analyse** signifikanter Abweichungen der Erfahrungswerte von den tatsächlichen Verlusten ist unter IFRS nicht notwendig.
Schnittstellen zwischen Säule 3 und IFRS	
Wenn die Klassen nach IFRS 7 bzw. IAS 37 auf die aufsichtsrechtlichen Forderungsklassen abgestimmt werden, kann für Zwecke der Säule 3 und IFRS eine **einheitliche Veränderungsrechnung** der Verlustvorsorgen im Anhang präsentiert werden, die alle in der Säule 3 genannten Komponenten aufschlüsselt. Eine Unterscheidung zwischen *on balance-* (IFRS 7.20(e)) und *off balance-*Risiken (IAS 37.84) ist aufgrund der IFRS erforderlich.	

---

317 § 335 Abs. 2 Nr. 4 SolvV; § 16 Abs. 1 Z 7 Off-VO.
318 Vgl. *Fachgremium Offenlegungsanforderungen* [Hrsg.] (Anwendungsbeispiele 2006), S. 49.
319 *Kuhn/Scharpf* (Finanzinstrumente 2006), Rn. 4305 sprechen sich aufgrund des Wortlautes der Vorschrift in IFRS 7.20(e) (Wortlaut: *impairment loss*) gegen die Verrechnung mit Auflösungen von Wertberichtigungen und Eingängen auf abgeschriebenen Forderungen aus. A. A.: *PricewaterhouseCoopers AG* [Hrsg.] (IFRS für Banken 2008), S. 1247 spricht von einer weiten Auslegung des Begriffs Wertminderungsaufwendungen nach IFRS 7.20(e) nach dem Sinn und Zweck der Vorschrift und sieht hierin den Nettobetrag aus Zuführungen zu Wertberichtigungen, Direktabschreibungen, Auflösungen von Wertberichtigungen und Eingängen auf abgeschriebene Forderungen.

8. Kreditrisiko: Säule 3 und IFRS 7

TAB. 43:	Wertberichtigungen
Schnittstellen zwischen Säule 3 und IFRS	

Bei Nutzung des Wahlrecht für den Einbezug von Eingängen auf bereits abgeschriebene Forderungen und Auflösungen von Wertberichtigungen in den Wertminderungsaufwand nach IFRS 7.20(e) im Sinne einer weiten Auslegung des Begriffs, kann der Begriff der tatsächlichen Verluste gemäß der Empfehlung des Fachgremiums Offenlegungsanforderungen genutzt werden.

Unter Einbezug der **vorhergehenden Periode und der Berichtsperiode** empfiehlt das Fachgremium Offenlegungsanforderungen die folgende tabellarische Offenlegung:[320]

"Tatsächliche Verluste im Kreditgeschäft"

Portfolio[1]	Verluste t_0 in Mio €	Verluste t_1 in Mio €	Veränderung in Mio €	Erläuterungen[2]
Zentralregierung				
Institute				
Unternehmen[3]				
Beteiligungspositionen[4]				
Baufinanzierung				
Qualifizierte revolvierende Retailforderungen				
Andere Retailforderungen				
Gesamt				

[1] Sofern Institute bei Nutzung eines IRB-Ansatzes andere als die oben genannten Portfolioabgrenzungen vornehmen, ist entsprechend diesen Abgrenzungen offenzulegen.
[2] Zu erläutern sind nur signifikante Veränderungen, die Signifikanzdefinition erfolgt institutsindividuell.
[3] inklusive KMU's, Spezialfinanzierungen und angekaufte Unternehmensforderungen
[4] Beteiligungsinstrumente müssen hier nur dann als eigenständiges Portfolio offen gelegt werden, wenn das Kreditinstitut den PD/LGD-Ansatz für Beteiligungen im Anlagebuch verwendet

Eine Abweichungsanalyse (Erläuterungen) muss zur Erfüllung der Anforderungen der Säule 3 zusätzlich im Anhang dargestellt werden.

Vermögenswerte der Kategorie *at fair value through profit or loss* unterliegen nicht den *impairment*-Bestimmungen in IAS 39, müssen aber ggf. auch im Rahmen der Säule 3 abgebildet werden. Hier bietet es sich an, diese im Zeitpunkt des Ausfalls nach der Säule 1 (Default) wie eine wertgeminderte Forderung darzustellen, weil die aufsichtsrechtliche Ausfalldefinition mit jener nach IAS 39 übereinstimmt (siehe Kapitel 6.5, S. 74). Soweit der Fair Value unter den fortgeführten Anschaffungskosten liegt, sollte dies für Zwecke der Offenlegung wie eine Einzelwertberichtigung dargestellt werden. So kann eine konsistente Kreditrisikodarstellung aller finanziellen Vermögenswerte gewährleistet werden.

Im Bereich der AfS-Instrumente sollten nur aufwandswirksame Abwertungen als Verlustvorsorgen dargestellt werden, nicht aber erfolgsneutrale.

---

320 *Fachgremium Offenlegungsanforderungen* [Hrsg.] (Anwendungsbeispiele 2006), S. 48.

TAB. 44:	Einflüsse auf die Verlusthistorie und Backtesting
Säule 3	IFRS
Eine Beschreibung derjenigen Faktoren, die **Einfluss auf die Verlusthistorie** im Berichtszeitraum hatten ist offenzulegen. Hierbei ist beispielsweise auf überdurchschnittliche PD oder überdurchschnittliche LGD einzugehen.[321]	Eine Analyse der Einflüsse auf die Verlusthistorie ist nicht nach IFRS erforderlich.
Verlustschätzungen des Instituts (PD und ggf. LGD sowie Schätzungen der CCF) sind den tatsächlichen eingetretenen Ergebnissen über einen hinreichend langen Zeitraum gegenüberzustellen (**Backtesting**).[322] Der Zeitraum sollte ausreichend lange sein, um die Leistungsfähigkeit der Zuordnung von Positionen und Schuldnern zu Ratingklassen bzw. Risikopools beurteilen zu können. Es sollte grundsätzlich eine Aufgliederung nach Forderungsklassen erfolgen – und zwar dieselbe Aufgliederung wie beim quantitativen Mapping (Tabelle 42, S. 122 ff.).	Die Methoden und Annahmen für Verlustschätzungen im Rahmen von Portfoliowertberichtigungen sind regelmäßig mit tatsächlichen Verlusterfahrungen zu vergleichen (Backtesting; IAS 39.89 letzter Satz). Die Ergebnisse des Rückvergleichs müssen aber nicht offengelegt werden.
Schnittstellen zwischen Säule 3 und IFRS	
Die Analyse der Einflüsse auf die Verlusthistorie und konkrete Abweichungen von Schätzungen werden weder in IFRS 7 noch IAS 37 verlangt, daher ist die Offenlegung allein auf Grundlage der Säule 3 erforderlich. Diese Offenlegung passt thematisch zum Risikobericht und kann unter den Kreditrisikoangaben oder bei der Beschreibung des Risikomanagements aufgenommen werden.	

8.6 Qualifizierende Anforderungen bei CRM-Techniken (§ 336 SolvV; § 17 Off-VO)

Kreditrisikomindernde Techniken (CRM-Techniken) haben entscheidenden Einfluss auf die Kreditrisikoqualität und müssen daher genau dargestellt werden.

Die Säule 1 enthält umfassende Bestimmungen zu CRM-Techniken; zur Verminderung der Kreditrisikounterlegung sind grundsätzlich folgende Arten von Sicherheiten qualifiziert[323]:

---

321 § 335 Abs. 2 Nr. 5 SolvV; § 16 Abs. 1 Z 8 Off-VO.
322 § 335 Abs. 2 Nr. 6 SolvV; § 16 Abs. 1 Z 9 Off-VO.
323 Vgl. Überblick in *Urbanek* (Kommentar 2007), § 17 Off-VO Rz. 8.

8. Kreditrisiko: Säule 3 und IFRS 7

- **bilanzielles Netting** bei vorliegenden gegenseitigen Bareinlagen (aus Sicht der IFRS keine kreditrisikomindernde Technik, sondern eine Frage der Erfassung);
- **finanzielle Sicherheiten**, das sind insb. Bareinlagen, Staatsanleihen, Anleihen von Instituten bzw. Anleihen mit gutem Rating, notierte Aktien und Wandelanleihen und Gold;
- **Investmentfondsanteile**;
- **sonstige Sicherheiten** (z. B. an das Institut verpfändete Bareinlagen und Lebensversicherungen bzw. Wertpapiere, die ein Institut auf Anforderung zurückkaufen muss);
- **persönliche Sicherheiten**, bei denen ein Sicherungsgeber einen ausfallsbedingten Verlust des Instituts ersetzt; darunter fallen Garantien, Kreditderivate und interne Sicherungsgeschäfte (bei letzteren wird das Kreditrisiko durch einen internen Kontrakt über das Handelsbuch effektiv an Dritte übertragen);
- **Nettingrahmenvereinbarungen,** das sind bestimmte bilaterale Schuldumwandlungsverträge und Aufrechnungsvereinbarungen (nur bei umfassender CRM-Methode);
- **zusätzliche finanzielle Sicherheiten** (nicht im Hauptindex vertretene Aktien etc.; nur bei umfassender CRM-Methode);
- **Immobilien und sonstige Sachsicherheiten** (z. B. Kraftfahrzeuge, Rohstoffe, Container); nur im Basis IRB-Ansatz oder fortgeschrittenen IRB-Ansatz.

Mit dem Umstieg auf Basel II hat die Offenlegung eine entscheidende Bedeutung für CRM-Techniken: Die Veröffentlichung ist eine qualifizierende Anforderung (eine materielle Voraussetzung) für die aufsichtsrechtliche Anerkennung. *„Die in Anhang XII Teil 3 genannten Instrumente und Methoden* [d. h. die offenzulegenden CRM-Techniken] *können von den zuständigen Behörden nur im Rahmen von Kapitel 2 Abschnitt 3 Unterabschnitt ... 3* [d. h. Minderung der Eigenmittelerfordernisse] *... anerkannt werden, wenn die Kreditinstitute die in diesem Anhang genannten Informationen veröffentlichen."* (Art. 145 Nr. 2 CRD). CRM-Techniken müssen daher unmittelbar nach dem Vertragsabschluss offengelegt werden; meist erfolgt die erstmalige Offenlegung daher außerhalb der Regelberichterstattung und erst zu den darauffolgenden Stichtagen im Rahmen der Regelberichterstattung.

Die Offenlegung ist häufig auch erforderlich, um CRM-Techniken für eine niedrigere Gewichtung von Großkrediten (Deutschland) bzw. Großveranlagungen (Österreich) heranzuziehen; dies ist vor allem bei der umfassenden Methode zur Berücksichtigung finanzieller Sicherheiten und im IRB-Ansatz relevant (Art. 114 CRD), mitunter auch im Rahmen anderer Bestimmungen (z. B. Netting). Da die Großkredite/Großveranlagungen weitgehend noch nach dem alten Regime von Basel I geregelt sind, wurde nicht in allen Fällen eine qualifizierende Offenlegung vorgesehen.

8.6 Qualifizierende Anforderungen bei CRM-Techniken (§ 336 SolvV; § 17 Off-VO)

Beispiel:

Im Rahmen einer aufsichtsrechtlichen Prüfung im Oktober 2009 stellen die Prüfer eine Überschreitung der Großkreditgrenzen/Großveranlagungsgrenzen aus Forderungen gegenüber einem nahestehenden Unternehmen fest, die seit März 2009 besteht. Am Ende der Prüfung präsentiert das Institut plötzlich einen bisher unbekannten Nettingvertrag mit dem nahestehenden Unternehmen, der mit 1. März 2009 datiert ist, und bestreitet auf dieser Grundlage die vorgeworfene Überschreitung. Obwohl der Nettingvertrag die formellen Voraussetzungen erfüllt, kann die günstigere Gewichtung mangels Offenlegung nicht anerkannt werden.[324] Die Veröffentlichung ist eine qualifizierende Voraussetzung – auch dann, wenn z. B. aus Gründen der Wesentlichkeit oder Vertraulichkeit keine Veröffentlichung erfolgen müsste (sonst wären die qualifizierenden Anforderungen leicht durch vertragliche Vereinbarung zu umgehen).

Die IFRS enthalten vergleichsweise wenige Bestimmungen zu CRM-Techniken. IAS 39.37 regelt die Frage, welcher Vertragspartner (finanzielle) Sicherheiten zu aktivieren hat; im Falle der Inanspruchnahme der Sicherheiten sind Angaben nach IFRS 7.38 zu machen (siehe dazu ausführlich Kapitel 7.4.2, S. 99 ff.).

IAS 39.AG85 regelt die Begrenzung der Abschreibung auf den Fair Value von Sicherheiten abzüglich Verwertungskosten. IFRS 7.15 verlangt Fair Value-Angaben und sonstige Informationen für finanzielle Sicherheiten, die unmittelbar veräußerbar oder verpfändbar sind.

Im Rahmen der Kreditrisikoangaben nach IFRS 7 spielen CRM-Techniken eine gewisse Rolle; die CRM-Techniken in Bezug auf das maximale Exposure sind zu beschreiben (IFRS 7.36(b)) und die Kreditrisikoqualität (IFRS 7.36(c)) wird grundsätzlich unter Berücksichtigung der CRM-Techniken angegeben (Kapitel 7.5, S. 101 ff.). Für überfällige und individuell wertgeminderte finanzielle Vermögenswerte sind außerdem die Sicherheiten zu beschreiben und ihre Fair Values anzugeben (soweit praktikabel; IFRS 7.37(c)).

Eine konkrete Definition von Sicherheiten findet sich in IFRS 7 nicht; grundsätzlich können alle aufsichtsrechtlich definierten CRM-Techniken auch im Rahmen des IFRS 7 offengelegt werden. Theoretisch können auch aufsichtsrechtlich nicht anerkannte Sicherheiten unter IFRS 7 berücksichtigt werden, wenn diese Gegenstand des internen Berichtswesens gemäß IFRS 7.34 sind. Soll allerdings die Säule 3 einheitlich mit dem Risi-

---

324 Rechtslage nach der CRD: Art. 113 Abs. 3, auf lit t nachfolgender Absatz: Vergünstigung für Forderungen, „die einer nach den Artikeln 90 bis 93 anerkannten Nettingvereinbarung unterliegen". Darauf bezieht sich folgende Aussage in Art. 145 Nr 2. CRD: „Die in Anhang XII Teil 3 genannten Instrumente und Methoden [Anmerkung: Teil 3 Nr. 2 lit a: bilanzielles Netting] können von den zuständigen Behörden nur im Rahmen von Kapitel 2 Abschnitt 3 Unterabschnitte 2 und 3 [Anmerkung: Anerkennung des bilanziellen Nettings gem. Art. 92 Nr. 3 i.V.m. Anhang VIII Teil 1 Rn 1.1] und Artikel 105 anerkannt werden, wenn die Kreditinstitute die in diesem Anhang genannten Informationen veröffentlichen."; Rechtslage Österreich: § 27 Abs. 3 Z 1 lit. o i.V.m. § 22h BWG sowie § 22h Abs. 7 Z 2 i.V.m. § 83 SolvaV i.V.m. § 22g Abs. 4 BWG.

8. Kreditrisiko: Säule 3 und IFRS 7

kobericht gemäß IFRS 7 abgebildet werden, sollten Vermischungen anerkannter und nicht anerkannter CRM-Techniken jedenfalls vermieden werden.

TAB. 45: Bilanzielles und außerbilanzielles Netting

Säule 3	IFRS
Die Strategien und Verfahren für bilanzwirksame und außerbilanzielle **Aufrechnungsvereinbarungen** (bilanzielles und außerbilanzielles Netting) samt Angaben zum Umfang sind offenzulegen.[325] Bilanzwirksames Netting betrifft im Wesentlichen die Aufrechnung von nach Rechnungslegungsgrundsätzen aktivierter bzw. passivierter wechselseitiger Geldforderungen und Geldschulden. „Außerbilanzielles" Netting betrifft bestimmte *off balance*-Exposures, und zwar vor allem die Aufrechnung der potentiellen Kreditrisiken (CCR) aus Derivaten, Pensions- und Wertpapierleihegeschäften sowie ähnlichen Geschäften.[326] Die Art des Nettings, ggf. die Verwendung von Standardverträgen (z. B. ISDA Master Agreements), das Gesamtvolumen und die Anzahl der Kontrahenten sollte offengelegt werden.[327]	Ergänzend zur Angabe des maximalen Kreditrisikos (IFRS 7.36(a)) sind die erhaltenen Sicherheiten und CRM-Techniken zu beschreiben (IFRS 7.36(b)). Diese Angabe betrifft *on balance-* und *off balance*-Exposures (z. B. Garantien). Nicht betroffen sind aber bilanzielle Saldierungen gem. IAS 32.42 ff. IFRS 7.IG22 konkretisiert die Angabepflicht (Strategien der Bewertung und des Managements von CRM, Beschreibung der Arten von CRM, die wesentlichen Gegenparteien der CRM und ihre Bonität, Risikokonzentrationen innerhalb der CRM). Für bilanzielle Saldierungen gem. IAS 32.42 ff. besteht keine Angabepflicht, weil der Exposurebegriff des IFRS 7 auf Positionen nach bilanziellen Saldierungen abstellt; Angaben sind im Rahmen der Bilanzierungsmethoden (IFRS 7.21) möglich.
Schnittstellen zwischen Säule 3 und IFRS	
Die Angabepflichten der Säule 3 erfüllen auch die Angabepflichten gemäß IFRS 7.36(b). Angaben zu saldierten, wechselseitigen Forderungen sind nicht gefordert; nach Rechnungslegungsgrundsätzen saldierte Forderungen stellen keine Kreditrisikoquelle dar, weder nach Basel II noch nach IFRS 7, denn beide Systeme stellen jeweils auf Forderungen im Sinne der Rechnungslegung ab.[328] Die quantitativen Angaben zum Umfang sind in IFRS 7 nicht explizit gefordert, stellen aber eine aussagekräftige Ergänzung der Angaben gemäß IFRS 7.36(b) dar.	

---

325 § 336 Nr. 1 lit. a SolvV; § 17 Z 1 Off-VO.
326 §§ 207 ff. SolvV; § 100 SolvaV (Forderungen und Verbindlichkeiten), § 101 SolvaV (Pensionsgeschäfte u. dgl.) und § 22 Abs. 7 BWG i. V. m. § 256 SolvaV (Derivate).
327 Vgl. *Urbanek* (Kommentar 2007), § 17 Off-VO Rz. 6 und 7.
328 Ausführlich *Grünberger* (Basel II: Schnittstellen 2007), KoR 2007, S. 275 Abschnitt II.3.

8.6 Qualifizierende Anforderungen bei CRM-Techniken (§ 336 SolvV; § 17 Off-VO)

TAB. 46: Bewertung und Verwaltung von Sicherheiten

Säule 3	IFRS
Die Strategien und Verfahren für die **Bewertung und Verwaltung** der verwendeten berücksichtigungsfähigen Sicherheiten sind offenzulegen.[329] Im Vordergrund stehen prozessuale Aspekte des Kreditsicherheitenmanagements sowie Art und Weise der Überprüfung der Werthaltigkeit der Sicherheiten. Die Angabe bezieht sich auf jene Sicherheiten, die **zur Kreditrisikominderung anerkannt** sind. Eine darüber hinausgehende Angabe von zusätzlichen Sicherheiten und risikomindernden Vereinbarungen ist jedenfalls möglich.[330]	Die Strategien und Prozesse bezüglich der Bewertung und des Managements von erhaltenen Sicherheiten und sonstigen CRM sollten offengelegt werden (IFRS 7.IG22(a)). Für unmittelbar, auch ohne Ausfall verwertbare Sicherheiten sind die Bedingungen und Modalitäten der Verwendung anzugeben (IFRS 7.15(c)).
Eine **Beschreibung der Hauptarten** von Sicherheiten ist anzugeben.[331] Einerseits sollten die CRM-Techniken genannt werden (Netting, finanzielle Sicherheiten, persönliche Sicherheiten etc.), andererseits sollten diese genau beschrieben werden, z. B. durch Verteilungsanalysen der Sicherheiten.[332]	Eine Beschreibung der wesentlichen Arten von Sicherheiten und sonstigen CRM-Techniken (wie z. B. Garantien, Kreditderivate und Nettingvereinbarungen, die zu **keiner Saldierung** nach IAS 32 führen) wird in IFRS 7.IG22(b) empfohlen. Für die nach IFRS 7.37(a) und .37(b) dargestellten überfälligen bzw. wertgeminderten Forderungen fordert IFRS 7.37(c) eine **Beschreibung** der **erhaltenen Sicherheiten** und sonstigen CRM-Techniken je Klasse von finanziellen Vermögenswerten. Im Gegensatz zu den Exposures müssen die CRM-Techniken nicht in Finanzinstrumenten bestehen, auch Pfandrechte, Hypotheken oder zivilrechtliches Eigentum an nichtfinanziellen Vermögenswerten sind geeignet. Was als Sicherheiten bzw. CRM zu verstehen ist, ergibt sich aus dem internen Berichtswesen (IFRS 7.34(a)) und nicht notwendigerweise aus der aufsichtsrechtlichen Anerkennung. Siehe ausführlich Kapitel 7.4.1, S. 98 ff.

---

329 § 336 Nr. 1 lit. b SolvV; § 17 Z 2 Off-VO.
330 Vgl. *Urbanek* (Kommentar 2007), § 17 Off-VO Rz. 4.
331 § 336 Nr. 1 lit. c SolvV; § 17 Z 3 Off-VO.
332 Vgl. *Urbanek* (Kommentar 2007), § 17 Off-VO Rz. 10.

8. Kreditrisiko: Säule 3 und IFRS 7

TAB. 46:	Bewertung und Verwaltung von Sicherheiten
Schnittstellen zwischen Säule 3 und IFRS	
Die Beschreibung der Hauptarten von Sicherheiten und der Strategien und Verfahren für die Bewertung und Verwaltung in der Säule 3 decken die Empfehlungen der IG des IFRS 7 gut ab und sollten einheitlich im Risikobericht dargestellt werden. Da bilanzielle Saldierungen unter IFRS 7 nicht als CRM-Techniken gelten, sollten diese als solche gekennzeichnet werden. Da IFRS 7 keine Definition von Sicherheiten und CRM-Techniken enthält, sollte eine Vermischung von aufsichtsrechtlich anerkannten und nicht anerkannten CRM-Techniken vermieden werden, wenn die Säule 3 mit dem Risikobericht nach IFRS 7 abgedeckt werden soll. Sofern nicht anerkannte CRM-Techniken offengelegt werden, sind diese klar von anerkannten Techniken abzugrenzen.	

TAB. 47:	Risikokonzentrationen innerhalb der Sicherungsinstrumente
Säule 3	**IFRS**
Die wichtigsten Haupttypen von **Garantiegebern** und **Gegenparteien von Kreditderivaten** und deren Bonität sind anzugeben.[333] Eine Aufschlüsselung der regionalen Verteilung, der Anzahl und der Verteilung der Ratings (intern/extern) oder das durchschnittliche Rating der einzelnen Arten von Garantiegebern und Gegenparteien von Kreditderivaten ist sinnvoll.[334]	IFRS 7.IG22(c) empfiehlt die Offenlegung wesentlicher Arten von **Vertragspartnern der Sicherheiten** und sonstiger CRM-Techniken sowie deren Kreditwürdigkeit.
Informationen über **Markt- oder Kreditrisikokonzentrationen** innerhalb der verwendeten, anerkannten CRM-Techniken sind offenzulegen.[335] Risikokonzentrationen können sich aus der geringen Streuung der Gegenparteien oder aus Risikokorrelationen ergeben (z. B. starke oder ausschließliche Verwendung von Immobiliensicherheiten). So können etwa Verteilungsanalysen erstellt und der Umgang mit Risikokonzentrationen beschrieben werden.[336]	IFRS 7.IG22(d) empfiehlt die Offenlegung von Risikokonzentrationen innerhalb der Sicherheiten und sonstiger CRM-Techniken.

---

333 § 336 Nr. 1 lit. d SolvV; § 17 Z 4 Off-VO.
334 Vgl. *Urbanek* (Kommentar 2007), § 17 Off-VO Rz. 11.
335 § 336 Nr. 1 lit. e SolvV; § 17 Z 5 Off-VO.
336 Vgl. *Urbanek* (Kommentar 2007), § 17 Off-VO Rz. 12.

8.6 Qualifizierende Anforderungen bei CRM-Techniken (§ 336 SolvV; § 17 Off-VO)

TAB. 47:	Risikokonzentrationen innerhalb der Sicherungsinstrumente
Schnittstellen zwischen Säule 3 und IFRS	
Die Offenlegungen der Säule 3 erfüllen auch die Empfehlungen in IFRS 7.IG22 und sollten daher einheitlich im Risikobericht dargestellt werden. Es sollten nur aufsichtsrechtlich anerkannte CRM-Techniken beschrieben werden; soweit aufsichtsrechtlich nicht anerkannte CRM-Techniken nur für Zwecke des IFRS 7 offengelegt werden, sind diese klar abzugrenzen und als solche zu bezeichnen, um Verzerrungen der nach Säule 3 definierten Angaben zu vermeiden.	

TAB. 48:	Quantifizierung der aufsichtsrechtlich gesicherten Exposures
Säule 3	**IFRS**
Quantifizierung der Positionswerte (Forderungswerte) getrennt nach Forderungsklassen, die besichert sind durch[337]: ▶ anerkannte finanzielle Sicherheiten, ▶ sonstige anerkannte IRB-Sicherheiten nach Volatilitätsanpassungen und ▶ anerkannte Gewährleistungen.[338]	IFRS 7.36(c) erfordert die Angabe der Kreditqualität; diese wird i. d. R. durch ein Mapping auf Ratingstufen erreicht (dargestellt in Tabelle 42, S. 122 ff.).
Für die Forderungsklasse Beteiligungspositionen erfolgt die Offenlegung getrennt nach[339]: ▶ einfachem Risikogewichtungsansatz, ▶ PD/LGD-Ansatz oder ▶ VaR-Modell (in der Praxis selten).	
Schnittstellen zwischen Säule 3 und IFRS	
IFRS 7 erfordert zwar keine gesonderte Angabe der gesicherten Exposures, diese Information kann die erforderlichen Angaben zur Kreditqualität aber sinnvoll ergänzen. Die Offenlegungen nach der Säule 3 können daher einheitlich im Risikobericht vorgenommen werden.	

---

337 § 336 Abs. 2 SolvV; § 17 Z 6 und Z 7 Off-VO.
338 Berücksichtigungsfähige finanzielle Sicherheiten gemäß § 154 Abs. 1 Satz 1 Nr. 1 SolvV; sonstige berücksichtigungsfähige IRB-Sicherheiten gemäß § 154 Abs. 1 Satz 1 Nr. 3 SolvV; berücksichtigungsfähige Gewährleistungen gemäß § 154 Abs. 1 Satz 1 Nr. 2 SolvV.
339 Ausfallwahrscheinlichkeitsgesteuertes IRB-Beteiligungsportfolio gemäß § 78 Abs. 2 Z 1 lit. a SolvV bzw. PD/LGD-Ansatz gemäß § 77 Abs. 4 SolvaV; modellgesteuertes IRBA-Beteiligungsportfolio gemäß § 78 Abs. 2 Z 1 lit. b SolvV bzw. Value-at-Risk-Modell gemäß § 77 Abs. 5 SolvaV; einfaches Risikogewicht nach § 98 gemäß § 78 Abs. 2 Z 2 SolvV bzw. einfacher Gewichtungsansatz gemäß § 77 Abs. 3 SolvaV.

8.7 Spezialfinanzierungen und Beteiligungen (§ 329 SolvV; § 9 Off-VO)

Spezialfinanzierungen sind eine Unterkategorie der Forderungsklasse Unternehmen. Definitionsgemäß handelt es sich um Unternehmen mit dem Zweck der Finanzierung oder des Betriebs von Objekten, auf die das Institut erheblichen Einfluss hat; die Kreditrückzahlungen ergeben sich vorrangig aus den Erträgen der Objekte und nicht durch ein auf breiterer Basis agierendes Unternehmen.[340]

Können für Spezialfinanzierungen keine ausreichenden PD-Schätzungen erstellt werden, dann erhalten die Exposures pauschale Risikogewichte; dazu sind die Exposures in fünf Bonitätskategorien (Stark, Gut, Befriedigend, Schwach, Ausgefallen) und zwei Zeitbänder einzuteilen (*Slotting Approach*).[341]

Die **Forderungsklasse Beteiligungen**[342] wird für Zwecke des IRB-Ansatzes gesondert definiert. Es handelt sich um einen nachrangigen Residualanspruch auf das Vermögen oder das Einkommen eines Emittenten. Genaue Kriterien ergeben sich aus den CEBS-Implementierungsrichtlinien[343] auf Grundlage des Baseler Rahmenvertrags.[344] Die Definition deckt sich weitgehend mit dem Eigenkapitalbegriff des IAS 32 (siehe dazu Kapitel 6.4, S. 70 ff.). Für Aufsichtszwecke werden Beteiligungen innerhalb der Bankenbranche zwischen 10 % und 50 % freiwillig quotenkonsolidiert[345] oder bei entsprechender Kontrolle vollkonsolidiert. Im Falle einer Quoten- oder Vollkonsolidierung liegt aus Sicht des Aufsichtsrechts keine Beteiligung mehr vor.

Kreditrisikoinformationen sind für Beteiligungen viel schwerer zu generieren als für klassische Forderungen, weil die Werthaltigkeit nicht nur von der Bonität, sondern auch von der Ertragskraft der Gegenpartei abhängig ist. Daher sind drei verschiedene Gewichtungsverfahren mit unterschiedlicher Genauigkeit vorgesehen. Am meisten verbreitet ist der einfache Risikogewichtungsansatz.[346] Die Kategorien umfassen:

▶ an einer Börse gehandelte Beteiligungen (Gewicht 290 %);

---

340 § 81 SolvV; § 22b Abs. 2 Z 3 lit. a bis c BWG.
341 Anwendung des s.g. „Slotting Approach" nach Tabelle 14 der Anlage 1 zur SolvV bzw. nach § 74 Abs. 3 SolvaV.
342 § 78 Abs. 1 SolvV; § 22b Abs. 2 Z 5 BWG.
343 *Committee of European Banking Supervisors* (CEBS): Guidelines on the implementation, validation and assessment of AMA and IRB Approaches, 4 April 2006 (http://www.c-ebs.org/pdfs/GL10.pdf), Rz. 201 ff.
344 Vgl. Basler Ausschuss für Bankenaufsicht (Basel II 2006), Rz. 235 ff.
345 Vorwiegend für Nichthandelsbuch-Risiken und die Eigenmittel relevant (§ 10a Abs. 5 KWG; § 24 Abs. 4 BWG).
346 § 98 SolvV; § 77 Abs. 3 SolvaV.

- nicht an einer Börse gehandelte Beteiligungen in einem hinreichend diversifizierten Beteiligungsportfolio (Gewicht 190 %);
- andere Beteiligungspositionen (Gewicht 370 %).

Vergleichsweise sind unter IFRS 7 überhaupt keine Kreditrisikoinformationen für Eigenkapitalinstrumente erforderlich, diese werden vorwiegend dem Marktrisiko zugeordnet (ausführlich Kapitel 7.2.1, S. 87 ff.).

Der einfache Risikogewichtungsansatz für Beteiligungen kommt häufig auch bei Investmentfondsanteilen zum Tragen.[347] Diese sind von dieser Offenlegungsbestimmung aber nicht umfasst.

TAB. 49:	Positionswerte für Spezialfinanzierungen und Beteiligungspositionen
Säule 3	IFRS
Bei **Spezialfinanzierungen**, die mit pauschalen Gewichten unterlegt werden, ist die Verteilung der Exposures auf die fünf Gewichtskategorien offenzulegen.[348] Die Vorgehensweise beim Mapping muss nicht offengelegt werden.[349]	Der Berichterstatter in Bezug auf die pauschalen Gewichte bei Spezialfinanzierungen steht in IFRS nichts Vergleichbares gegenüber.
Bei **Beteiligungspositionen** im einfachen Risikogewichtungsansatz ist eine Verteilung der Exposures auf die drei Gewichtungskategorien offenzulegen.[350]	Der Berichterstatter in Bezug auf den einfachen Risikogewichtungsansatz bei Beteiligungspositionen steht in IFRS nichts Vergleichbares gegenüber.
Schnittstellen zwischen Säule 3 und IFRS	
Die pauschalen Risikogewichte bieten keine sinnvolle Grundlage für die Beschreibung der Kreditrisikoqualität nach IFRS 7. Die Angaben können zwar zur Erfüllung der Offenlegungspflichten der Säule 3 im Risikobericht angegeben werden; allerdings wäre ein Hinweis sinnvoll, dass es sich um eine aufsichtsrechtliche Darstellung handelt.	

8.8 Kontrahentenausfallrisiko (CCR; § 326 SolvV; § 6 Off-VO)

Das Kontrahentenausfallrisiko (Counterparty Credit Risk – CCR) ist eine spezielle Form des Kreditrisikos von Geschäften während ihrer Laufzeit.

---

[347] Ausführlich *Grünberger/Broszeit* (Hedgefonds-Investments 2007), RWZ 2007, S. 275 ff.
[348] § 329 Abs. 1 SolvV; § 9 Off-VO.
[349] *Urbanek* (Kommentar 2007), § 9 Off-VO Rz. 2.
[350] § 329 Abs. 2 SolvV; § 9 Off-VO.

8. Kreditrisiko: Säule 3 und IFRS 7

Im Gegensatz zum klassischen Kreditrisiko, dessen Exposure im Buchwert bzw. im zugesagten Garantiebetrag liegt, ist hier das tatsächliche Exposure noch unbekannt und steht erst im Zeitpunkt der Abwicklung fest. Ein Kreditrisiko besteht insoweit, als das Geschäft im Zeitpunkt des Ausfalls des Kontrahenten einen positiven Wert aufweist. Es handelt sich somit um das beidseitige Kreditrisiko von Geschäften mit einer unsicheren Forderungshöhe, die im Zeitablauf mit den Bewegungen der zugrundeliegenden Marktfaktoren schwankt.

Die CRD hat als konkrete Anwendungsfälle **Derivate (OTC-Derivate), Pensionsgeschäfte, Wertpapier- und Warenleihgeschäfte, Lombardgeschäfte und Geschäfte mit langer Abwicklungsfrist (Wertstellung i. d. R. ab fünf Tagen)** identifiziert.[351] Das Exposure entspricht grundsätzlich einem konservativ geschätzten Wiedereindeckungsaufwand. Zur Ermittlung des Exposures sieht die CRD unterschiedliche Methoden vor (Ursprungsrisikomethode, Marktbewertungsmethode, Standardmethode oder internes Modell).

Unter IFRS 7 sind zukünftige Wiedereindeckungsaufwendungen strenggenommen kein Kreditrisiko-Exposure, weil IFRS 7 auf dem Stichtagsprinzip beruht (*"exposed at the end of the reporting period"*; IFRS 7.31) und möglicherweise künftig entstehende Forderungen daher nicht abgebildet werden müssen. Daher gibt es unter IFRS kein entsprechendes, darzustellendes Risiko.

TAB. 50:	Kreditlimits und internes Kapital für CCR
Säule 3	**IFRS**
Eine Beschreibung der Methode für die Allokation von internem Kapital (Säule 2) und die Obergrenzen für Kredite an Kontrahenten sind offenzulegen.[352] Die Kapitalallokation wird grundsätzlich schon nach § 325 SolvV bzw. § 5 Off-VO dargestellt, an dieser Stelle erfolgt eine Präzisierung für das CCR.	Die IFRS enthalten keine explizite Offenlegung für das CCR. Die Risikokapitalangaben gemäß IAS 1.134 können auch Informationen zur Säule 2 (ICAAP) umfassen (siehe Kapitel 4.2, S. 55 ff.). Die Obergrenzen können im Rahmen der Beschreibung des Risikomanagements gemäß IFRS 7.33(b) offengelegt werden.
Schnittstellen zwischen Säule 3 und IFRS	
Die Angaben sind nach IFRS nicht gefordert, können aber zur Erfüllung der Offenlegungspflichten der Säule 3 im Risikobericht angegeben werden.	

---

351 Anhang III Teil 1 Nr. 1 CRD.
352 § 326 Abs. 1 Nr. 1 SolvV; § 6 Z 1 Off-VO.

8.8 Kontrahentenausfallrisiko (CCR; § 326 SolvV; § 6 Off-VO)

TAB. 51:	Beschreibung der CCR-Sicherheiten und Kreditrisikovorsorgen
Säule 3	**IFRS**
Eine Beschreibung der **Verfahren zur Absicherung** und zur Bildung von **Kreditrisikovorsorgen** (Reserven) ist offenzulegen.[353] Der Begriff der Kreditrisikovorsorge im Zusammenhang mit CCR ist nicht klar definiert, auch eine Anfragebeantwortung durch die CRDTG hat kaum zur Klarheit beigetragen.[354] Die CRDTG verweist insbesondere auf die vorsichtige Bewertung im Rahmen des aufsichtsrechtlichen Handelsbuchs, was aber eine bloße Rechentechnik für die Ermittlung von Positionswerten und keine „Reserve" für Eigenmittelzwecke darstellt.	Eine konkrete Angabepflicht im Zusammenhang mit CCR besteht nicht, insbesondere weil künftige Wertschwankungen kein Exposure gemäß IFRS 7.36(a) darstellen. Die Sicherungsmaßnahmen können im Rahmen der Offenlegung nach IFRS 7.36(b) i.V.m. IFRS 7.IG22(a) angegeben werden (Strategien und Prozesse der Bewertung und des Managements von erhaltenen Sicherheiten und sonstigen CRM-Techniken).
Schnittstellen zwischen Säule 3 und IFRS	
Die Angaben zu Sicherungsmaßnahmen für die CCR können im Rahmen der qualitativen Informationen des IFRS 7 abgebildet werden. Der Begriff der Kreditrisikovorsorgen sollte innerhalb eines IFRS-Abschlusses zurückhaltend verwendet und beschrieben werden, solange das Institut keine eigene, robuste Interpretation gefunden hat; vage Begriffe sind in einem IFRS-Abschluss eher irreführend und können zu Fehlinterpretationen im Zusammenhang mit der Bewertung gemäß IAS 39 bzw. den Fair Value-Vergleichen gemäß IFRS 7.25 führen.	

TAB. 52:	Korrelation von Marktrisiko und Kontrahentenrisiko beim CCR
Säule 3	**IFRS**
Die Vorschriften über die Behandlung von Korrelationen von Markt- und Kontrahentenrisiken im Rahmen der CCR sind offenzulegen.[355] Dies bezieht sich nur auf IRB-Institute, die den CCR-Skalierungsfaktor selbst schätzen und daher solche Korrelationen berücksichtigen.[356]	Der Berichterstattung in Bezug auf die Behandlung von Korrelationen von Markt- und Kontrahentenrisiken im Rahmen der CCR steht unter den IFRS nichts Vergleichbares gegenüber.

---

353 § 326 Abs. 1 Nr. 2 SolvV; § 6 Z 2 Off-VO.
354 Vgl. CRD Transposition Group (Questions & Answers 2006), Frage 183 „The term 'credit reserves' in this context refers to credit revaluation reserves or value adjustments that are held to cover counterparty credit deterioration in relation to exposures subject to counterparty risk. This is a prudential concept rather than an accounting item. [...] these valuation adjustments/reserves may in some cases exceed those made under the accounting framework to which the institution is subject."
355 § 326 Abs. 1 Nr. 3 SolvV; § 6 Z 3 Off-VO.
356 § 223 SolvV; § 247 SolvaV; *Urbanek* (Kommentar 2007), § 6 Off-VO Rz. 7.

8. Kreditrisiko: Säule 3 und IFRS 7

TAB. 52:	Korrelation von Marktrisiko und Kontrahentenrisiko beim CCR
Schnittstellen zwischen Säule 3 und IFRS	
Die Offenlegungspflichten nach der Säule 3 haben kein Pendant in den IFRS, können aber im Rahmen des Risikoberichts behandelt werden. Auf den Umstand, dass es sich um eine rein aufsichtsrechtliche Informationen handelt, sollte hingewiesen werden.	

TAB. 53:	Ratingverschlechterung und gestellte Sicherheiten im CCR
Säule 3	**IFRS**
Angabe der Auswirkung der Herabstufung des eigenen Ratings auf Sicherungsbeiträge (z. B. Barsicherheiten) die das Institut im Rahmen der CCR stellen muss.[357] Dies betrifft vorwiegend Master Netting Agreements, die bei einem verschlechterten Rating i. d. R. erhöhte Sicherheiten verlangen. Dabei sollte auch der Umfang der Steigerung angegeben werden.[358]	IFRS 7 verlangt einige Angaben zu Sicherheiten, die das Unternehmen gestellt hat (IFRS 7.14). Eine Analyse der Auswirkungen einer Ratingherabstufung ist nicht vorgesehen.
Schnittstellen zwischen Säule 3 und IFRS	
IFRS verlangen keine entsprechenden Angaben; die Offenlegung nach der Säule 3 kann aber im Rahmen des Risikoberichts erfolgen.	

TAB. 54:	Positive Wiederbeschaffungswerte bzw. Fair Values der CCR
Säule 3	**IFRS**
Für deutsche Institute: Für CCR-Kontrakte ist die **Summe der positiven Wiederbeschaffungswerte** vor Ausübung von Aufrechnungsmöglichkeiten und vor Anrechnung von Sicherheiten offenzulegen. Dabei ist die Aufteilung dieser Beträge auf die Kontraktarten Zins, Währung, Aktien, Kreditderivate, Waren und Sonstige, vorzunehmen. Die Aufrechnungsmöglichkeiten, die anrechenbaren Sicherheiten, die positiven Wiederbeschaffungswerte nach Aufrechnung und die Sicherheiten sind ebenso offenzulegen.[359]	Der Berichterstattung in Bezug auf die Summe der positiven Wiederbeschaffungswerte für CCR-Kontrakte steht in IFRS nichts Vergleichbares gegenüber.

---

357 § 326 Abs. 1 Nr. 4 SolvV; § 6 Z 4 Off-VO.
358 Vgl. *Urbanek* (Kommentar 2007), § 6 Off-VO Rz. 8.
359 § 326 Abs. 2 Nr. 1 SolvV.

8.8 Kontrahentenausfallrisiko (CCR; § 326 SolvV; § 6 Off-VO)

TAB. 54:	Positive Wiederbeschaffungswerte bzw. Fair Values der CCR
Säule 3	IFRS
Für österreichische Institute: die Summe der aktuellen beizulegenden Zeitwerte der Geschäfte, positive Auswirkungen von Netting, aufgerechnete aktuelle Kreditforderungen, gehaltene Besicherungen, Nettokreditforderungen bei Derivaten sind offenzulegen.[360]	Der genannten Berichterstattung steht in IFRS nichts Vergleichbares gegenüber.
Schnittstellen zwischen Säule 3 und IFRS	
Die Angabe von Wiederbeschaffungswerten (Deutschland) ist von den IFRS nicht gefordert, sie können aber im Risikobericht angegeben werden. Allerdings sollte auf den Umstand hingewiesen werden, dass es sich um eine aufsichtsrechtliche Offenlegung handelt, um Verwechslungen mit dem Exposure i. S. v. IFRS 7.36 bzw. mit Fair Value-Angaben gemäß IFRS 7.25 ff. zu vermeiden. Angaben von Fair Values (Österreich) können im Rahmen der Fair Value-Angaben gemäß IFRS 7.25 ff. gemacht werden; auch die übrigen Angaben können im IFRS-Abschluss gemacht werden.	

TAB. 55:	CCR-Exposure nach angewendeter Methode
Säule 3	IFRS
Für Kontrakte ist der Betrag des anzurechnenden Kontrahentenausfallrisikos (Forderungswert) nach der jeweils angewendeten Methode anzugeben.[361] Als Methoden kommen nach der CRD die Marktbewertungsmethode, die Ursprungsrisikomethode, die Standardmethode oder ein internes Modell in Frage; die sich nach diesen Methoden ergebenden Forderungswerte vor Risikogewichtung sind offenzulegen.[362]	IFRS 7 enthält keine konkreten Angaben für die Ermittlung des Kreditrisiko-Exposures von CCR-Instrumenten; hinsichtlich OTC-Derivaten ist grundsätzlich nur ein positiver Fair Value als Exposure anzugeben (siehe Kapitel 7.3.1, S. 91).

---

360 § 6 Z 5 Off-VO; keine Aufteilung der Beträge auf die Kontraktarten.
361 § 326 Abs. 2 Nr. 2 SolvV; § 6 Z 6 Off-VO i. V. m. Methoden gemäß §§ 233 bis 261 SolvaV.
362 Vgl. *Urbanek* (Kommentar 2007), § 6 Off-VO Rz. 11.

8. Kreditrisiko: Säule 3 und IFRS 7

TAB. 55:	CCR-Exposure nach angewendeter Methode
Schnittstellen zwischen Säule 3 und IFRS	
Das CCR (potentielles künftiges Kreditrisiko bei Annahme einer Wertsteigerung zugunsten des Instituts) ist strenggenommen kein Kreditrisiko im Sinne von IFRS 7, der grundsätzlich nur auf die Wertverhältnisse am Stichtag abstellt. Auf Grundlage des IFRS 7.34(a) (internes Berichtswesen) könnten die CCR-Exposures aber auch unter IFRS 7 als Exposures gezeigt werden; eine entsprechende Erläuterung wäre zweckmäßig. In diesem Fall kann die Angabe nach der Säule 3 in die Exposure-Tabelle gemäß IFRS 7.36(a) integriert werden. Wird das aufsichtsrechtliche CCR-Exposure nicht als Kreditrisiko i. S. v. IFRS 7 aufgefasst, dann kann die Angabe nach der Säule 3 zwar im Risikobericht gezeigt werden, allerdings nur mit dem Hinweis, dass es sich um aufsichtsrechtliche Exposures handelt.	

TAB. 56:	Nominalwerte von Kreditderivaten
Säule 3	**IFRS**
Für Absicherungsgeschäfte mit **Kreditderivaten** ist der Nominalwert anzugeben.[363] Dies gilt nicht nur für Kreditderivate im Rahmen der aufsichtsrechtlichen CRM-Techniken, sondern für alle zur Absicherung gehaltenen Kreditderivate.[364]	IFRS 7.36(b) und .37(c) empfehlen eine Beschreibung der gehalten Sicherheiten für das Kreditrisiko und anderer CRM-Techniken.
Für österreichische Institute: Verteilung der Nominalwerte von Absicherungen in Kreditderivaten nach Arten von Kreditforderungen.[365]	Der Berichterstattung in Bezug auf die Verteilung der Nominalwerte von Absicherungen in Kreditderivaten steht in IFRS nichts Vergleichbares gegenüber.
Aufgliederung des Nominalwerts von Kreditderivatgeschäften nach der Verwendung für den eigenen Kreditbestand und solche aus Vermittlungstätigkeiten sowie nach der Art (Produktgruppen) und nach eigenen Käufer- und Verkäuferpositionen.[366]	Der Berichterstattung in Bezug auf die Aufgliederung des Nominalwerts von Kreditderivaten nach Verwendung für den eigenen Kreditbestand oder aus Vermittlungstätigkeit steht in IFRS nichts Vergleichbares gegenüber.

---

363 § 326 Abs. 2 Nr. 3 SolvV; § 6 Z 7 Off-VO.
364 Vgl. *Urbanek* (Kommentar 2007), § 6 Off-VO Rz. 13.
365 § 6 Z 7 Off-VO; *Urbanek* (Kommentar 2007), § 6 Off-VO Rz. 14, schlägt eine Verteilung nach Art des Derivats vor (z. B. Single Name CDS, Portfolio CDS, TRS, Credit Spread Forward, Credit Spread Options etc.).
366 § 326 Abs. 2 Nr. 4 SolvV; § 6 Z 8 Off-VO.

8.8 Kontrahentenausfallrisiko (CCR; § 326 SolvV; § 6 Off-VO)

TAB. 56:	Nominalwerte von Kreditderivaten
Säule 3	IFRS
Für österreichische Institute: zusätzlich die Angabe der Nominalwerte aller Derivate (Zinssatzderivate, Wechselkursderivate etc.), allerdings ohne Aufschlüsselung in **Kaufkontrakte** und **Verkaufskontrakte**.[367] Diese Angabe kann mit der Aufstellung der am Bilanzstichtag noch nicht abgewickelten Termingeschäfte verbunden werden (§ 59a BWG i.V.m. § 64 Abs. 1 Z 3 BWG).	Der zusätzlichen Berichterstattung in Bezug auf die Angabe der Nominalwerte aller Derivate steht in IFRS nichts Vergleichbares gegenüber.
Schnittstellen zwischen Säule 3 und IFRS	
Die Angabe der Nominalwerte von Kreditderivaten und deren Aufgliederung wird von IFRS 7 nicht verlangt. Mit diesen Angaben nach der Säule 3 können allerdings die Angaben zu CRM-Techniken im Risikobericht vervollständigt werden.	

TAB. 57:	Eigene Schätzung des Skalierungsfaktorsrs
Säule 3	IFRS
Das Institut hat bei eigener Schätzung des Skalierungsfaktors diesen Faktor offenzulegen.[368]	Der Berichterstattung in Bezug auf die eigene Schätzung des Skalierungsfaktors steht in IFRS nichts Vergleichbares gegenüber.
Schnittstellen zwischen Säule 3 und IFRS	
Skalierungsfaktoren sind den IFRS unbekannt. Die Angabe kann zur Erfüllung der Berichtspflichten der Säule 3 allerdings im Rahmen des Risikoberichts gemacht werden.	

---

[367] Vgl. *Urbanek* (Kommentar 2007), § 6 Off-VO Rz. 15.
[368] § 326 Abs. 2 Nr. 5 SolvV; § 6 Z 9 Off-VO; Faktor gemäß § 223 Abs. 6 bzw. 7 SolvV bzw. § 246 SolvaV.

9. Marktrisiko: Säule 1 und IFRS 7

9.1 Allgemeines

Der nach IFRS 7 erforderliche Risikobericht muss Angaben zum Marktrisiko enthalten, das Kreditinstitute bereits nach Basel II Säule 1 steuern und daher Schnittstellen im Datenhaushalt nutzen können.[369]

IFRS 7 definiert das Marktrisiko als *„the risk that the fair value or future cash flows of a financial instrument will fluctuate because of changes in market prices"*; zusätzlich werden das Fremdwährungsrisiko, das Zinsrisiko und das sonstige Preisrisiko unterschieden. Das **Aufsichtsrecht** kennt ähnliche Marktrisikobegriffe wie IFRS 7, schränkt diese aber teilweise auf das Handelsbuch ein.

TAB. 58: Gegenüberstellung der Marktrisikokonzepte Basel II Säule 1/IFRS 7

	Basel II Säule 1	IFRS 7
Konsolidierungskreis	Institutsgruppe; gesonderter Kreis beim Handelsbuch	brachenübergreifend (ggf. Segmentierung)
interne Geschäfte	für Risikoabgrenzung zwischen Anlage- und Handelsbuch	nicht geregelt; für Risikoaufteilung zwischen Handel und anderen Bereichen tlw. sinnvoll
FX-Risiko	▶ Unterlegung offener Positionen ▶ Bezug i. d. R. auf Euro	▶ Erfolgseffekte offener Positionen ▶ Bezug auf funktionale Währung
FX-Risiko-Schnittstellen	Offene Positionen, Exposures aus Derivaten, erwartete gesicherte Cash Flows, Ablaufszenarien (Kreditzusagen, Repogeschäft)	
Zinsrisiko	▶ Unterlegung des FV-Risikos im Handelsbuch ▶ Simulation von FV-Zinsschocks im Anlagebuch ▶ kein Bezug zu Bewertungskategorien	▶ Simulation von FV- und Cash Flow Risiko ▶ i. d. R. Bezug zu Bewertungskategorien
Zinsrisiko-Schnittstellen	Zinsrisikoquellen, Exposures aus Derivaten, Ablaufszenarien (Kreditzusagen, Repogeschäft), Durationsmethode (Handelsbuch), Simulationen (Anlagebuch)	
Sonstiges Preisrisiko-Schnittstellen	offene Rohwaren- und Goldpositionen, Aktienpositionsrisiken (Handelsbuch)	

---

[369] Die Ausführungen basieren auf dem Beitrag: *Grünberger* (Marktrisikoangaben 2008), IRZ 2008, S. 301 ff.

9.1 Allgemeines

TAB. 58: Gegenüberstellung der Marktrisikokonzepte Basel II Säule 1/IFRS 7

	Basel II Säule 1	IFRS 7
VaR-Ermittlung	► Unterlegungspflicht (Vortages-VaR oder 60 Tages-Schnitt mit Multiplikator) ► optional – auch für Teilrisiken	► zur Marktrisikoquantifizierung ► optional – auch für Teilrisiken
Schnittstellen VaR	konsistente Daten, Portfoliobildung, qualitative Anforderungen (Datenumfang, Bewertungsmodelle), Ablauffiktionen	

Ein Marktrisiko kann auf Grundlage des IFRS7 nur aus **Finanzinstrumenten** resultieren. Vergleichsweise umfasst auch das aufsichtsrechtliche Handelsbuch Finanzinstrumente, deren Definition von der CRD offensichtlich aus IAS 32.11 übernommen wurde.[370] Während das Marktrisiko klassisch als Änderung des Fair Value verstanden wird, umfasst die Definition in IFRS 7 auch Änderungen von Cash Flows (dies betrifft vorwiegend das Zinskuponrisiko).

Für die quantitative Bemessung ist das interne Berichtswesen an die Geschäftsleitung und die Aufsichtsorgane maßgeblich (IFRS 7.34(a)), das bei Banken naturgemäß vom Aufsichtsrecht geprägt ist. Allerdings finden sich in IFRS 7 auch Vorgaben, die deutlich davon abweichen und daher zu Auslegungskonflikten führen. In diesem Fall müssten zusätzliche Informationen bereitgestellt werden, sofern diese wesentlich sind (IFRS 7.34(b)).

IFRS 7.31 sieht grundsätzlich das **Stichtagsprinzip** vor (*risks arising from financial instruments to which the entity is exposed at the reporting date*), verlangt aber keine Neubewertung an Hand geänderter Risikovariablen analog zu IAS 39, sondern eine Anwendung der geänderten Risikovariablen auf das Exposure (IFRS 7.B18(a)). Der **Exposurebegriff** (IFRS 7.33(a); .34(a) und .40(a)) wird nicht definiert und ist nach Risikomanagementgrundsätzen auszulegen, nicht allein aus buchhalterischer Sicht. Das IASB will Banken schließlich einen **einheitlichen Risikobericht für Zwecke von IFRS 7 und Basel II Säule 3** ermöglichen (IFRS 7.BC41), wobei Säule 3 die aufsichtsrechtlichen Risikodaten und nicht die buchhalterische Sichtweise gemäß IAS 39 umfasst. Der Exposurebegriff hat jedenfalls einen gewissen Zukunftsbezug, weshalb typische Risikomanagementszenarien unterstellt werden können (z. B. Ablauffiktionen bei Pensionsgeschäften).

Während das Aufsichtsrecht die Bildung von **Nettopositionen auf Gruppenebene**[371] nur unter Bedingungen erlaubt, ist für IFRS 7 aufgrund der Einheitstheorie ein konzernweiter Nettoausgleich von Marktrisiken grundsätzlich immer erforderlich.

---

370 Art. 3 Nr. 1 lit. e CRD.
371 § 10a Abs. 6 Satz 12 KWG; ähnlich § 24a Abs. 4 und 5 BWG.

9. Marktrisiko: Säule 1 und IFRS 7

Unterschiede können sich auch im **Konsolidierungskreis** ergeben, die durch eine „Segmentierung" des Risikoberichts[372] abgebildet werden können, wenn dies der internen Steuerung entspricht (z. B. Risiken aus einem Bankbereich und einem Versicherungsbereich). Das IDW macht die Segmentierung auch davon abhängig, dass keine wesentlichen Transaktionen zwischen Geschäftsfeldern stattfinden.[373] Dies geht aber an der eigentlichen Problematik vorbei: Durch die Segmentierung werden konzernweite Nettopositionen ignoriert, sodass die Erfolgs- und Eigenkapitaleffekte der Segmente nur schwer zu Gesamtrisiken aggregiert werden können (dies hat nichts mit internen Transaktionen zu tun, die für eine getreue Risikoaufteilung zwischen Segmenten sinnvollerweise zu berücksichtigen sind).

Für Aufsichtszwecke werden **Beteiligungen** innerhalb der Bankenbranche zwischen 10 % und 50 % freiwillig quotenkonsolidiert[374], nach IFRS häufig *at equity* bewertet (i. d. R. ab 20 %). Die Erfolgs- und Eigenkapitaleffekte aus Marktrisiken i. S. v. IFRS 7.B18(a) sind bei der *at equity*-Bewertung und der Quotenkonsolidierung durchaus vergleichbar. Da der Exposurebegriff einen gewissen Interpretationsspielraum erlaubt und mit IFRS 7.34(a) die interne Berichterstattung maßgeblich ist, ist die Simulation von dahinterliegenden Risiken aus assoziierten Unternehmen nicht zu beanstanden. Nicht zuletzt verlangt auch IAS 28.39 eine gewisse Transparenz, da Erfolgs- und Eigenkapitaleffekte beim Anteilseigner gesondert zu erfassen sind. Werden im internen Berichtswesen – analog zum Aufsichtsrecht – Marktrisiken in Beteiligungsunternehmen simuliert, können diese daher auch unter IFRS 7 dargestellt werden.

Banken bevorzugen generell die Darstellung des VaR und zeigen allenfalls für bestimmte Einzelrisiken Sensitivitätsanalysen (z. B. für Zinsrisiken). Da sich aus den Ausführungen des IFRS 7 zu Sensitivitätsanalysen auch Grundsätze für die VaR-Analyse ableiten, wird nachfolgend auf Sensitivitätsanalysen schwerpunktmäßig eingegangen und anschließend daran auf die VaR-Analyse.

9.2 Sensitivitätsanalysen

9.2.1 Fremdwährungsrisiko

IFRS 7 Anhang A definiert das Fremdwährungsrisiko als das Risiko „*that the fair value or future cash flows of a financial instrument will fluctuate because of changes in foreign exchange rates.*" Betroffen sind allerdings nur monetäre Finanzinstrumente (IFRS 7.B23). Eine Sensitivitätsanalyse ist für jede Währung mit signifikantem Exposure

---

[372] Ausführlich *Institut der Wirtschaftsprüfer in Deutschland e. V.* [Hrsg.] (IDW ERS HFA 24 2007), Rz. 45.
[373] *Institut der Wirtschaftsprüfer in Deutschland e. V.* [Hrsg.] (IDW ERS HFA 24 2007), Rz. 45.
[374] Vorwiegend für Nichthandelsbuch-Risiken und die Eigenmittel relevant (§ 10a Abs. 5 KWG; § 24 Abs. 4 BWG).

erforderlich (IFRS 7.B24). Eigenkapitalinstrumente werden – auch bei Denominierung in einer Fremdwährung – unter dem sonstigen Preisrisiko erfasst.

Das Aufsichtsrecht verlangt eine Eigenmittelunterlegung offener Fremdwährungspositionen im Gesamtbuch.[375] Diese können als Ausgangspunkt für die Simulationen herangezogen werden, weil Fremdwährungsrisiken unter IFRS fast ausschließlich erfolgswirksam erfasst werden und Aufrechnungen der Positionen die Differenzierung in Erfolgs- und Eigenkapitaleffekte daher kaum beeinträchtigen. Vergleichsweise stellt auch IFRS 7.IG18 letzter Satz bei der Definition von Fremdwährungs-Risikokonzentrationen auf offene Positionen ab.

IFRS 7.B18(a) verlangt eine Simulation auf Basis des Exposures zum Bilanzstichtag, also eine statische Simulation durch Umrechnung offener Positionen mit hypothetischen Wechselkursdifferenzen gemäß IAS 21. Bid-/Ask-Spreadrisiken werden vernachlässigt.

Das Risiko ist in Bezug zur jeweiligen **funktionalen Währung** zu ermitteln; Kursdifferenzen zur Berichtswährung (Translationsrisiken) fehlt die wirtschaftliche Substanz, sie sind daher unbeachtlich.[376] Bei mehreren funktionalen Währungen gibt es daher verschiedene Referenzwährungen, was sich vom aufsichtsrechtlichen Fremdwährungsrisiko und dem Risikomanagement unterscheiden kann, die meist auf das Exposure zur Währung der Rechnungslegung abstellen (i. d. R. Euro).[377] Offene Positionen decken sich somit nicht immer. Werden intern Risiken nur in Bezug auf den Euro gemessen, dann sind materielle zusätzliche Risiken in Bezug zu anderen funktionalen Währungen gesondert anzugeben (IFRS 7.34(b)).

Nach IFRS 7.40(a) sind auch erfolgsneutral zu erfassende Wechselkursdifferenzen zu simulieren. Allerdings gibt es nur wenige Anwendungsfälle: Bei monetären AfS-Instrumenten sind Wechselkursdifferenzen erfolgswirksam (IAS 39.AG83), nichtmonetäre AfS-Instrumente und Translationsgewinne sind unbeachtlich (IFRS 7.B23). So verbleiben etwa Rücklagen aus effektiven Cash Flow Hedges; allerdings beruhen diese gerade auf der Prämisse, dass wirtschaftlich kein Fremdwährungsrisiko vorliegt und nur der Zeitraum bis zum Eintritt der Cash Flows überbrückt wird. Daher werden Cash Flow Hedges im internen Berichtswesen kaum als Risiko erfasst. IFRS 7.34(b) erfordert trotzdem eine Simulation, falls das Risiko wesentlich ist. Offen bleibt, ob die Wesentlichkeit aus buchhalterischer Sicht oder aus Risikomanagementsicht zu beurteilen ist (für letzteres spricht IFRS 7.31). Ein weiteres Beispiel für erfolgsneutrale Kursdifferenzen sind Forderungen, die zu einer Nettoinvestition in eine ausländische Teileinheit gehören (IAS 21.32).

---

375 § 295 Abs. 1 bis 3 SolvV; § 223 Abs. 3 SolvaV.
376 IFRS 7.B23 erster Satz; vgl. auch IAS 21.41 zweiter Satz.
377 § 294 Abs. 1 SolvV, § 223 Abs. 4 SolvaV stellt auf Euro ab.

9. Marktrisiko: Säule 1 und IFRS 7

Zahlungsmittel in einer Fremdwährung sind zwar finanzielle Vermögenswerte, aber mangels Vertragsverhältnis keine Finanzinstrumente i.S.v. IAS 32.11 und daher keine Marktrisikoquellen nach IFRS 7. Diese Regelungslücke ist im Auslegungsweg zu füllen: Die Fremdwährung verkörpert das Fremdwährungsrisiko schlechthin. Aufgrund von IFRS 7.B23 sollte daher generell auf „*monetary items*" abgestellt werden, Zahlungsmittel[378] und u.U. Steuerforderungen in einer Fremdwährung sind daher einzuschließen.

Für die Simulation sind grundsätzlich die Buchwerte finanzieller Vermögenswerte oder Schulden in der Fremdwährung relevant. Dies entspricht den aufsichtsrechtlichen **Kassapositionen** (bilanzierte Aktiva und Schulden).[379] Auszunehmen sind unter IFRS 7 alle nichtmonetären Posten, insbesondere Eigenkapitalinstrumente. Aufsichtsrechtlich werden bestimmte Beteiligungen (strukturelle Währungspositionen) sowie Eigenmittelabzugsposten ausgenommen[380]; Abzugsposten sind überwiegend nichtmonetär und müssen für IFRS 7 nicht rückgerechnet werden.

IFRS 7.B23 stellt auf in Fremdwährung denominierte Finanzinstrumente ab, dies muss im Auslegungsweg auf Derivate mit monetären Underlyings in einer Fremdwährung erweitert werden (insb. **Devisentermingeschäfte**)[381]; die Abrechnungswährung des Derivats ist ohne Bedeutung. Terminpositionen auf Eigenkapitalinstrumente werden dagegen dem sonstigen Preisrisiko zugeordnet.

Theoretisch könnte der Fair Value von Termingeschäften direkt simuliert werden, aufgrund des Rechenaufwands ist dies aber unüblich. Wie im Aufsichtsrecht kann daher auf die dahinterliegenden Kauf- und Verkaufpositionen hindurchgesehen werden (alternativ auch auf die Barwerte[382]).

Bei **Währungsswaps** entsteht ebenso wie bei anderen Devisentermingeschäften eine offene Position in Höhe des Kapitalbetrags der einzutauschenden Fremdwährung. Lauten die zu tauschenden Kapitalbeträge jeweils auf eine Fremdwährung i.S.v. IAS 21.8, dann entsteht zwar kein neues Fremdwährungsrisiko in Bezug auf die funktionale Währung, allerdings sollten die offenen Positionen in beiden betroffenen Währungen um den Tauschbetrag (bzw. Barwert) angepasst werden.

Bei **Devisenoptionen** sollte jedenfalls nur das Deltaäquivalent herangezogen werden[383], weil ansonsten die Gewinnauswirkung überschätzt wird; das Gammarisiko muss bei Simulation stärkerer Schwankungen berücksichtigt werden (andernfalls könnten z.B.

---

378 Ohne Prüfung der Frage, aber im Ergebnis gleich: *Kuhn/Scharpf* (Finanzinstrumente 2006), Rn. 4621.
379 § 295 Abs. 1 Nr. 1 und Abs. 2 Nr. 1 SolvV; § 223 Abs. 3 Z 1 SolvaV.
380 § 4 Abs. 4 SolvV; § 223 Abs. 3 Z 1 SolvaV.
381 Ähnlich *Kuhn/Scharpf* (Finanzinstrumente 2006), Rn. 4622.
382 § 295 Abs. 3 zweiter Satz SolvV; § 223 Abs. 5 SolvaV.
383 A. A. *Kuhn/Scharpf* (Finanzinstrumente 2006 Rn. 4622, die auf den dahinterliegenden Betrag abstellen.

long-Positionen fälschlich einen negativen Wert erhalten). Jene Devisenoptionen, die aufsichtsrechtlich nach der Szenario-Matrix-Methode unterlegt werden, gehen nicht in die aufsichtsrechtliche Fremdwährungsposition ein[384] und müssen gesondert simuliert werden.

Eingebettete Derivate sollten berücksichtigt werden, wenn sie auf Fremdwährungsbeträge lauten (das Fremdwährungsrisiko ist nämlich sowohl bei gesonderter Bewertung als auch bei Ausübung der Fair Value Option auf das Gesamtinstrument erfolgswirksam).

Bei **Finanzgarantien und Kreditzusagen**, die auf Fremdwährungen lauten und mit Sicherheit in Anspruch genommen werden, stellt das Aufsichtsrecht auf die potentiellen Buchwerte nach Inanspruchnahme ab (vergleichbar mit einem Devisentermingeschäft).[385] Aufgrund des Zukunftsbezugs des Exposurebegriffs ist dies auch für IFRS 7 möglich; alternativ könnten für alle Finanzgarantien und Kreditzusagen Ablauffiktionen sinnvoll sein. Das Fremdwährungsrisiko ist unabhängig von der Ausfallsgefährdung der Forderung, weshalb allfällige Rückstellungen keine sinnvolle Basis für das Exposure sind.

Nichtkonsolidierte **Investmentfondsanteile** sind i. d. R. nichtmonetär (außer reine Rentenfonds) und müssen nicht simuliert werden. Die Abrechnungswährung des Fondsanteils ist irrelevant, weil ein Risiko nur aus dem dahinterliegenden Fondsvermögen resultiert. Da Fremdwährungsrisiken indirekt über eine Fair Value-Bewertung oder eine *at equity*-Bewertung des Fondsanteils schlagend werden, rechtfertigt der Exposurebegriff dann wohl eine transparente Behandlung, analog zum Aufsichtsrecht.[386] Wenn dies im internen Risikoberichtswesen so gehandhabt wird, muss keine „Rückentwicklung" hin zu einer rein bilanziellen Sichtweise erfolgen. Dies gilt auch für alle anderen Fair Value-Risiken. Strenggenommen müsste zwischen erfolgswirksamer und erfolgsneutraler Bilanzierung des Fondsanteils unterschieden werden.

Im Aufsichtsrecht können **erwartete, künftige Cash Flows**, die durch Fremdwährungsderivate oder Bilanzposten gesichert sind, in die offenen Positionen einbezogen werden.[387] Unter IAS 39 könnte dafür bereits ein Cash Flow Hedge bestehen; in diesem Fall könnten die erwarteten Cash Flows in die offene Position einbezogen werden, um eine allfällige Ineffektivität des Cash Flow Hedge und dessen Erfolgsauswirkung zum Stichtag überschlagsmäßig zu simulieren. Veränderungen wesentlicher Cash Flow Hedge-

---

384 Vgl. *Luz/Scharpf* (Marktrisiken 1998), S. 215 und S. 217.
385 § 295 Abs. 1 und 2, jew. Nr. 6 SolvV und § 223 Abs. 3 Z 3 SolvaV.
386 § 294 Abs. 6 SolvV und § 223 Abs. 3 Z 7 SolvaV; zum *look through* siehe *Grünberger/Broszeit* (Hedgefonds-Investments 2007), RWZ 2007, S. 275.
387 § 295 Abs. 1 und 2, jeweils zweiter Satz SolvV; § 223 Abs. 3 Z 4 SolvaV.

Rücklagen müssten zusätzlich simuliert werden. Offen bleibt aber, ob wirtschaftliche Cash Flow Hedges außerhalb des Hedge Accountings zu berücksichtigen sind (hier verschwimmt auch die Abgrenzung zwischen Fair Value- und Cash Flow-Risiko). Falls abgesicherte Cash Flows aus bereits erfassten Finanzinstrumenten resultieren, sollten diese in die offenen Positionen eingehen, andernfalls wird die tatsächlich offene Position aus den Sicherungsinstrumenten überschätzt.

Grund- und Sicherungsinstrumente eines **Fair Value Hedge** von Fremdwährungsrisiken sollten nach *Kuhn/Scharpf* in die Exposures einbezogen werden, weil Hedge-Beziehungen nicht immer effektiv sind.[388] Bei den üblichen, rein statischen Simulationen, bei denen auf die Underlyings (Deltaäquivalente) von Derivaten hindurchgesehen wird, kann die Ineffektivität aber ohnedies nicht vollständig abgebildet werden. Deckungsgleiche Referenzbeträge heben sich in den offenen Einzelwährungspositionen wieder auf, insofern werden die tatsächlichen Erfolgswirkungen nach IAS 39 nicht im Detail nachvollzogen.

9.2.2 Zinsrisiko

IFRS 7 Anhang A definiert das Zinsrisiko als das Risiko *„that the fair value or future cash flows of a financial instrument will fluctuate because of changes in market interest rates"* und umfasst daher sowohl das Fair Value-Risiko (Zinsrisiko im klassischen Sinn) als auch das Cash Flow-Risiko (Kuponrisiko). Beide Risiken schließen sich nicht aus, insbesondere Zinsswaps haben sowohl ein Fair Value- als auch ein Cash Flow-Risiko.[389] Das Fair Value-Risiko wird i. d. R. als *clean price* simuliert, das Cash Flow-Risiko i. d. R. mittels hypothetischer Kupons. Die Definition nimmt auf Marktzinsen Bezug, emittentenspezifische Credit Spread-Risiken werden nicht simuliert.

Die Risikodefinition lässt offen, ob sich das **Fair Value-Risiko** nur auf zum Fair Value bewertete Instrumente bezieht. Dies könnte man aus IFRS 7.40(a) ableiten, wonach die Auswirkungen auf das Ergebnis und das Eigenkapital zu zeigen sind.[390] Zu fortgeführten Anschaffungskosten bewertete Instrumente wären nur relevant, wenn sie als Grundgeschäfte eines Fair Value Hedge von Zinsrisiken designiert wurden[391] oder eingebettete Zinsderivate enthalten. Wird die Simulation strikt auf die Bewertung nach IAS 39 bezogen, können Zinsrisiken allein aus den unterschiedlichen Bewertungskonzepten entstehen (*accounting mismatch*), die keine wirtschaftliche Substanz haben und daher selten intern berichtet werden (Widerspruch zwischen IFRS 7.34(a) und .40(a)).

---

388 Vgl. *Kuhn/Scharpf* (Finanzinstrumente 2006), Rn. 4622.
389 *Kuhn/Scharpf* (Finanzinstrumente 2006), Rn. 4632 m. w. N.
390 Paarz (Bankrechnungslegung 2007), S. 332.
391 *Institut der Wirtschaftsprüfer in Deutschland e.V.* [Hrsg.] (IDW ERS HFA 24 2007), Rz. 65 Pkt. 2.

9.2 Sensitivitätsanalysen

Bei entsprechender Erläuterung ist es wohl auch sinnvoll, wirtschaftliche Fair Value-Risiken unabhängig von den Bewertungskategorien zusätzlich darzustellen.

Kein Fair Value-Risiko resultiert jedenfalls aus der Abschreibung von *loans and receivables* und HtM-Beständen, weil marktzinsbedingte Wertminderungen keinen *loss event* für Schuldinstrumente darstellen; selbst die Abschreibungen wären zinsrisikofrei, da die ursprünglichen Effektivverzinsung zugrunde gelegt wird.[392]

„*Interest rates risk arises on interest-bearing financial instruments recognised in the balance sheet (e.g. loans and receivables and debt instruments issued) and on some financial instruments not recognised in the balance sheets (e.g. some loan commitments)*" (IFRS 7.B22). Zinstragende Instrumente (*interest-bearing*) müssen verzinst sein, sich auf Zinssätze beziehen (z. B. Swaps) oder eine implizite Verzinsung aufweisen (z. B. Zerobonds). Nichtmonetäre Instrumente sind somit nicht relevant – ebenso wie beim Fremdwährungsrisiko. Vergleichsweise enthält die Solvabilitätsverordnung den übereinstimmenden Begriff „zinsbezogene Finanzinstrumente" zur Definition der Zinsnettopositionen im Handelsbuch.[393]

Auch nicht in der Bilanz erfasste Finanzinstrumente können ein Zinsrisiko auslösen; ausdrücklich in IFRS 7.B22 genannt werden „*some loan commitments*". Damit könnten unwiderrufliche Kreditzusagen mit einer Verzinsung unter den Marktzinsen gemeint sein (vgl. IAS 39.47(d); in der Praxis selten). Der Begriff „*some loan commitments*" wird in IFRS 7.4 auch zur Beschreibung von Kreditzusagen im Anwendungsbereich von IAS 37 verwendet; das sind banktypische Kreditzusagen, die nur durch eine Rückstellung für Kreditrisiken bevorsorgt werden.[394] Ein Zinsrisiko könnte hier aus der Diskontierung der Rückstellung entstehen (IAS 37.47). Nach *Löw/Lorenz* könnten auch Rückstellungen für Zinsverluste erforderlich sein, wenn niedrig verzinste Liquidität bereitgehalten und zu schlechteren Zinsen refinanziert werden muss; aufgrund von Ausgleichszahlungen entfallen aber i. d. R. solche Rückstellungen.[395] Die drei genannten Fälle sind eher „exotische" Zinsrisiken, die selten intern berichtet werden. Eine eher dem Risikomanagement entsprechende Auslegung des Exposurebegriffs in IFRS 7 wäre es daher, eine durchschnittliche Ausnutzung auf Basis von Erfahrungswerten zu unterstellen und allfällige Zinsrisiken der zugesagten Kredite zu simulieren. Vergleichsweise wird auch beim Kreditrisiko eine vollständige Ausnutzung unwiderruflicher Kreditzusagen unterstellt (IFRS 7.B10(d)), Ablaufszenarien sind mit dem Exposurebegriff daher vereinbar,

---

[392] IAS 39.63; anders .66.
[393] § 298 Abs. 1 SolvV; § 206 SolvaV.
[394] IAS 39.2(h); *Scharpf/Weigel/Löw* (Finanzgarantien und Kreditzusagen 2006), WPg 2006, S. 1502.
[395] *Löw/Lorenz* (Finanzinstrumente 2005); in Löw [Hrsg.], S. 437; *Kuhn/Scharpf* (Finanzinstrumente 2006), Rn. 1480 f.

9. Marktrisiko: Säule 1 und IFRS 7

solange das Exposure aus bereits am Bilanzstichtag abgeschlossenen Finanzinstrumenten resultiert.

Bei **Zinstermingeschäften und Swaps** wird grundsätzlich auf die fixen oder variablen Zahlungen abgestellt, deren Barwerte das Fair Value-Risiko und deren Nettozahlungen pro Jahr das Cash Flow-Risiko ergeben. Bei Optionsgeschäften auf zinstragende Instrumente und Swaptions wird auf die Deltaäquivalente abgestellt.[396] Underlyings von **Kreditderivaten** sind beim Fair Value-Risiko zu berücksichtigen, wenn das Unternehmen an marktzinsabhängigen Wertänderungen und nicht nur an Spreadrisiken partizipiert (denkbar z. B. bei Total Return Swaps).[397]

Für Zinsrisiken aus Derivaten, die als **Sicherungsinstrumente eines Cash Flow Hedge** von Zinsrisiken designiert wurden, sollte das erfolgsneutrale Fair Value-Risiko grundsätzlich gesondert von erfolgswirksamen Risiken gezeigt werden.[398] Die Cash Flows aus Zinsswaps und Zinstermingeschäften werden meist erfolgswirksam erfasst, um die Ergebniswirkung der variablen Zinsen aus dem Grundgeschäft auszugleichen. Ein **erfolgswirksames Cash Flow-Risiko** besteht, soweit sich die Cash Flows nicht vollständig ausgleichen. Ein **erfolgswirksames Fair Value-Risiko** ergibt sich aus den Sicherungsinstrumenten, wenn der Hedge nicht vollständig effektiv ist; dies vor allem beim *over-hedge*, nicht aber beim *under-hedge*.[399] Bei einer exakten Simulation auf Basis von IAS 39 wären viele Nebenbedingungen zu beachten, die i. d. R. nicht Gegenstand der internen Risikomessung nach IFRS 7.34(a) sind. Da Simulationen ohnedies unter vereinfachten, idealisierten Annahmen erfolgen (z. B. Parallelverschiebung der Zinskurve), wäre die Forderung nach einer exakten Beachtung von IAS 39 für hypothetische Szenarien wohl übertrieben. Manche Ineffektivitätsquellen scheiden schon wegen der Zinsrisikodefinition aus (z. B. veränderte Credit Spreads). Bei verschiedenen Sicherungsbeziehungen gleichen sich Ineffektivitätseffekte mitunter wieder aus; soweit bei unternehmensweiter Betrachtung nicht signifikant, kann auf die Simulation von Ineffektivitätseffekten verzichtet werden.

Sind Derivate als Sicherungsinstrumente eines **Fair Value Hedge von Zinsrisiken** designiert, müsste neben dem Cash Flow-Risiko auch das Fair Value-Risiko aus Ineffektivitäten simuliert werden.[400] Dies aber nur, wenn unternehmensweit wesentliche Effekte auftreten (viele Ineffektivitätsquellen wie z. B. Credit Spreads werden ja nicht simu-

---

396 § 308 SolvV und § 204 Abs. 3 SolvaV zum Positionsrisiko im Handelsbuch.
397 Positionsrisiken im Handelsbuch folgen i. d. R. Nominalwerten (§ 299 Abs. 5 SolvV; § 204 Abs. 6 SolvaV).
398 *Institut der Wirtschaftsprüfer in Deutschland e.V.* [Hrsg.] (IDW ERS HFA 24 2007), Rz. 65 Pkt. 3.
399 *Kuhn/Scharpf* (Finanzinstrumente 2006), Rn. 2907.
400 *Kuhn/Scharpf* (Finanzinstrumente 2006), Rn. 4632; *Institut der Wirtschaftsprüfer in Deutschland e.V.* [Hrsg.] (IDW ERS HFA 24 2007), Rz. 65 Pkt. 2.

liert). Unabhängig von der Effektivität ergibt sich aus den Derivaten hinsichtlich ihrer variablen Seite ein Cash Flow-Risiko.

Bei **Währungs- oder Devisenswaps** ergibt sich das Zinsrisiko aus den Zinssatzdifferenzen zwischen zwei Währungen. Zinsdifferenzen sind nicht unbedingt Gegenstand der Sensitivitätsanalyse nach IFRS 7, weil Interdependenzen zwischen Währungen damit nicht abgebildet werden müssen. Mit IFRS 7.34(a) ist der internen Risikoberichterstattung zu folgen: Manche Banken rechnen Währungsswaps dem Zinsrisiko zu und zerlegen den Swap dazu synthetisch in zwei Anleihen, aus denen die Fair Value- und Cash Flow-Zinsrisiken je Währung abgeleitet werden. Andere Banken rechnen Währungsswaps eher dem Fremdwährungsrisiko zu und simulieren Kursdifferenzen. In diesem Fall muss das Zinsrisiko unter IFRS 7 nicht angegeben werden, außer es ist signifikant.[401]

Bei **echten Pensionsgeschäften und Wertpapierleihegeschäften** ist der bilanziellen Behandlung zu folgen. Da gemäß IAS 39.AG51(a) bis (c) die Vermögenswerte stets dem Verkäufer bzw. Verleiher zuzurechnen sind, simuliert dieser auch das Fair Value-Risiko. Die Kupons bzw. Dividenden stehen zwar häufig dem Käufer zu; bei den üblichen kurzen Laufzeiten (z. B. 14 Tage) fallen die Ausschüttungstermine aber selten in die Geschäftslaufzeit; selbst in diesen Fällen werden sie in die Transaktion eingepreist, sodass auch das Cash Flow-Risiko beim Verkäufer bzw. Verleiher erfasst wird.

Bei **unechten Pensionsgeschäften** kann es zu einer Ausbuchung kommen, abhängig vom inneren Optionswert und der Marktgängigkeit des Pensionsguts.[402] Die Zurechnung des wirtschaftlichen Eigentums deckt sich aber nicht mit der Zurechnung der Fair Value-Risiken, weil diese über die Rückübertragungsoption zwischen den Vertragspartnern aufgeteilt werden. Erfolgt keine Ausbuchung, dann wäre ein beim Pensionsgeber erfasster Fair Value mit dem Ausübungspreis der Option nach oben hin limitiert (IAS 39.AG48(d); gemäß .AG34 keine Passivierung der Option als Derivat). Der Pensionsnehmer aktiviert sein Optionsrecht zum Fair Value. Erfolgt eine Ausbuchung, dann passiviert der Pensionsgeber die geschriebene Option zum Fair Value, der Pensionsnehmer aktiviert sie zum Fair Value.[403] Wird IAS 39 bei der Sensitivitätsanalyse streng befolgt, dann müssten alle zum Fair Value bilanzierten Pensionsgüter sowie die bilanzierten Optionen (bzw. die Deltaäquivalente) simuliert werden, unter Berücksichtigung aller Nebenbedingungen (z. B. Limitierung des Fair Values mit Ausübungspreisen). Eine so aufwendige Analyse ist angesichts der kurzen Laufzeiten wohl übertrieben. Da IFRS 7.B22 von erfassten und nicht erfassten Finanzinstrumenten spricht, können die

---

401 Nach *Kuhn/Scharpf* (Finanzinstrumente 2006), Rn. 4632, haben Währungsderivate grundsätzlich ein Zinsrisiko.
402 *Institut der Wirtschaftsprüfer in Deutschland e.V.* [Hrsg.] (IDW RS HFA 9 2007), Rz. 210 ff.
403 *PricewaterhouseCoopers AG* [Hrsg.] (IFRS für Banken 2008), S. 573 f.

Erfassungsbestimmungen auch pauschal durch Ablauffiktionen abgebildet werden (z. B. geschätzt anhand innerer Optionswerte und Erfahrungswerte). Fair Value- und Cash Flow-Risiken werden dann für die jeweils zugeteilten Pensionsgüter analysiert. Vergleichsweise erfolgt im aufsichtsrechtlichen Handelsbuch eine vollständige Zurechnung an den Pensionsgeber.[404]

Zinsrisiken unbarer **finanzieller Sicherheiten** (bzw. finanziellem Treuhandvermögen) werden dort dargestellt, wo sie bilanziert sind (nach IAS 39.37 i. d. R. beim Sicherungsgeber). Beim Sicherungsnehmer kann ein Fair Value-Risiko bei ausgefallenen Forderungen entstehen, die auf den Fair Value zinstragender Sicherheiten abgeschrieben sind.[405]

Beim **Finanzierungsleasing** weist der Leasinggeber eine Leasingforderung aus, die in den Anwendungsbereich des IFRS 7 fällt. Die Bewertung erfolgt zu fortgeführten Anschaffungskosten, Finanzierungserträge spiegeln eine konstante periodische Verzinsung wieder (IAS 17.39). Nur variabel verzinste Raten ergeben ein Cash Flow-Risiko.

9.2.3 Simulation des Zinsrisikos

IFRS 7 enthält nur wenige Vorgaben zur Simulation des Zinsrisikos; die Methoden sind offenzulegen (IFRS 7.40(b)). Grundsätzlich ist ein *„reasonably possible change in the relevant risk variable ... applied to the risk exposures ... at that date..."* zu zeigen (IFRS 7.B18(a)). Eine Differenzierung nach Währungen ist freiwillig möglich.[406] Die Simulation kann gemäß IFRS 7.40(a) statisch erfolgen, indem eine Über-Nacht-Änderung der Zinskurve unterstellt wird. Anpassungseffekte und Gegenmaßnahmen müssen nicht berücksichtigt werden (z. B. Wechselwirkungen zwischen Zinssätzen und Beständen von Sichteinlagen). IFRS 7.IG32 ordnet das *„prepayment risk"* dem sonstigen Preisrisiko zu, fortgeschrittenere Simulationsmodelle können diese Effekte aber auch für Zwecke des IFRS 7 beim Zinsrisiko berücksichtigen.

Die Art der Simulation ergibt sich aus der bankinternen Risikoberichterstattung. *„It may be necessary to consider both parallel and non-parallel shifts in the yield curve"* (IFRS 7.IG32(a)). Im Risikomanagement werden regelmäßig Parallelverschiebungen, Drehungen und ein Kippen simuliert, wobei natürlich nicht jede interne Darstellung einen zusätzlichen Informationswert für den Abschlussadressaten hat. ING und HSBC simulieren etwa eine Parallelverschiebung um 100 BP (HSBC verwendet beim Cash Flow Risiko eine sukzessive Änderung von 25 BP je Quartal).[407]

---

[404] § 298 Abs. 3 SolvV; § 205 SolvaV.
[405] IAS 39.AG 84 letzter Satz und IG E.4.8.
[406] Vgl IFRS 7.IG34 letzter Satz.
[407] HSBC Holdings plc Annual Report and Accounts 2006, S. 221 f.; ING Konzernabschluss 2006, S. 196; die Angaben basieren jeweils nicht auf IFRS 7.

9.2 Sensitivitätsanalysen

Im **aufsichtsrechtlichen Handelsbuch** wird das allgemeine Kursrisiko in Zinsnettopositionen je Währung mit Eigenmitteln unterlegt; beim Standardverfahren findet keine für IFRS 7 geeignete Simulation statt. Die Nettopositionen in zinsbezogenen Instrumenten werden Laufzeitbändern zugeordnet, die unterschiedliche Zinssensitivitäten aufweisen und daher als Basis für die Simulation verwendet werden könnten. Die Aufrechnung von Beständen und Derivaten in weitgehend gleichen Wertpapieren bzw. die Aufrechnung gegenläufiger, entsprechender Derivate (Preprocessing)[408] sind als Vorbereitung auf die Simulation des Fair Value- und des Cash Flow-Risikos grundsätzlich geeignet, weil Handelsbuchinstrumente i. d. R. erfolgswirksam zum Fair Value bewertet werden; auch die Cash Flows sind erfolgswirksam. Daher gehen durch die Aufrechnung i. d. R. keine Informationen über die Art der Erfassung unter IAS 39 verloren. Bei der Zuordnung in Laufzeitbänder und der Bildung von Nettopositionen bleibt unberücksichtigt, ob ausnahmsweise doch eine erfolgsneutrale Erfassung erfolgt (z. B. Sicherungsinstrumente eines Cash Flow Hedge, die im aufsichtsrechtlichen Handelsbuch geführt werden).

Bei Anwendung der Durationsmethode[409] kann die jeweils ermittelte modifizierte Duration mitunter auch für Zwecke des IFRS 7 herangezogen werden. Daten für IFRS 7 müssen aber jedenfalls auf einer frühen Berechnungsstufe abgeleitet werden, bevor aufsichtsrechtliche Multiplikatoren, Gewichte und Verrechnungen (z. B. Ausgleich von Zonensalden) zur Anwendung kommen, da diese für IFRS 7 irrelevant sind.

Für das **Anlagebuch** verlangt das Aufsichtsrecht die **Simulation eines Zinsschocks**.[410] CEBS sieht hier die Simulation einer Parallelverschiebung der Zinskurve um 200 BP oder in Höhe des 1. bzw. 99. Quantils der historischen 1-Jahres-Zinsänderungen (beobachtet über 5 Jahre) vor.[411] Wie unter IFRS 7 wird der Zinsschock i. d. R. statisch und ohne Berücksichtigung von Anpassungseffekten ermittelt. Allerdings sind nach IFRS 7.B19(a) keine Zinsschocks zu simulieren. Nichtsdestoweniger können die aufsichtsrechtlich eingesetzten Methoden für die Simulation verwendet werden, indem andere Zinsänderungen unterstellt werden. Ergänzend zum Aufsichtsrecht muss allerdings nach Erfolgs- und Eigenkapitalwirkung differenziert werden und das Cash Flow-Risiko gesondert simuliert werden.

Die Messung von Zinsrisiken erfolgt oft mittels des *present value of a basis point (PVBP)*; dies eignet sich auch für IFRS 7, ebenso wie die verschiedenen Durationsmaße.[412] Die

---

408 § 299 SolvV; § 203 SolvaV.
409 § 302 SolvV; § 208 Abs. 4 SolvaV.
410 § 24 Abs. 1 Z 14 KWG; § 69 Abs. 3 BWG.
411 *Committee of European Banking Supervisors* (CEBS): Technical Aspects of the Management of IRR from non-trading activities (http://www.c-ebs.org/documents/guidelines_IRRBB_000.pdf), S. 11 f.
412 *Kuhn/Scharpf* (Finanzinstrumente 2006), Rn. 4667 f.

Zuverlässigkeit der Duration ist allerdings bei Derivaten eingeschränkt, wenn diese nichtlineare Strukturen enthalten (z. B. kann das Gammarisiko von Optionen schwer mit Durationsmaßen abgebildet werden).

9.2.4 Sonstiges Preisrisiko

Das sonstige Preisrisiko ist negativ definiert als das Risiko „*that the fair value or future cash flows will fluctuate because of changes in market prices (other than those arising from interest rate risk or currency risk)* ...". Neben dem Cash Flow-Risiko ist das Fair Value-Risiko darzustellen, getrennt in Eigenkapitaleffekte (insb. AfS-Rücklagen bei Eigenkapitalinstrumenten) und Erfolgseffekte (IFRS 7.B27).

Als Beispiele genannt werden Änderungen von Rohstoffpreisen und Aktienkursen, das Restwertrisiko aus garantierten Restwerten beim Leasing und Risiken aus Indizes.[413] Dabei handelt es sich i. d. R. um Fair Value-Risiken; preisabhängige Cash Flows sind hier i. d. R. nur eine Ausprägung des Fair Value-Risikos. IFRS 7.IG32 nennt auch das *prepayment risk* (Risiko früherer oder späterer Rückzahlungen). Dieses Risiko wird von den meisten Banken aber nicht hinsichtlich der Erfolgs- und Eigenkapitaleffekte simuliert, sondern eher im Rahmen von Liquiditätsanalysen. Da der eigentliche Standardtext eine Simulation nicht zwingend erfordert, wird eine Angabepflicht nur soweit bestehen, als es intern i. S. v. IFRS 7.34(a) berichtet wird.

Bei **Derivaten** ist grundsätzlich die Fair Value-Änderung des Derivats bei einer Marktpreisänderung des Underlyings zu simulieren. Wie beim Fremdwährungsrisiko kann auch auf Nettopositionen abgestellt werden – ggf. unter Berücksichtigung von Diskontierungseffekten und Optionsdeltas. Bei echten Pensionsgeschäften und Wertpapierleihegeschäften in Eigenkapitalinstrumenten ist das Risiko beim Pensionsgeber oder Verleiher zu erfassen; bei unechten Pensionsgeschäften kann eine Ablauffiktion hilfreich sein (siehe Kapitel 7.3.3, S. 95).

In der Literatur wird diskutiert, ob **Rohwaren- und Rohstoffrisiken** überhaupt anzugeben sind, obwohl sie keine Finanzinstrumente darstellen. Die selbe Frage stellt sich aber schon beim Fremdwährungsrisiko, wo Zahlungsmittel in der Fremdwährung wohl auch einzuschließen sind. Sobald ein Unternehmen über Finanzinstrumente (insb. Derivate) wesentliche Rohwaren- und Rohstoffrisiken eingeht, liegt ein finanzielles Risiko hinsichtlich der offenen Position vor; physische Bestände auszuschließen würde irreführende Verzerrungen ergeben, die mit dem Exposurebegriff des IFRS 7 unvereinbar sind.[414] Da es sich dabei ohnedies nur um eine risikoorientierte Auslegung handelt, soll-

---

[413] Vgl. IFRS 7.B25.
[414] *Kuhn/Scharpf* (Finanzinstrumente 2006), Rn. 4641 empfehlen die Berücksichtigung; vgl. auch *Löw* (Risikoberichterstattung 2005), BB 2005, S. 2179.

ten die Bestände unabhängig von der Bewertung nach IAS 2 mit ihrem Fair Value in die offenen Positionen einbezogen werden. Als Ausgangsbasis könnten die aufsichtsrechtlich für das Handels- und Anlagebuch ermittelten offenen Rohwarenpositionen herangezogen werden (Kassa- und Terminpositionen bzw. Deltaäquivalente)[415]; das gleiche gilt für offene Goldpositionen. Das Risiko von Lieferengpässen wird ggf. qualitativ aufgrund von IFRS 7.42 beschrieben.

Aktienpositionsrisiken können aus den aufsichtsrechtlichen Daten im Handelsbestand abgeleitet werden. Bei offenen Positionen wird nicht zwischen erfolgsneutraler und erfolgswirksamer Erfassung differenziert und gegenläufige Positionen werden i. d. R. aufgerechnet; für den Handelsbereich ist dies für IFRS 7 auch sinnvoll, soweit nur die Bewertungskategorie *held for trading* betroffen ist. Aktienpositionsrisiken im Anlagebuch werden aufsichtsrechtlich nicht erhoben und müssen für IFRS 7 gesondert simuliert werden, differenziert nach Erfolgs- und Eigenkapitaleffekten.

9.2.5 Differenzierung zwischen trading und non-trading

Bei Banken ist es üblich, das Marktrisiko aus dem Handelsbereich aufgrund der besonderen Risikosituation auch gesondert darzustellen. Dementsprechend erlaubt IFRS 7.B17(a) eine getrennte Darstellung der Bewertungskategorie *held for trading*; dies aber freiwillig. Eine solche Trennung könnte etwa nach Portfolios erfolgen, wenn intern Handelsportfolios berichtet werden.

Aufgrund der unverbindlichen Formulierung *„might disclose ... separately"* sind natürlich auch Darstellungsvarianten zulässig, die von den Bewertungskategorien des IAS 39 abweichen. IFRS 7.B21 erlaubt eine Unterteilung nach Klassen i. S. v. IFRS 7.6; in diesem Sinn kann nach Geschäftsbereichen differenziert werden.[416] Wird intern der Handelsbereich getrennt von Bereichen des Anlagebuchs berichtet, ist dies mit IFRS 7.34(a) auch maßgeblich. Abweichungen zwischen dem Handelsbereich und der Bewertungskategorie *held for trading* können sich z. B. bei Derivaten des Anlagebuchs ergeben.[417]

Mit der Risikoaufteilung zwischen Handels- und Anlagebuch werden Unternehmenseinheiten unterstellt, ähnlich wie Segmente im Segmentbericht. Zwischen Segmenten werden Erfolge mittels Intersegmentumsätzen abgegrenzt (vgl. IFRS 8.23(b)); eine entsprechende Lösung ist auch für die Risikoaufteilung sinnvoll. Geschäfte, die der Han-

---

415 § 296 SolvV; § 222 SolvaV.
416 Eine Überleitung auf Bilanzposten ist nicht erforderlich, weil IFRS 7.B21 nur optional ist (IFRS 7.6: „requires").
417 Zu Abweichungen *Große/Schmidt* (Handelsaktivitäten 2007), WPg 2007, S. 864 ff.; *Grünberger* (Bankwesengesetz Kommentar 2007), § 29a BWG Rn. 66.

delsbereich stellvertretend für andere Bereiche durchführt, sind jedenfalls diesen Bereichen zuzuordnen.

Für eine sinnvolle Risikoaufteilung könnten auch **interne Geschäfte** zwischen Handel und Anlagebuch berücksichtigt werden, soweit dies der internen Berichterstattung entspricht. Sie dürfen aber die Gesamtrisikosituation des Unternehmens i. S.v. IFRS 7.B21 nicht beeinflussen, sondern nur die Risikoaufteilung. Dies ist jedenfalls gewährleistet, wenn interne Geschäfte nur eine Stellvertreterfunktion[418] für externe Geschäfte haben. Außerdem sollten sie analog zum Aufsichtsrecht[419] zu Marktbedingungen abgeschlossen sein.

Werden Risikovariablen (z. B. Fremdwährungsrisiken) sowohl im Handel als auch im Anlagebuch erfolgswirksam erfasst, dann können interne Geschäfte ebenfalls so behandelt werden (es kommt dann zu einer konsistenten Erfolgsaufteilung zwischen den Bereichen). Probleme können sich allerdings aufgrund der verschiedenen Bewertungskonzepte des IAS 39 ergeben (*accounting mismatch*). Oft sichern interne Geschäfte Risiken, die im Anlagebuch nicht oder nur erfolgsneutral erfasst werden (z. B. Aktienkurse), ab. Kontrahiert die Handelsabteilung ein identisches Geschäft am Markt, dann besteht dieser *accounting mismatch* ohnedies im IFRS-Abschluss, sodass das interne Geschäft zur Weiterleitung des Risikos an den verursachenden Bereich berücksichtigt werden kann.

Werden interne Geschäfte von der Handelsabteilung aber aufgerechnet und nur auf Nettobasis extern weitergegeben, dann gibt es insoweit keinen *accounting mismatch* im IFRS-Abschluss. Die Berücksichtigung der internen Geschäfte würde die Risikosituation außerhalb des Handels künstlich aufblähen, weil die Erfolgswirkung der internen Geschäfte nicht durch eine kompensierende Bewertung der gesicherten Geschäfte neutralisiert wird.

9.3 VaR-Analyse

9.3.1 Allgemeines

IFRS 7.41 erlaubt eine Sensitivitätsanalyse mittels VaR, aber nur wenn das Unternehmen diesen VaR auch zum Risikomanagement verwendet. Der VaR muss somit nicht nur Gegenstand des internen Berichtswesens sein, sondern aktiv im Risikomanagement eingesetzt werden.

---

418 Vgl. dazu *Luz/Scharpf* (Marktrisiken 1998), S. 69.
419 § 1a Abs. 7 KWG; § 197 Abs. 1 Z 3 SolvaV.

9.3 VaR-Analyse

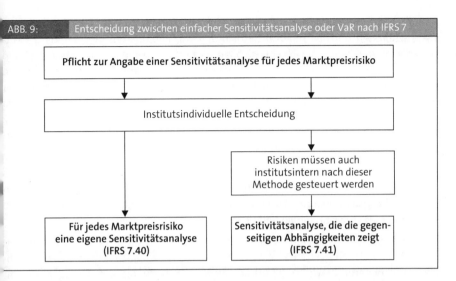

ABB. 9: Entscheidung zwischen einfacher Sensitivitätsanalyse oder VaR nach IFRS 7

Auch im Aufsichtsrecht sind interne Modelle auf Basis des VaR für die Eigenmittelunterlegung von Marktrisiken zugelassen (insb. Fremdwährungs- und Warenpositionsrisiko für das Gesamtbuch, Zins- und Aktienkursrisiko für das Handelsbuch).[420] Da beide Regelwerke nur gewisse Mindestanforderungen definieren und die Methoden weitgehend offen lassen, können die aufsichtsrechtlichen VaR gut für IFRS 7 genutzt werden. Der Vorteil der aufsichtsrechtlichen VaR liegt in der hohen Verlässlichkeit (umfassende Qualitätsansprüche, Backtesting und „Ampelregelung").[421]

Bei stark **abweichenden Konsolidierungskreisen** müssen unternehmensspezifische Lösungen für die Gesamtdarstellung des Konzerns gefunden werden, weil sich VaRs nicht additiv verknüpfen lassen. Zusätzliche Berechnungen sind außerdem erforderlich, wenn ein internes Modell und das Standardverfahren parallel für die gleichen Risiken verwendet werden („*partial use*"). Liefern nachgeordnete Gruppenmitglieder keine Detaildaten, dann werden ihre VaRs aus Vorsichtsgründen im Risikomanagement häufig addiert (ggf. mit Hilfe von Diversifikationstabellen); dies ist für IFRS 7 nur sachgerecht, wenn diese Gruppenmitglieder für Marktrisikozwecke unbedeutend sind.

9.3.2 Verhältnis zur Bewertung

Bei VaR-Analysen ist keine **Trennung in Erfolgs- und Eigenkapitaleffekte** erforderlich; konkrete Auswirkungen auf Erfolg und Eigenkapital i.S.v. IFRS 7.40(a) müssen über-

---

[420] § 2 Abs. 3 SolvV; § 22p Abs. 1 und 3 BWG.
[421] § 318 Abs. 2 SolvV; §§ 228 ff. SolvaV; *Luz/Scharpf* (Marktrisiken 1998), S. 335.

9. Marktrisiko: Säule 1 und IFRS 7

haupt nicht ermittelt werden.[422] Die Beurteilung von Erfolgs- und Eigenkapitaleffekten wäre schließlich nur bei isolierter Betrachtung von Einzelrisiken möglich, da die verschiedenen Variablen unterschiedliche bilanzielle Folgen haben (Fremdwährungsrisiken sind fast immer erfolgswirksam, Zinsrisiken nicht unbedingt). Daher beschränkt sich die Analyse nicht auf zum Fair Value bewertete Instrumente, sondern löst sich von der Bewertung nach IAS 39. Wie weit und für welche Einzelrisiken HtM-Instrumente und *loans and receivables* einbezogen werden und Cash Flow-Risiken analysiert werden, hängt von der internen Risikoberichterstattung ab, allerdings muss eine Gesamtdarstellung des Konzerns i. S. v. IFRS 7.B21 gewährleistet bleiben.

Da IFRS 7.41 die Bezüge zu Eigenkapital und Ergebnis aufgibt, muss hinsichtlich des Fremdwährungsrisikos im Gesamt-VaR wohl kein zwingender Bezug zur funktonalen Währung hergestellt werden (IFRS 7.B23 gilt wohl nur, wenn das Fremdwährungsrisiko i. S. v. IFRS 7 „als solches" dargestellt wird).

Wie bei Sensitivitätsanalysen ist eine Portfoliodifferenzierung nach Handelsbuch und Anlagebuch möglich (IFRS 7.B21 i. V. m. IFRS 7.6). Zur Risikoaufteilung zwischen Portfolios können **interne Geschäfte** berücksichtigt werden, wofür die Ausführungen zur Sensitivitätsanalyse analog gelten (siehe Kapitel 9.2.5). Da sich der VaR von IAS 39 löst und grundsätzlich auf Fair Value-Basis ermittelt wird, ergibt sich aus der Berücksichtigung interner Geschäfte hier kein *accounting mismatch*-Problem.

Bei Hedge-Beziehungen sollten Grund- und Sicherungsinstrumente den selben Portfolios zugeordnet werden.[423] Da weder die Bewertung noch das Hedge Accounting i. s. v. IAS 39 nachvollzogen werden, ergibt sich die Sicherungswirkung unabhängig von der buchmäßigen Effektivität aus den historischen Fair Values. Daher sollte bei der Portfoliozuordnung eher auf ökonomische, intern gesteuerte Hedgebeziehungen als auf designierte Hedges i. S. v. IAS 39 geachtet werden. Alternativ können ökonomische Hedgebeziehungen auch durch Einbeziehung interner Geschäfte an die richtigen Portfolios weitergeleitet werden.

Bei **unechten Pensionsgeschäften** und **Kreditzusagen** können Ablauffiktionen sinnvoll sein (siehe dazu die Ausführungen zur Sensitivitätsanalyse in Kapitel 9.2, S. 144 ff.). Im Risikomanagement werden oft auch die VaR von erhaltenen Wertpapiersicherheiten simuliert; diese müssen für IFRS 7 nicht berücksichtigt werden, außer Forderungen wurden in wesentlichem Umfang auf den Wert von Sicherheiten abgeschrieben.

VaR können auch nur für den Handelsbereich gezeigt werden, neben klassischen Sensitivitätsanalysen für das Anlagebuch.[424] Allerdings kann die Berücksichtigung interner

---

422 IFRS 7.BC61; IFRS 7.40 und .41 derogieren einander.
423 *Kuhn/Scharpf* (Finanzinstrumente 2006), Rn. 4695, beziehen sich auf nach IAS 39 designierten Hedges.
424 Ergibt sich aus IFRS 7.B21.

Geschäfte dann Verzerrungen verursachen, wenn sie auf beiden Seiten berücksichtigt werden (*accounting mismatch*). Da bei einer Kombination von VaR und klassischen Sensitivitätsanalysen ohnedies keine unternehmensweite, sondern nur eine nach Bereichen getrennte Risikobeurteilung möglich ist, wäre eine einseitige Berücksichtigung nur beim VaR im Handelsbereich denkbar, soweit mit internen Geschäften Risiken effektiv gesichert sind, die im Anlagebuch nicht bilanziell abgebildet werden.

9.3.3 Anforderungen

Das Aufsichtsrecht[425] erkennt interne Modelle nur an, wenn die mathematisch-statistischen Verfahren zur Ermittlung des VaR für die tatsächliche Risikosteuerung verwendet werden. Auch nach IFRS 7.41 muss das VaR-Verfahren zur Steuerung finanzieller Risiken tatsächlich verwendet werden.[426] Es scheint also eine gewisse formelle Verschränkung zwischen IFRS 7 und dem Aufsichtsrecht zu geben, wobei sich natürlich aus Konzernsicht die Adressaten dieser Bedingung unterscheiden können.

Der VaR ist nur bei repräsentativen historischen Daten aussagekräftig. Aufsichtsrechtlich ist daher ein **effektiver historischer Beobachtungszeitraum** von mindestens einem Jahr erforderlich (i. d. R. 250 Bankarbeitstage).[427] Dies kann grundsätzlich auch für IFRS 7 gefordert werden. Bei niedriger und konstanter Volatilität können weniger Datenpunkte ausreichen (*Kuhn/Scharpf*[428] sprechen von 90 bis 250 Punkten, wobei 90 im aktuellen Marktumfeld der US-Hypothekenkrise schon zu wenig sind). Sowohl das Aufsichtsrecht als auch IFRS 7.B20 erlauben eine Gewichtung der Datenpunkte; ein effektiver historischer Beobachtungszeitraum von einem Jahr erfordert dann einen Balancepunkt, der mindestens sechs Monate zurückliegt[429]; daher sind mehr als 250 Datenpunkte erforderlich. Bei Neunotierungen werden zur Auffüllung des Beobachtungszeitraums oft Benchmarks verwendet (z. B. Aktienkurse eines vergleichbaren Unternehmens).

Konsistent zum Aufsichtsrecht kann ein **einseitiges Verlustpotenzial** (ohne Berücksichtigung von Gewinnen) herangezogen werden (IFRS 7.B20). Das aufsichtsrechtliche Wahrscheinlichkeitsniveau von 99 % und die Haltedauer von 10 Tagen[430] sind auch für IFRS 7 geeignet. Bei Anwendung der Varianz-Kovarianz-Methode kann der aufsichtsrechtliche Beobachtungszeitraum von 10 Tagen mit dem Faktor 3,16 (Quadratwurzel von 10) auf einen Tag umgerechnet werden, weil dabei eine Normalverteilung unterstellt wird. Bei anderen Methoden ist dies nur eine grobe Näherung.

---

425 § 317 Abs. 3 SolvV; § 225 Abs. 10 SolvaV.
426 Vgl. auch *Institut der Wirtschaftsprüfer in Deutschland e. V.* [Hrsg.] (IDW ERS HFA 24 2007), Rz. 44.
427 § 315 SolvV; § 227 SolvaV.
428 *Kuhn/Scharpf* (Finanzinstrumente 2006), Rn. 4695.
429 *Luz/Scharpf* (Marktrisiken 1998), S. 329.
430 § 315 SolvV; § 227 SolvaV.

9. Marktrisiko: Säule 1 und IFRS 7

Originäre Instrumente und Derivate werden i. d. R. mit ihren historischen Marktwerten einbezogen (eine synthetische Zerlegung in Underlyings erfolgt nur selten). Fehlen Marktwerte, dann sind Modellwerte erforderlich. *Kuhn/Scharpf*[431] nennen dafür Mindestanforderungen, die sich mit den aufsichtsrechtlichen Modellanforderungen[432] decken (Berücksichtigung der „Greeks" von Optionen, Berücksichtigung von Credit Spreads und Zinsstrukturrisiken, Berücksichtigung der Bewegung von Teilmärkten und Einzelwerten beim sonstigen Preisrisiko; Berücksichtigung des *convenience yield* beim Rohwarenrisiko). Die gesonderte Angabepflicht von Kreditrisiken nach IFRS 7.36 ff. bedeutet nicht, dass Kreditrisiken bei der Ermittlung des VaR auszuklammern wären.

9.4 Ergänzungen der Säule 1 um das inkrementelle Risiko

Der Baseler Ausschuss versucht derzeit, die Marktrisikoanforderungen der Säule 1 zu ergänzen.[433] Bei der Marktrisikounterlegung soll zwischen liquiden und illiquiden Instrumenten differenziert werden. Das Kreditrisiko im Handelsbuch (bisher in der Form nur im Bankbuch unterlegt), das Downgrade-Risiko (Risiko eines verschlechterten Ratings), das Credit Spread Risiko (Risiko gestiegener Risikomargen auf Zinsen) und das Risiko von Eigenkapitalpreisen (z. B. Aktienkurse) sollen besser unterlegt werden.

Daher schlägt der Baseler Ausschuss eine Ergänzung des bestehenden Marktrisikokonzepts vor: Banken sollen ab 2010/2011 einen sogenannten *„Incremental Risk Charge"* (IRC) ermitteln, der auch mit Eigenmitteln zu unterlegen ist (inkrementeller Risikokapitalzuschlag). Der IRC umfasst alle Risiken im Handelsbereich, die bisher nicht abgedeckt wurden.

Anders als bei den bisherigen Modellen, die ein Verlustrisiko über 10 Tage betrachten (10-Tages Value-at-Risk), soll das Verlustrisiko bei einer Haltedauer über ein ganzes Jahr ermittelt werden. Da aber Handelsbuchpositionen nicht so lange gehalten werden, müssen Szenarien über die zukünftige Zusammensetzung des Handelsbuchs unterstellt werden. Je liquider die Instrumente sind, umso rascher können Risikopositionen dabei ausgeglichen werden und umso geringer ist der Kapitalzuschlag. Als zentrale Messgröße für die Liquidität wird der sogenannte *„Liquidity Horizon"* definiert, das ist die durchschnittliche Zeit, die zum Verkauf oder zur Absicherung einer Position (Hedge) erforderlich ist.

Außerdem wird ein Strafabzug für illiquide Handelsbuchinstrumente gefordert. Während in der Rechnungslegung für Handelsbuchinstrumente Marktwerte anzusetzen

---

[431] *Kuhn/Scharpf* (Finanzinstrumente 2006), Rn. 4695.
[432] § 316 Abs. 2 bis 4 SolvV; §§ 226 f. SolvaV; *Luz/Scharpf* (Marktrisiken 1998), S. 330.
[433] BIS-Dokumente „Computing Capital for Incremental Risk in the Trading Book" und „Revisions to the Basel II market risk framework"; vom 22. Juli 2008 (http://www.bis.org/press/p080722.htm).

9.4 Ergänzungen der Säule 1 um das inkrementelle Risiko

sind, muss für Aufsichtszwecke ein eigener Marktwert mit Liquiditätsabschlag ermittelt werden. Die Differenz zum Marktwert in der Rechnungslegung ist vom Kernkapital abzuziehen: dieser Vorschlag ist in aktuellen Richtlinienentwürfen der Kommission aber nicht in dieser Form enthalten.

Mit der Umsetzung dieser neuen Risikobegriffe – die derzeit allerdings noch sehr unbestimmt sind – wird die bankaufsichtliche Marktrisikounterlegung jedenfalls viel komplexer. Unter IFRS 7 gibt es derzeit keine entsprechenden Begriffe.

10. Marktrisiko: Säule 3 und IFRS 7

Die Säule 3 enthält nur wenige, stark aggregierte Offenlegungspflichten für Marktrisiken. Der Hauptgrund liegt wohl darin, dass die komplexen aufsichtsrechtlichen Anforderungen primär auf die Positionsbegrenzung und die Ermittlung von Eigenmittelerfordernissen abstellen und dabei sehr „kochrezeptartig" vorgehen (z. B. vorgegebene Ausgleichstechniken für Zonensalden, vorgegebene Multiplikatoren, praktische Vereinfachungen wie Szenario-Matrix-Methode oder Delta-Plus-Methode für Optionen). Die meisten dieser Detaildaten wären für externe Leser kaum nachvollziehbar und sind daher für eine Offenlegung nicht geeignet.

Die im Risikobericht nach IFRS 7 erforderlichen Marktrisikoangaben gehen viel weiter als jene der Säule 3 – sowohl in ihrem Umfang als auch in ihren qualitativen Aussagen. Insofern sind die Schnittstellen zwischen Säule 3 und IFRS 7 an dieser Stelle begrenzt. Demgegenüber gibt es zahlreiche Schnittstellen zwischen dem **Datenhaushalt nach der Säule 1 und IFRS 7**, die im vorangegangen Kapitel 9, S. 142 ff. ausführlich behandelt sind und entsprechend genutzt werden sollten. Die Schnittstellen bestehen aber vor allem in den erforderlichen Rohdaten bzw. Zwischenergebnissen (z. B. offene Positionen), in den späteren Rechenschritten weicht die Säule 1 konzeptionell von den Inhalten des IFRS 7 ab.

10.1 Standardmethode

TAB. 59:	Eigenmittelerfordernisse aus der Standardmethode
Säule 3	IFRS
Institute, die für die Ermittlung ihrer Eigenmittelanforderungen für Marktrisiken (Handelsbuch) und für Fremdwährungs- und Warenpositionsrisiken (Handels- und Anlagebuch) die **Standardmethode** anwenden, haben für die Risikoarten Zins, Aktien, Währung, Waren und Sonstige jeweils die Eigenmittelanforderung offenzulegen.[434]	IAS 1.135(a)(ii) verlangt qualitative Angaben zu externen Kapitalerfordernissen. Eine Quantifizierung ist nicht erforderlich (aber in der Berichterstattung von Banken übliche Praxis).

---

[434] § 330 Abs. 1 SolvV; § 10 Off-VO fordert die Offenlegung der Mindesteigenmittelerfordernis gemäß § 22 Abs. 1 Z 2 und 3 BWG.

10.2 Internes Modell

TAB. 59: Eigenmittelerfordernisse aus der Standardmethode

Säule 3	IFRS
Für österreichische Institute: Die Eigenmittelanforderungen sind nach **allen** unterlegungspflichtigen Risiken des Handelsbuchs zuzüglich des Fremdwährungs- und Warenpositionsrisikos im Gesamtbuch getrennt offenzulegen.[435, 436]	

Schnittstellen zwischen Säule 3 und IFRS

Die nach der Säule 3 erforderliche Aufspaltung der aufsichtsrechtlichen Eigenmittelerfordernisse nach Marktrisiken kann im Rahmen der Angaben zum Kapitalmanagement (IAS 1.134 ff.) vorgenommen werden.
Dabei empfiehlt sich die gemeinsame Abbildung mit den gesamten Eigenmittelanforderungen für das Marktrisiko (siehe Kapitel 4.4, S. 58 ff.; Tabelle 17).

10.2 Internes Modell

TAB. 60: Verwendung eigener Risikomodelle (Value-at-Risk)

Säule 3	IFRS
Werden eigene Risikomodelle verwendet, dann sind für jedes modellierte Portfolio die **Modelleigenschaften**, dessen bankaufsichtliche Akzeptanz sowie verwendete **Stress-Tests und Validierungsmethoden** zu beschreiben.[437] Erforderlich ist eine grundsätzliche **Beschreibung des Modellansatzes** (insb. z. B. Monte-Carlo-Simulation, historische Simulation u. dgl.), der berücksichtigten **Marktrisikofaktoren** und der **Grundannahmen** des Modells (z. B. hinsichtlich Verteilung, Volatilitäten, Korrelatio-	Verwendet ein Unternehmen für die Marktrisikoangaben den VaR (siehe Kapitel 9.3, S. 156 ff.), dann empfiehlt IFRS 7.B20 folgende qualitative Beschreibungen: ▶ Angabe der **Methode** (z. B. Monte-Carlo Simulation), ▶ Erklärungen der Modellfunktion und wesentlicher Annahmen (z. B. Konfidenz und Haltedauer), ▶ den historischen Beobachtungszeitraum und Gewichtungen der historischen Daten,

---

[435] Gemäß § 22o Abs. 2 Z 1 bis 12 BWG: spezifisches und allgemeines Positionsrisiko in zinsbezogenen Instrumenten, spezifisches und allgemeines Positionsrisiko in Substanzwerten, Risiko aus Aktienindex-Terminkontrakten, Risiko aus Investmentfondsanteilen, sonstige mit Optionen verbundene Risiken, nach der Szenario-Matrix-Methode behandelte Optionen, Abwicklungsrisiko, Kontrahentenausfallrisiko, Warenpositionsrisiko (auch für Positionen außerhalb des Handelsbuches), Fremdwährungsrisiko (einschließlich des Risikos aus Goldpositionen; auch für Positionen außerhalb des Handelsbuches).

[436] Anhang XII Teil 2 Rn. 9 CRD.

[437] § 330 Abs. 2 Nr. 1 SolvV; § 11 Z 1 lit. a bis c und § 11 Z 2 Off-VO.

10. Marktrisiko: Säule 3 und IFRS 7

TAB. 59:	Verwendung eigener Risikomodelle (Value-at-Risk)
Säule 3	**IFRS**
nen und Risikoaggregation). Ziel soll die Offenlegung eines fundierten Bildes der Risikosituation des Instituts sein, außerdem sind nur qualitative Angaben erforderlich.[438]	▶ den Umgang mit Optionen und ▶ die unterstellten Volatilitäten und Korrelationen.
Zur bankaufsichtlichen Akzeptanz sind der genehmigte Anwendungsbereich (z. B. Risikoarten, Geschäftsfelder, betroffene Gruppenmitglieder) sowie der vorgegebene Multiplikator auf den Durchschnitts-VaR anzugeben (3 bis 5 einschließlich Zuschläge aufgrund von Rückvergleichen).[440]	Angaben zur **Prognosegüte** (Backtesting, Validierung) sind nach IFRS nicht gefordert.
Die Beschreibung der **Stress-Tests** soll die aufsichtsrechtlich erforderlichen, periodischen Stresstests für das interne Modell offenlegen.[441]	
Zudem sind die aufsichtsrechtlich erforderlichen Rückvergleiche (**Backtesting** Marktrisiko:) und die Validierung der Genauigkeit und Konsistenz des Modells qualitativ zu beschreiben.[442]	
Schnittstellen zwischen Säule 3 und IFRS	
Angaben nach Säule 3 und IFRS 7 lassen sich gut in Einklang bringen, sofern das aufsichtsrechtliche VaR-Modell für die selben Risiken verwendet wird, die auch nach IFRS 7 durch VaR-Analysen gezeigt werden (zum Abgleich und zur Problematik interner Geschäfte siehe Kapitel 9.3, S. 156 ff.). Soweit sich der Umfang nicht deckt, muss klar beschrieben werden, welchen Umfang das aufsichtsrechtliche Modell und welche das für IFRS 7 herangezogene Modell haben. IFRS 7 erfordert zwar keine Krisentests, kein Backtesting und keine Validierung; weil diese aber ohnedies aufgrund aufsichtsrechtlicher Anforderungen vorgenommen werden, ist eine entsprechende Beschreibung im Rahmen der Angaben nach IFRS 7 auch sinnvoll. Dies gilt auch für die bankaufsichtliche Akzeptanz des Modells.	

---

[438] Vgl. *Urbanek* (Kommentar 2007), § 11 Off-VO Rz. 3 f.
[439] Vgl. *Urbanek* (Kommentar 2007), § 11 Off-VO Rz. 7.
[440] Vgl. *Urbanek* (Kommentar 2007), § 11 Off-VO Rz 5.
[441] Vgl. *Urbanek* (Kommentar 2007), § 11 Off-VO Rz. 6.

10.3 Bewertung im aufsichtsrechtlichen Handelsbuch

TAB. 61:	Bewertungsmethoden der Handelsbuchpositionen
Säule 3	**IFRS**
Eine Beschreibung des Ausmaßes und der Methodik bei den **Bewertungsmethoden** der Handelsbuchpositionen ist offenzulegen.[442] Handelsbuchpositionen müssen täglich zu Marktpreisen bewertet werden.[443] Damit werden insbesondere die für den VaR erforderlichen Zeitreihen generiert und eine tägliche Risikobegrenzung ermöglicht. Das Regelwerk der Bewertungspraktiken ist offenzulegen, z. B. im Hinblick auf Methoden, die unabhängige Preisüberprüfung oder Unterbewertungen (Reserven) sowie auf das Kontroll- und Berichtswesen.[444]	IFRS 7.27 f. erfordern zur Ermittlung von Fair Values je Klasse von Finanzinstrumenten weitgehende Angaben[445], insbesondere: ▶ Bewertungsmethoden und Annahmen für Bewertungsmodelle, ▶ Ausmaß, wie weit Fair Values auf notierten Preisen oder Modellen beruhen, ▶ wie weit Fair Values auf Annahmen beruhen, die nicht auf Basis aktueller Markttransaktionen erstellt wurden, und die Sensitivität der Fair Values auf diese Annahmen und ▶ Angaben zu „first day gains" (Unterschied zwischen Transaktionspreis und Modellwert bei Anschaffung).

Schnittstellen zwischen Säule 3 und IFRS

Die Bewertungsmethoden für das Handelsbuch können einheitlich im Rahmen der Beschreibung der Bilanzierungsmethoden von Finanzinstrumenten (IFRS 7.21 und .27) abgedeckt werden, vor allem dann, wenn die nach IFRS 7 herangezogene Klassendefinition mit dem aufsichtsrechtlichen Handelsbuch abgestimmt wird (siehe dazu auch Kapitel 9.2.5, S. 155).

Allerdings sind folgende Punkte zu beachten und bei einer gemeinsamen Darstellung im Anhang klar abzugrenzen:

▶ Die Säule 3 betrifft die tägliche Bewertung für Aufsichtszwecke und nicht die Bewertung für den Jahresabschluss; bei der Erstellung des Jahresabschlusses können andere, mitunter aufwändigere Techniken zur Anwendung kommen, weil auch ein längerer Zeitraum für die Informationsbeschaffung zur Verfügung steht. Gibt es stärkere Abweichungen, dann sollten die Angaben zur aufsichtsrechtlichen Bewertung besser in die Modellbeschreibung im Risikobericht integriert werden (IFRS 7.41(a)).

---

[442] § 330 Abs. 2 Nr. 2 SolvV; § 11 Z 3 Off-VO.
[443] § 1a Abs. 8 KWG bzw. §§ 198 bis 202 SolvaV.
[444] Vgl. *Urbanek* (Kommentar 2007), § 11 Off-VO Rz. 8.
[445] IFRS 7.27 gilt zwar strenggenommen nur für die Fair Value-Angaben im Anhang (IFRS 7.25 i. V. m. .29); die Angabepflichten müssen aber auch im Rahmen der Bilanzierungsmethoden für bilanzierte Fair Values (IFRS 7.21) analog herangezogen werden, denn es wäre widersprüchlich, für bilanzierte Fair Values weniger Angaben zu verlangen als für die Fair Value-Angaben im Anhang.

TAB. 61:	Bewertungsmethoden der Handelsbuchpositionen
Säule 3	IFRS
▶ Die aufsichtsrechtlich teilweise geforderte Unterbewertung (z. B. Berücksichtigung zukünftiger Kosten, Abzug nicht vereinnahmter Credit Spreads) ist mit IAS 39 meist nicht vereinbar. Sollen diese Unterbewertungen beschrieben werden, müssen diese klar auf den aufsichtsrechtlichen Datenhaushalt bezogen werden, um Verwechslungen mit der Bewertung nach IAS 39 auszuschließen; generell sollten derartige Aussagen im Anhang eines IFRS-Abschlusses zurückhaltend getätigt werden, sinnvoller wäre es, diese in die Modellbeschreibung im Risikobericht zu integrieren (IFRS 7.41(a)). ▶ „First day gains" (Unterschied zwischen Transaktionspreis und Modellwert bei Anschaffung) sind eine Besonderheit des IAS 39 und müssen zusätzlich zu den Angaben nach der Säule 3 beschrieben werden, da diese im Rahmen der täglichen Marktbewertung des Handelsbuchs i. d. R. nicht abgebildet werden.	

10.4 Zinsänderungsrisiko im Anlagebuch

Zinsänderungsrisiken im Handelsbuch werden im Rahmen der Säule 1 berücksichtigt. Zinsänderungsrisiken von Positionen im Anlagebuch[446], d. h. aus zinssensitiven und zinsbindungsgesteuerten Aktiv- und Passivpositionen außerhalb des Handelsbuches, werden über die Säule 2 berücksichtigt.

Für diese Risiken hat das Institut über angemessene Strategien und Verfahren zu verfügen, um diese Risiken zu steuern, zu überwachen und zu begrenzen. Außerdem muss das institutsinterne Risikodeckungspotential ausreichend sein, um die wesentlichen Risiken abzudecken. Die entsprechenden Parameter werden von der Aufsicht vorgegeben.[447]

TAB. 62:	Art des Zinsänderungsrisikos im Anlagebuch
Säule 3	IFRS
Das Institut hat die **Art des Zinsänderungsrisikos** im Anlagebuch und die **Häufigkeit der Messung** qualitativ zu beschreiben. [448] Die **Art des Zinsänderungsrisikos** wird von CEBS folgendermaßen eingeteilt:	Für jedes Risiko aus Finanzinstrumenten – und somit auch für das Zinsrisiko – ist das Risikoexposure und die Entstehung des Risikos qualitativ zu beschreiben (IFRS 7.33(a)).

---

[446] Das österreichische Aufsichtsrecht spricht von Zinsrisiken aus nicht im Handelsbuch gehaltenen Positionen bzw. von Zinsrisiken des Bankbuches.
[447] § 25a Abs. 1 siebter Satz KWG und BaFIN-Rundschreiben 7/2007 (BA) – Zinsänderungsrisiken im Anlagebuch (GZ BA 17-K 3103-2007/0001 vom 06. 11. 2007; ähnlich § 39a Abs. 1 BWG und *Finanzmarktaufsicht/ Oesterreichische Nationalbank* [Hrsg.] Leitfaden „Management des Zinsrisikos im Bankbuch", März 2008.
[448] § 333 Abs. 1 SolvV; § 14 Z 1 Off-VO.

10.4 Zinsänderungsrisiko im Anlagebuch

TAB. 62: Art des Zinsänderungsrisikos im Anlagebuch

Säule 3	IFRS
„a. risks related to the timing mismatch in the maturity and repricing of assets and liabilities and off balance sheet short and long term positions (*repricing risk*), b. risks arising from changes in the slope and the shape of the yield curve (*yield curve risk*), c. risks arising from hedging exposure to one interest rate with exposure to a rate which reprices under slightly different conditions (*basis risk*), and d. risks arising from options, including embedded options, e.g. consumers redeeming fixed rate products when market rates change (i.e. *option risk*)".[449] Außerdem fordert CEBS die Berücksichtigung von zwei Perspektiven: „The **earnings perspective** focuses on the sensitivity of earnings in the short term to interest rate movements. Institutions usually adopt this perspective due to two main reasons: (i) this is the variable [...] which [...] has an immediate impact on reported earnings; and (ii) the assessment [...] from an economic value perspective is difficult because it is mainly based on assumptions about the behaviour of long term instruments such as stable demand deposits [...]. The **economic value perspective** focuses on the sensitivity of the economic values of the banking book items to interest rate changes [...] as the shorter term earnings perspective will not completely capture the impact of interest rate movements on the market value of long term positions."[450] Angaben zum Risikomanagement in Bezug auf die Zinsänderungsrisiken im Anlagebuch sind an anderer Stelle gefordert[451] (Kapitel 5.2, S. 63 ff.).	IFRS 7 differenziert zwar nicht zwischen Anlage- und Handelsbuch, eine solche Differenzierung wird aber im Risikobericht häufig auf Grundlage des Klassenbegriffs (IFRS 7.B21 i.V. m. IFRS 7.6) vorgenommen. Das Zinsrisiko nach der Definition in IFRS 7 Anhang A resultiert aus Schwankungen des Fair Value oder zukünftiger Cash Flows von Finanzinstrumenten wegen Änderungen der Marktzinsen (Fair Value-Risiko und Cash Flow-Risiko). Das Zinsrisiko gemäß IFRS 7 ist ausführlich in Kapitel 9.2.2. S. 148 ff. dargestellt.

---

[449] *Committee of European Banking Supervisors* (CEBS), Technical aspects of the management of interest rate risk arising from non-trading activities under the supervisory review process; vom 3.10.2006 (http://www.c-ebs.org/documents/guidelines_IRRBB_000.pdf), S. 6.

[450] *Committee of European Banking Supervisors* (CEBS), Technical aspects of the management of interest rate risk arising from non-trading activities under the supervisory review process; vom 3.10.2006 (http://www.c-ebs.org/documents/guidelines_IRRBB_000.pdf), S. 7.

[451] Vgl. Angaben zu § 322 SolvV bzw. § 2 Off-VO.

10. Marktrisiko: Säule 3 und IFRS 7

TAB. 62:	Art des Zinsänderungsrisikos im Anlagebuch
Schnittstellen zwischen Säule 3 und IFRS	
Die qualitative Beschreibung im Rahmen der Säule 3 kann einheitlich mit der qualitativen Beschreibung des Zinsrisikos auf Grundlage des IFRS 7.33(a) vorgenommen werden. Folgende Unterschiede sind dabei zu beachten: ▶ Das Risiko von Optionen (Vorfälligkeitsoptionen) wird von IFRS 7 als „*prepayment risk*" bezeichnet, IFRS 7.IG32 ordnet es dem sonstigen Preisrisiko zu, es kann aber auch – analog zum Aufsichtsrecht – unter dem Zinsrisiko dargestellt werden. ▶ Die Angabe der Häufigkeit der durchgeführten Messung wird von IFRS 7 nicht gefordert und ist zur Erfüllung der Säule 3 im Risikobericht zu ergänzen; die Angabe ergänzt die Risikomanagementbeschreibung gemäß IFRS 7.33(b). ▶ Die aufsichtsrechtliche „*earnings perspective*" entspricht konzeptionell dem Cash Flow-Risiko nach IFRS 7 und die „*economic value perspective*" dem Fair Value-Risiko. Allerdings sind unter der „*economic value perspective*" alle zinstragenden Instrumente gemeint, nicht nur zum Fair Value bewertete Instrumente. Diese Sichtweise kann u. E. auch für IFRS 7 herangezogen werden.[455] ▶ IFRS 7 erfordert auch die Darstellung der Zinsrisiken im Handelsbuch. ▶ Unterschiede können sich ergeben, wenn das Unternehmen für Zwecke des IFRS 7 die Zinsrisiken des Anlagebuchs nur mittels VaR abbildet und den aufsichtsrechtlichen Berechnungen klassische Simulationen bzw. Durationsangaben zugrunde legt. In diesem Fall müssen die Informationen der Säule 3 klar von jenen des IFRS 7 getrennt werden, um Verwechslungen in Bezug auf die Methodik zu vermeiden.	

TAB. 63:	Schlüsselannahmen beim Zinsrisiko im Anlagebuch
Säule 3	*IFRS*
Die **Schlüsselannahmen** für das Zinsänderungsrisiko im Anlagebuch sind qualitativ zu beschreiben, einschließlich Annahmen hinsichtlich vorzeitiger Kreditrückzahlungen und des Anlegerverhaltens bei unbefristeten Einlagen.[456]	Die Methoden und Annahmen, die den Sensitivitätsanalysen zugrunde liegen, sind zu beschreiben (IFRS 7.40(b)). Die Methoden und die wesentlichen zugrunde liegenden **Parameter und Annahmen** einer VaR-Analyse sind zu beschreiben (IFRS 7.41(a)).

---

452 *Committee of European Banking Supervisors* (CEBS), Technical aspects of the management of interest rate risk arising from non-trading activities under the supervisory review process; vom 3.10.2006 (http://www.c-ebs.org/documents/guidelines_IRRBB_000.pdf), S. 6.
453 *Committee of European Banking Supervisors* (CEBS), Technical aspects of the management of interest rate risk arising from non-trading activities under the supervisory review process; vom 3.10.2006 (http://www.c-ebs.org/documents/guidelines_IRRBB_000.pdf), S. 7.
454 Vgl. Angaben zu § 322 SolvV bzw. § 2 Off-VO.
455 Siehe ausführlich Kapitel 9.2.2, S. 148 ff. (Sensitivitätsanalyse) und Kapitel 9.3.2, S. 157 ff. (VaR).
456 § 333 Abs. 1 SolvV; § 14 Z 2 Off-VO.

10.4 Zinsänderungsrisiko im Anlagebuch

TAB. 63: Schlüsselannahmen beim Zinsrisiko im Anlagebuch

Schnittstellen zwischen Säule 3 und IFRS

Die Offenlegungsverpflichtungen hinsichtlich der Schlüsselannahmen sind in der Säule 3 und in IFRS 7 sehr ähnlich formuliert und können durch einen gemeinsamen Text im Risikobericht abgedeckt werden.

Unterschiede können sich ergeben, wenn das Unternehmen für Zwecke des IFRS 7 die Zinsrisiken des Anlagebuchs nur mittels VaR abbildet und den aufsichtsrechtlichen Berechnungen klassische Simulationen bzw. Durationsangaben zugrunde legt. In diesem Fall müssen die Informationen der Säule 3 klar von jenen des IFRS 7 getrennt werden, um Verwechslungen in Bezug auf die Methodik zu vermeiden.

TAB. 64: Auf- und Abwärtsschocks beim Zinsänderungsrisiko

Säule 3	IFRS
Der Zuwachs oder der Rückgang der Erträge oder des ökonomischen Wertes oder anderer relevanter Bezugsgrößen im Falle eines **Zinsschocks** ist auf Grundlage der gewählten Methode quantitativ darzustellen. Die Darstellung ist nach dem Wesentlichkeitsgrundsatz nach **Währungen** aufzuschlüsseln.[457] Die vom Institut gewählte **Methode** (Durationsmethode, Simulationsansätze) und die sich daraus ergebende Kennzahl sind anzugeben.[458] Durationsmethoden sind jedoch bei nichtlinearen Strukturen (Optionsrisiken) in Verbindung mit Zinsschocks problematisch.	Wählt das Unternehmen die einfache Sensitivitätsanalyse, dann sind vernünftigerweise mögliche Änderung der Risikovariable darzustellen (IFRS 7.B18(a)). Im Rahmen dieser Darstellung erfolgt keine Simulation **von extremen Szenarien** und kein Stress-Test (IFRS 7.B19(a)). Die Sensitivitätsanalyse des Zinsrisikos kann nach **Währungen mit signifikantem Exposure** differenziert werden.[459] Die Funktionsweise der Simulation und das Verhältnis zur Säule 1 und Säule 2 sind ausführlich in Kapitel 9.2.3, S. 152 ff. dargestellt.

Schnittstellen zwischen Säule 3 und IFRS

Die aufsichtsrechtlich erforderliche Simulation von Zinsschocks deckt die Angabepflichten des IFRS 7 nicht ab:
- ▶ wird für Zwecke des IFRS 7 eine Simulation dargestellt, dann sind realistische Szenarien und keine Schocks zu unterstellen;
- ▶ wird für Zwecke des IFRS 7 eine VaR-Analyse gewählt, werden zwar extreme Szenarien unterstellt (z. B. 99 %-Quantile) – die aufsichtsrechtlich erforderliche Simulation[460] ist aber i. d. R. keine VaR-Analyse.

---

[457] § 333 Abs. 2 SolvV; § 14 Z 3 Off-VO und die CRD sprechen von einer verpflichtenden Aufschlüsselung, allerdings gilt auch hier der Wesentlichkeitsgrundsatz (*Urbanek* (Kommentar 2007), § 14 Off-VO Rz. 7).
[458] Vgl. *Urbanek* (Kommentar 2007), § 14 Off-VO Rz. 6.
[459] Vgl IFRS 7.IG34 letzter Satz.
[460] § 24 Abs. 1 Nr. 14 KWG; § 69 Abs. 3 BWG.

10. Marktrisiko: Säule 3 und IFRS 7

TAB. 64:	Auf- und Abwärtsschocks beim Zinsänderungsrisiko
Schnittstellen zwischen Säule 3 und IFRS	
Die Angaben nach der Säule 3 können die Angaben gemäß IFRS 7 daher nicht ersetzen, aber diese über die Anforderungen des IFRS 7 hinaus sinnvoll ergänzen. Werden die Auswirkungen realistischer Änderungen und von Zinsschocks nebeneinander im Risikobericht simuliert, dann sollte die Berechnungstechnik aber konsistent sein. Die Angaben nach der Säule 3 können in den Risikobericht gemäß IFRS 7 aufgenommen werden, weil sie ebenfalls zum Verständnis der Natur und des Ausmaßes der Risiken aus Finanzinstrumenten i. S. v. IFRS 7.31 beitragen. Da es sich aus der Perspektive von IFRS 7 um zusätzliche Angaben außerhalb der Vorgaben des IFRS 7 handelt, ist die Rechtsgrundlage, die Aussagekraft und die Berechnungstechnik klar zu stellen (insbesondere, was in diesem Zusammenhang als „Cash Flow-Risiko" und als „Fair Value-Risiko" zu sehen ist, wie weit zu Anschaffungskosten bewertete Instrumente betroffen sind etc.). Die nach IFRS 7 erforderliche Differenzierung zwischen Erfolgs- und Eigenkapitaleffekten muss nicht vorgenommen werden.	

11. Offenlegungsanforderungen bei Verbriefungen (§ 334 SolvV; § 15 Off-VO)

11.1 Allgemeines

Das Aufsichtsrecht enthält eine besondere Definition von Verbriefungen.[461] Im wesentlichen handelt es sich um eine dokumentierte Transaktion, bei der das Kreditrisiko von Forderungen an mindestens zwei Investorengruppen (Verbriefungstranchen) übertragen wird und die Zahlungen ausschließlich von den Forderungseingängen abhängen und entsprechend einer Rangfolge den Verbriefungstranchen zugewiesen werden (Wasserfall).

Bei einer **traditionellen Verbriefung** wird das Kreditrisiko mittels Übertragung des Eigentums an den Forderungen übertragen.[462] Zur Erfüllung der aufsichtsrechtlichen Definition reicht die Übertragung des Kreditrisikos, d. h. die zugrundeliegenden Forderungen müssen nicht selbst übertragen werden: Bei einer **synthetischen Verbriefung** wird das Kreditrisiko ohne Übertragung des Eigentums an den verbrieften Forderungen durch den Einsatz von Garantien, Kreditderivaten oder berücksichtigungsfähigen finanziellen Sicherheiten übertragen.[463]

Im Rahmen von Verbriefungstransaktionen können durch das Institut verschiedene **Funktionen** eingenommen werden: Der **Originator** einer Verbriefungstransaktion überträgt ein vertraglich definiertes Portfolio mit Kreditrisikopositionen, die für Rechnung des Instituts begründet oder zum Zweck der Verbriefung angekauft wurden, an eine zu diesem Zweck gegründete Zweckgesellschaft. Eigene Forderungen sind Forderungen von Unternehmen gleichgesetzt, zu denen eine enge Verbindung besteht.[464] Die **Zweckgesellschaft** strukturiert die mit den Forderungen in Zusammenhang stehenden Risiken und ggf. Zahlungen und reicht diese an die Investoren weiter. **Investoren** übernehmen die Risiken einer Verbriefung und sind weder Originator noch Sponsor dieser Verbriefung; dazu gehören auch Institute, die von anderen gehaltene Verbriefungspositionen gewährleisten oder absichern.[465]

Neben den vorgenannten Funktionen kann das Institut auch als Sponsor, Servicer oder Sicherungsgeber auftreten. Ein Institut gilt als **Sponsor**, wenn das Institut eine Verbriefungstransaktion auflegt und verwaltet und nicht Originator dieser Verbriefungstrans-

---

461 § 226 Abs. 1 SolvV; § 2 Z 61 BWG.
462 § 226 Abs. 2 SolvV; § 2 Z 62 BWG.
463 § 226 Abs. 3 SolvV; § 2 Z 63 BWG.
464 § 229 Abs. 1 SolvV; § 2 Z 67 BWG.
465 § 229 Abs. 3 SolvV; § 2 Z 69 BWG.

11. Offenlegungsanforderungen bei Verbriefungen (§ 334 SolvV; § 15 Off-VO)

aktion ist.[466] Der **Servicer** in einer Verbriefungstransaktion führt das laufende Management und den Einzug der im Forderungspool befindlichen Forderungen durch.[467]

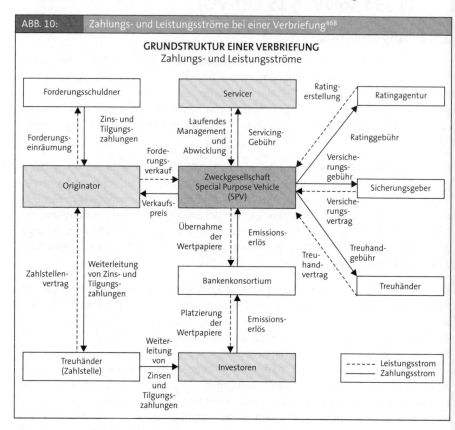

ABB. 10: Zahlungs- und Leistungsströme bei einer Verbriefung[468]

Die IFRS enthalten keine Definition von Verbriefungen; stattdessen gibt es Regelungen über die Ausbuchung von Finanzinstrumenten, die typischerweise bei Verbriefungen zur Anwendung kommen (IAS 39.15 ff.). Diese Regelungen betreffen aber nur traditionelle Verbriefungen.

---

466 § 229 Abs. 2 SolvV; § 2 Z 68 BWG.
467 Vgl. *Finanzmarktaufsicht/Oesterreichische Nationalbank* [Hrsg.] (Verbriefungen 2004) S. 11.
468 *Finanzmarktaufsicht/Oesterreichische Nationalbank* [Hrsg.] (Verbriefungen 2004) S. 11, Leitfaden „Best Practice im Risikomanagement von Verbriefungen" (http://www.fma.gv.at/cms/basel2//attachments/1/4/6/CH0337/CMS1143027384675/bestprac.pdf).

Ob Forderungen auszubuchen sind, ist nach dem in IAS 39.AG36 dargestellten Schema zu prüfen. Dabei muss zuerst beurteilt werden, ob die Zweckgesellschaft auf Grundlage des IAS 27 i.V.m. SIC-12 zu konsolidieren ist.[469] In diesem Fall unterscheiden sich der aufsichtsrechtliche Konsolidierungskreis und jener nach IFRS, weil die Zweckgesellschaft aufgrund Ihrer Geschäftstätigkeit i.d.R. nicht zur aufsichtsrechtlichen Gruppe gehört.

In einen nächsten Schritt wird geprüft, in wie weit die Chancen und Risiken vom Originator auf die Investoren übertragen wurden. Diese Prüfung erfolgt sowohl für Zwecke des Aufsichtsrechts als auch für Zwecke des IAS 39. Die jeweiligen Merkmale unterscheiden sich aber in den Details[470]; es kann daher zu Abweichungen kommen:

▶ Werden die Forderungen nur aufsichtsrechtlich „ausgebucht", dann sind sie nicht mehr Bestandteile der risikogewichteten Aktiva und somit kein zu unterlegendes „Exposure". Aus Sicht der IFRS bleiben sie aktiviert und gehören zum Kreditrisiko-Exposure gemäß IFRS 7.

▶ Werden Forderungen nur für Zwecke der IFRS ausgebucht, dann gehen sie weiterhin in die risikogewichteten Aktiva ein, nicht aber in das Kreditrisiko-Exposure gemäß IFRS 7.

Derartige Abweichungen zwischen den IFRS und dem Aufsichtsrecht sind fragwürdig und soweit wie möglich zu vermeiden, weil beide Normen grundsätzlich auf den Risikoübergang abstellen und man aus einer unterschiedlichen Behandlung auf eine bewusste Ausnutzung der Unterschiede in Form einer Umgehungskonstruktion schließen könnte. Außerdem gehen damit Schnittstellen im Datenhaushalt verloren (Säule 1 vs. IAS 39 sowie IFRS 7 vs. Säule 3). Die nachfolgenden Ausführungen unterstellen stets eine übereinstimmende Behandlung.

Bei einer synthetischen Verbriefung erfolgt unter den IFRS jedenfalls keine Ausbuchung nach den IFRS. Qualifiziert sich die synthetische Verbriefung für eine aufsichtsrechtliche „Ausbuchung", dann weichen die Kreditrisiko-Exposures zwangsläufig von jenen nach IFRS 7 ab.

---

469 IAS 39.15 ff.
470 Siehe ausführlich Kapitel 7.3.3, S. 95 ff.

11. Offenlegungsanforderungen bei Verbriefungen (§ 334 SolvV; § 15 Off-VO)

TAB. 65: Mit Verbriefungen verfolgte Ziele und Funktionen

Säule 3	IFRS
Das Institut hat eine Erläuterung der **verfolgten Ziele** hinsichtlich seiner Verbriefungsaktivitäten offenzulegen.[471]	Qualitative Informationen zu den Zielen, Strategien und Verfahren zur Steuerung der Risiken sind offen zu legen (IFRS 7.33 und .IG15(b)). Dabei können z. B. auch Angaben zur Verminderungen von Risikokonzentrationen oder Exposures oder zur Verbesserung der Liquidität durch Verbriefungen dargestellt werden. Gesonderte Angaben sind nur für jene Verbriefungen erforderlich, bei denen Vermögenswerte weiter erfasst bleiben (IFRS 7.13).
Ebenso ist auf die vom Institut übernommenen **Funktionen** einzugehen (Originator, Sponsor, Investor etc.).[472] Durch das Institut sind Angaben zum **Umfang des Engagements** des Instituts in jeder **Funktion** offenzulegen.[473]	Der Berichterstattung in Bezug auf übernommene Funktionen steht unter den IFRS nichts Vergleichbares gegenüber.
Schnittstellen zwischen Säule 3 und IFRS	
Die von der Säule 3 geforderten Angaben können im Risikobericht gemäß IFRS 7 abgedeckt werden (auf Grundlage des IFRS 7.33). Zur Erfüllung der Säule 3 sind die vom Institut eingenommenen **Funktionen** nach aufsichtsrechtlichen Kriterien anzuführen, weil keine vergleichbaren Begriffe unter den IFRS existieren.	

11.2 Offenlegung der Exposures

TAB. 66: Risikogewichtete Forderungsbeträge aus Verbriefungen

Säule 3	IFRS
Die **Verfahren zur Berechnung** der risikogewichteten Forderungen bei Verbriefungstätigkeiten sind offenzulegen.[474] Dies gilt natürlich nur insoweit, als verbriefte Exposures (weiterhin) vom Institut zu unterlegen sind.	Qualitative Informationen zu den Zielen, Strategien und Verfahren zur Steuerung der Risiken sind offen zu legen (IFRS 7.33 und .IG15(b)). In diesem Rahmen können die Ansätze zur Risikogewichtung von Verbriefungsexposures offengelegt werden.

---

471 § 334 Abs. 1 Nr. 1 SolvV i. V. m. §§ 225 bis 268 SolvV; § 15 Z 1 Off-VO i. V. m. §§ 22c bis 22f BWG.
472 § 334 Abs. 1 Nr. 2 SolvV; § 15 Z 2 Off-VO.
473 § 334 Abs. 1 Nr. 3 SolvV; § 15 Z 3 Off-VO.
474 § 334 Abs. 1 Nr. 4 SolvV; § 15 Z 4 Off-VO.

11.2 Offenlegung der Exposures

TAB. 66:	Risikogewichtete Forderungsbeträge aus Verbriefungen
Säule 3	**IFRS**
Die Verfahren sind z. B. der Standardansatz bzw. im IRB-Ansatz der ratingbasierte Ansatz (RBA), der interner Bemessungsansatz (IAA) oder der aufsichtliche Formelansatz (SF)[473]. Dabei ist keine detaillierte Darstellung der jeweils errechneten gewichteten Forderungsbeträge anzugeben.	
Die **Summen** der vom Institut **verbrieften Forderungsbeträge** sind quantitativ offenzulegen. Diese Angaben sind aufgeschlüsselt nach der Art der verbrieften Forderungen (z. B. Wohnimmobilienforderungen, KFZ-Leasing, Kreditkartenforderungen) und nach traditionellen Verbriefungen (Forderungsübertragung) bzw. synthetischen Verbriefungen (keine Übertragung) offenzulegen.[476] Die Angabepflichten betreffen auch bilanziell ausgebuchte Forderungen.	Die IFRS verlangen keine derartigen Angaben; allerdings können diese zur Beschreibung der Qualität der Kreditrisiko-Exposures gemäß IFRS 7.36(c) sinnvoll sein. Soweit bilanziell ausgebuchte Forderungen aufgrund der Säule 3 beschrieben werden (kein Exposure gemäß IFRS 7), müssen diese Angaben im IFRS-Anhang jedenfalls gesondert und mit entsprechenden Hinweisen angeführt werden.
Die **ausfallgefährdeten und überfälligen** Teile der verbrieften Forderungen nach Art der Forderungen sowie während der Periode aufgetretene Verluste sind quantitativ offenzulegen. [Die CRD als auch die nationale Umsetzung in Österreich sprechen von „ausgewiesenen Verlusten".][477] Wie beim Verbriefungsexposure sind hier sowohl ausgebuchte als auch beim Originator buchmäßig erfasste Forderungen betroffen. Aufgrund des Bezugs zu „ausgewiesenen" Verlusten geht es bei dieser Angabe um die Ausfallgefährdung (*impairment*) bzw. die Überfälligkeit nach Rechnungslegungsgrundsätzen. Die hier herangezogenen Definitionen sollte sich mit jenen bei den Kreditrisikoangaben decken (Kapitel 8.2, S. 108 ff.).	Entsprechende Analysen für wertgeminderte und überfällige Forderungen sieht IFRS 7.37 vor. Dem Wortlaut nach gelten die Anforderung nur für buchmäßig erfasste Instrumente (*„financial assets"*); um eine sinnvolle Interpretation der *on-* und *offbalance*-Exposures gemäß IFRS 7.36 zu erlauben sollten diese Angabe ohnedies auch auf *offbalance*-Exposures ausgedehnt werden. Eine gesonderte Darstellung von Verbriefungen im Rahmen der Angaben nach IFRS 7.37 wird nicht verlangt, auch nicht die gesonderte Angabe der Verluste aus Verbriefungen.

---

475 *Urbanek* (Kommentar 2007), § 15 Off-VO Rz. 8 i. V. m. Rz. 3.
476 § 334 Abs. 2 Nr. 1 SolvV; § 15 Z 7 Off-VO.
477 § 334 Abs. 2 Nr. 2 SolvV; § 15 Z 8 Off-VO; Anhang XII Teil 2 Rn. 14 lit. h CRD.

11. Offenlegungsanforderungen bei Verbriefungen (§ 334 SolvV; § 15 Off-VO)

TAB. 66:	Risikogewichtete Forderungsbeträge aus Verbriefungen
Säule 3	*IFRS*
Die während der Periode aufgetretenen Verluste sind als Abschreibungs- und Wertberichtigungsbedarf bei einbehaltenen Anteilen[478] sowie Aufwendungen aus der Dotierung von Rückstellungen und Verbindlichkeiten aus Garantien, Kreditderivaten und dgl. offenzulegen.	

Schnittstellen zwischen Säule 3 und IFRS

Die von der Säule 3 geforderten Angaben können gut in die Analysen überfälliger bzw. wertgeminderter Forderungen gemäß IFRS 7.37 integriert werden. Folgende Ergänzungen sind erforderlich:

- ▶ On balance- und off balance-Risiken sind anzugeben.
- ▶ Das überfällige bzw. wertgeminderte Exposure aus Verbriefungen im aufsichtsrechtlichen Sinne (traditionelle und synthetische Verbriefungstransaktionen) ist gesondert von den übrigen Exposures darzustellen.
- ▶ Die gebuchten Aufwendungen für Verbriefungen sind zu ergänzen.

TAB. 67:	Einbehaltene oder erworbene Verbriefungspositionen
Säule 3	*IFRS*
Die Summe der (als Originator) **einbehaltenen** oder (als Sponsor bzw. Investor) **erworbenen Verbriefungspositionen** des Instituts aus deren Originator-, Sponsor- oder Investorfunktion ist anzugeben. Die Angabe ist nach Art der jeweils zugrunde liegenden Forderungen zu gliedern (z. B. Wohnimmobilien, Kreditkarten, KFZ-Leasing usw.).[479]	Die IFRS verlangen keine solchen Angaben.
Des Weiteren ist eine Untergliederung in eine aussagekräftige Zahl von Risikogewichtungsbändern vorzunehmen.[480] Abzugsposten bzw. Positionen mit 1.250 Prozent-Gewicht sind gesondert anzugeben.[481]	

---

478 Vgl. Urbanek (OffV 2007), § 15 Off-VO Rz. 15.
479 § 334 Abs. 2 Nr. 3; § 15 Z 9 Off-VO.
480 § 334 Abs. 2 Nr. 4; § 15 Z 9 Off-VO.
481 § 334 Abs. 2 Nr. 4; § 15 Z 9 Off-VO.

11.2 Offenlegung der Exposures

TAB. 67:	Einbehaltene oder erworbene Verbriefungspositionen
Säule 3	*IFRS*
Originatoren revolvierender Forderungen haben die Summe des in Anspruch genommen Betrags des Gesamtrahmens getrennt nach Originatoranteil und Investoranteil offenzulegen.[482] Für deutsche Institute: Außerdem ist die Kapitalunterlegung im Rahmen des Standardansatzes[483] und des IRB-Ansatzes[484] für den Gesamtrahmen nach Originatoranteil und Investoranteil anzugeben.[485]	Die IFRS verlangen keine solchen Angaben.
Schnittstellen zwischen Säule 3 und IFRS	
Die nach der Säule 3 erforderlichen Angaben können die nach IFRS 7 erforderlichen Anhangangaben sinnvoll ergänzen, weil IFRS 7 keine konkreten Angaben zu Verbriefungen im aufsichtsrechtlichen Sinn verlangt. Auch eine Darstellung im Risikobericht gemäß IFRS 7 wäre möglich.	

TAB. 68:	Quantitative Zusammenfassung der Verbriefungsaktivitäten
Säule 3	*IFRS*
Eine **quantitative Zusammenfassung der Verbriefungsaktivitäten** in der Periode einschließlich des Betrags der effektiv verbrieften Forderungen[486] ist anzugeben. Dabei sind die aus dem Verkauf der verbrieften Forderung realisierte Gewinne oder Verluste nach der Art der Verbriefungsaktivität und nach der Art der verbrieften Forderungen aufzugliedern.[487]	Soweit verbriefte Forderungen nicht oder nur teilweise ausgebucht wurden, ist die Natur der Forderungen, die Art der verbleibenden Chancen und Risiken, der Buchwert der Vermögenswerte (bzw. des *continuing involvements*) und der assoziierten Verbindlichkeiten (d. h. der als Fremdfinanzierung erfasste Kaufpreis) anzugeben (IFRS 7.13). Die Natur der Forderung (IFRS 7.13(a)) kann analog zur Forderungsart unter der Säule 3 gegliedert werden.

---

482 § 334 Abs. 2 Nr. 5; § 15 Z 10 Off-VO.
483 Revolvierende Kreditrisikopositionen gemäß § 245 SolvV; revolvierende Forderungen gemäß § 175 SolvaV.
484 Revolvierende Kreditrisikopositionen gemäß § 262 SolvV; revolvierende Forderungen gemäß § 176 SolvaV.
485 § 334 Abs. 2 Nr. 5.
486 Traditionelle und synthetische Verbriefungen aus Sicht des Originators.
487 § 334 Abs. 2 Nr. 6 SolvV; § 15 Z 11 Off-VO.

11. Offenlegungsanforderungen bei Verbriefungen (§ 334 SolvV; § 15 Off-VO)

TAB. 68:	Quantitative Zusammenfassung der Verbriefungsaktivitäten
Schnittstellen zwischen Säule 3 und IFRS	
Die nach IFRS 7.13 erforderlichen Angaben können um jene nach der Säule 3 ergänzt werden; dazu sind folgende Erweiterungen nötig: ▶ Die Angaben gemäß IFRS 7.13 werden für Verbriefungen gesondert dargestellt (Abgrenzung zu andere Anwendungsfällen wie z. B. Pensionsgeschäfte). ▶ Die Angaben gemäß IFRS 7.13 werden um Angaben zu vollständig ausgebuchten Forderungen und zu synthetischen Verbriefungen erweitert (konkreter Hinweis und inhaltliche Abgrenzung). ▶ Die Verkaufserfolge aus Verbriefungen werden gesondert angegeben. ▶ Die entsprechenden Aufschlüsselungen nach der Säule 3 werden vorgenommen (Forderungsart, Verbriefungsart).	

11.3 Bilanzierungs- und Bewertungsmethoden

TAB. 69:	Bilanzierungs- und Bewertungsmethoden bei Verbriefungstransaktionen
Säule 3	**IFRS**
Durch das Institut ist eine Zusammenfassung der institutseigenen **Bilanzierungs- und Bewertungsmethoden** (Rechnungslegungsleitlinien) für Verbriefungen offen zu legen.[488] Im Einzelnen ist darauf einzugehen, ob die Behandlung der Transaktionen als **Verkäufe oder Refinanzierungen** behandelt werden, welche Bilanzierungs- und Bewertungsmethoden beim **Ausweis von Gewinnen** aus Verkäufen angewendet werden. Die Grundannahmen für die **Bewertung zurückbehaltener Risiken** (einbehaltene Anteile) sind anzugeben.	Die Bilanzierungs- und Bewertungsmethoden sind anzugeben, insbesondere in Zusammenhang mit Finanzinstrumenten (IFRS 7.21 i.V.m. IAS 1.117 ff.). Dabei sind die Bilanzierungs- und Bewertungsmethoden beim **Ausweis von Gewinnen und Verlusten** entsprechend anzugeben (IFRS 7.B5(e)). Soweit eine Verbriefung nicht zur Ausbuchung berechtigt, wird dies wie eine Refinanzierung verbucht. Insoweit sind ist die Natur der Forderungen, die Art der verbleibenden Chancen und Risiken, der Buchwert der Vermögenswerte (bzw. des *continuing involvements*) und der assoziierten Verbindlichkeiten (d. h. der als Fremdfinanzierung erfasste Kaufpreis) anzugeben (IFRS 7.13). Die Beschreibung der **(zurückbehaltenen) Chancen und Risiken** (IFRS 7.13(b)) umfassen i. d. R. Kreditrisiken, Währungsrisiken, Risiken verspäteter Zahlungen und Zinsänderungsrisiken – ohne diese zu quantifizieren.[489]

---

[488] § 334 Abs. 1 Nr. 5 SolvV; § 15 Z 5 Off-VO.
[489] Vgl. *Kuhn/Scharpf* (Finanzinstrumente 2006), Rn. 4171.

11.3 Bilanzierungs- und Bewertungsmethoden

TAB. 69:	Bilanzierungs- und Bewertungsmethoden bei Verbriefungstransaktionen
Säule 3	IFRS
	Neben den Bilanzierungs- und Bewertungsmethoden sind auch die **Ermessensentscheidungen des Managements** bei der Anwendung der Bilanzierungs- und Bewertungsmethoden anzugeben, die die Beträge am wesentlichsten beeinflussen (IFRS 7.B5 letzter Satz).
Schnittstellen zwischen Säule 3 und IFRS	
Die von der Säule 3 geforderten Beschreibungen decken sich grundsätzlich mit den Angabepflichten zu den Bilanzierungs- und Bewertungsmethoden nach IFRS 7. Allerdings müssen die Beschreibungen zur Erfüllung der Säule 3 gesondert für Verbriefungen im aufsichtsrechtlichen Sinn dargestellt werden (also ggf. auch für synthetische Verbriefungen). Außerdem sind die Beschreibungen gemäß IFRS 7 auch für Verbriefungen zu ergänzen, die zu einer vollständigen Ausbuchung geführt haben.	

TAB. 70:	Bilanzierungs- und Bewertungsmethoden bei synthetischen Verbriefungstransaktionen
Säule 3	IFRS
Es ist offen zu legen, wie synthetische Verbriefungen, d. h. **Verbriefungstransaktionen ohne Forderungsübertragung**, behandelt werden. Dies gilt jedoch nur insoweit, soweit diese synthetischen Verbriefungen nicht von anderen Bilanzierungs- und Bewertungsmethoden abgedeckt werden, z. B. Rechnungslegungsleitlinien zu Derivaten.	Für synthetische Verbriefungen (Kreditderivate) fordern die IFRS keine gesonderten Angaben über ihrer bilanzielle Behandlung. Zwar erfordert IFRS 7.13 Angaben zu übertragenen, aber nicht ausgebuchten Forderungen. Bei synthetischen Verbriefungen liegt aber i. d. R. keine Übertragung von Forderungen i. S. v. IAS 39.18 vor (auch i. d. R. keine mittelbare Übertragung der Cash Flows i. S. v. IAS 39.18(b)). Insoweit kommt IFRS 7.13 nicht zur Anwendung. Bilanzierungs- und Bewertungsmethoden zu synthetischen Verbriefungen bzw. Kreditderivaten sind aber im Rahmen der allgemeinen Angabepflichten gemäß IFRS 7.21 i.V.m. IAS 1.117 ff. geboten, sofern diese zum Verständnis des Abschlusses erforderlich sind. Dies wird bei einem signifikanten Einsatz synthetischer Verbriefungen i. d. R. der Fall sein.

TAB. 70:	Bilanzierungs- und Bewertungsmethoden bei synthetischen Verbriefungstransaktionen
Schnittstellen zwischen Säule 3 und IFRS	
Die bilanzielle Behandlung von synthetischen Verbriefungen ist auf Grundlage der Säule 3 offenzulegen, weil die IFRS keine spezifischen Offenlegungspflichten enthalten. Damit wird allerdings auch die grundsätzliche Angabepflicht der Bilanzierungs- und Bewertungsmethoden in IAS 1.117 ff. sinnvoll abgedeckt.	

11.4 Rating-Agenturen

TAB. 71:	Verwendung von Rating-Agenturen bei Verbriefungenstransaktionen
Säule 3	*IFRS*
Im Zusammenhang mit Verbriefungstransaktionen sind die **Namen der anerkannten Rating-Agenturen**, die bei Verbriefungen in Anspruch genommen werden und die **Arten der verbrieften Forderungen** (z. B. Kreditkartenforderungen, Wohnimmobilienforderungen, KFZ-Leasing), für die jede Agentur in Anspruch genommen wurde, anzugeben.[490]	Für *on balance*-Exposures – und wohl auch für *off balance*-Exposures[492] – ist die Kreditqualität anzugeben (IFRS 7.36(c)). Bei Verwendung externer Ratings wird insbesondere die Nennung der Rating-Agenturen empfohlen (IFRS 7.IG24(b)).
Mit Hilfe der Rating-Agenturen sollen die Qualität der Forderungen sowie der Transaktionsstruktur objektiviert beurteilt werden.[491]	
Schnittstellen zwischen Säule 3 und IFRS	
Die nach der Säule 3 geforderten Angaben decken auch die Angabepflichten nach IFRS 7.36(c) ab. Allerdings müssen die Angaben nach IFRS 7.36(c) zur Erfüllung der Säule 3 gesondert für Ratings von Verbriefungen und weiter untergliedert nach Forderungsarten dargestellt werden. Sofern die Verbriefung zu einer Ausbuchung der Forderungen führt, sind die Angaben entsprechend zu erweitern und auch für die ausgebuchten Forderungen vorzunehmen.	

---

490 § 334 Abs. 1 Nr. 6 SolvV; § 15 Z 6 Off-VO.
491 *Urbanek* (Kommentar 2007) § 15 Off-VO Rz. 11.
492 Zu dieser Fragestellung siehe Kapitel 7.5.1, S. 101 ff.

12. Sonstige spezielle Offenlegungsanforderungen

12.1 Offenlegungsanforderungen für Beteiligungen im Anlagebuch (§ 332 SolvV; § 13 Off-VO)

Die Säule 3 verlangt umfangreiche Offenlegungen für Beteiligungen – ebenso natürlich auch die IFRS.

Im Aufsichtsrecht ist der Beteiligungsbegriff immer zu hinterfragen, weil es mehrere konkurrierende Begriffe gibt (qualifizierte Beteiligungen, Beteiligungen im Sinne des HGB bzw. UGB, anzeigepflichtige Beteiligungen – in Deutschland konkret „bedeutende" Beteiligung genannt). Besonders häufig geht der Beteiligungsbegriff im Aufsichtsrecht auch auf eine unpräzise Übersetzung des englischen Begriffs *„equities"* in den Richtlinien zurück; eine bessere Übersetzung wäre „Eigenkapitalinstrumente".

Auch im Rahmen der Säule 3 sind grundsätzlich „Eigenkapitalinstrumente" gemeint. Dies ergibt sich aus der richtlinienkonformen Interpretation des Beteiligungsbegriffs. Die englische Fassung der CRD[493] spricht von *„exposures in equities"*, die französische Fassung von *„les expositions sur actions"*, die spanische von *„riesgos en acciones"* und die italienische von *„esposizioni in strumenti di capitale"*.

Was nun unter einem „Eigenkapitalinstrument" zu verstehen ist, ist wiederum auslegungsbedürftig. Banken, die den IRB-Ansatz werdenden, werden den Beteiligungsbegriff analog zum IRB-Beteiligungsbegriff[494] interpretieren; dieser ist wiederum weitgehend deckungsgleich mit dem Eigenkapitalbegriff des IAS 32 (siehe dazu ausführlich Kapitel 6.4, S. 70 ff.). Banken, die den Standardansatz verwenden, haben hier einen gewissen Interpretationsspielraum; in Deutschland wird auch im Standardansatz die Forderungsklasse „Beteiligungen" definiert – und zwar analog zum IRB-Beteiligungsbegriff.[495]

Für den Beteiligungsbegriff ist es jedenfalls unerheblich, ob gesellschaftliche Mitbestimmungsrechte vorhanden sind und welche Quoten am Kapital oder an den Mitbestimmungsrechten erreicht werden.

---

[493] Anhang XII Teil 2 Nr. 12 CRD.
[494] § 78 Abs. 1 SolvV; § 22b Abs. 2 Z 5 BWG.
[495] § 25 Abs. 13 SolvV; in Österreich wurde der Begriff im Standardansatz nicht festgelegt.

12. Sonstige spezielle Offenlegungsanforderungen

TAB. 72: Beteiligungspolitik und Beteiligungsbewertung

Säule 3	IFRS
In Bezug auf Beteiligungen im Anlagebuch ist eine **Unterscheidung nach Zielen** offenzulegen, einschließlich einer Differenzierung nach solchen mit Gewinnerzielungsabsicht und solchen, die aus strategischen Gründen eingegangen werden.[496] Außerdem ist ein Überblick über die angewandten **Bewertungs- und Rechnungslegungsgrundsätze** qualitativ offenzulegen (insb. ist auf zugrundeliegende Annahmen und Methoden sowie ggf. wesentliche Änderungen dieser Methoden einzugehen).[497]	Eine Darlegung der grundsätzlichen **Beteiligungspolitik** (Eingehen von Beteiligungen aus der Gewinnerzielungsabsicht und aus strategischen Gründe heraus) ist nach IFRS nicht erforderlich. IFRS 7.21 i.V. m. IAS 1.117 ff. erfordert die Beschreibung der Bewertungsmethoden und insbesondere auch der Annahmen und Einschätzungen (IAS 1.122) für Finanzinstrumente. Änderungen der Methoden sind gemäß IAS 8.28 offenzulegen. Die Vorschriften gelten generell, nicht spezifisch für Eigenkapitalinstrumente. Beteiligungen im Sinn der Säule 3 sind i. d. R. AfS-Instrumente (Bewertung zum Fair Value) oder Beteiligungen gemäß IAS 28 (selten auch gemäß IAS 27 und IAS 31). IFRS 7.27 fordert bei der Ermittlung von Fair Values noch weitergehende Angaben, z. B. Informationen zu aktiven Märkten, zu Bewertungsmethoden und Modellannahmen (dargestellt in Tabelle 61, S. 165). Auch IAS 28.37 ff. enthalten umfassende Offenlegungsangaben zur Bewertung.

Schnittstellen zwischen Säule 3 und IFRS

Die nach Säule 3 erforderliche Angabe der Ziele kann in den Anhang des IFRS-Abschlusses problemlos aufgenommen werden.

Die nach Säule 3 geforderten Bewertungsmethoden müssten im IFRS-Anhang bereits abgedeckt sein.

Soweit die Beschreibungen der Bewertungsmethoden von Finanzinstrumenten nicht zwischen Eigenkapitalinstrumenten und anderen Instrumenten unterscheiden, sollte diese Unterscheidung zur Erfüllung der Säule 3 aufgenommen werden.

---

496 § 332 Nr. 1 SolvV; § 13 Z 1 Off-VO.
497 § 332 Nr. 1 SolvV; § 13 Z 2 Off-VO.

12.1 Offenlegungsanforderungen für Beteiligungen im Anlagebuch

TAB. 73: Angaben des Buchwerts und andere Detaildarstellungen

Säule 3	IFRS
Den **Buchwert** und der **beizulegende Zeitwert** (Fair Value) sind quantitativ offenzulegen. Bei börsengehandelten Wertpapieren ist ein Vergleich zum Marktwert anzugeben, wenn dieser wesentlich vom beizulegenden Zeitwert abweicht.[498] Dies ist bei einer Bewertung nach IAS 39 nicht möglich.[499] Maßgeblich sind die Buchwerte im veröffentlichten Abschluss; wird ein IFRS-Konzernabschluss veröffentlicht, dann ist dieser maßgeblich und nicht der Einzelabschluss.	IFRS 7 fordert Angaben zu den **Fair Values** (IFRS 7.25-30). Dabei ist einerseits eine Gruppierung nach Klassen (IFRS 7.6) vorzunehmen, sodass ein Vergleich der Buchwerte laut Bilanz mit den Fair Values möglich ist, sofern diese nicht ohnedies weitgehend übereinstimmen (IFRS 7.25 und .26). IAS 28.37 verlangt nur eine Fair Value-Angabe von Beteiligungen an assoziierten Unternehmen, wenn notierte Preise vorhanden sind.
Die Art, die Natur und der Betrag der Beteiligungsposition sind anzugeben, und zwar aufgegliedert nach[500]: ▶ börsengehandelten Beteiligungen; ▶ nicht börsengehandelten Beteiligungen in hinreichend diversifizierten Portfolios; ▶ sonstigen Beteiligungen. Die Aufgliederung entspricht dem einfachen Risikogewichtungsansatz für IRB-Banken, ist an dieser Stelle aber für alle Banken und unabhängig vom gewählten Gewichtungsansatz erforderlich. Bei der Angabe der Art der Instrumente ist z. B. hinsichtlich Aktien, GmbH-Anteile etc., nach Branchen oder nach der bilanziellen Einordnung zu unterscheiden.[501]	Eine derartige Aufgliederung von Eigenkapitalinstrumenten wird unter IFRS nicht verlangt.
Schnittstellen zwischen Säule 3 und IFRS	
Die von der Säule 3 geforderte, vergleichende Angabe von Buchwerten und Fair Values kann im Rahmen der Fair Value-Angaben gemäß IFRS 7.25 ff. vorgenommen werden. Zur Erfüllung der Säule 3 muss eine der Klassen gemäß IFRS 7 mit der aufsichtsrechtlichen Forderungsklasse Beteiligungen abgestimmt werden. Die Fair Value-Angaben von nicht börsennotierten assoziierten Unternehmen wären zur Erfüllung der Säule 3 zu ergänzen (soweit wesentlich und mit zumutbarem Aufwand möglich). Die Aufteilung nach der Art, der Natur und der Börsennotierung kann zur Erfüllung der Säule 3 im Anhang ergänzt werden, auch wenn dies von den IFRS nicht explizit verlangt wird.	

---

498 § 332 Nr. 2 lit. a SolvV; § 13 Z 3 Off-VO.
499 Ebenso Fachgremium Offenlegungsanforderungen [Hrsg.] (Anwendungsbeispiele 2006), S. 80.
500 § 332 Nr. 2 lit. b SolvV; § 13 Z 4 Off-VO.
501 Vgl. Fachgremium Offenlegungsanforderungen [Hrsg.] (Anwendungsbeispiele 2006), S. 80.

12. Sonstige spezielle Offenlegungsanforderungen

TAB. 74: Unrealisierte und latente Neubewertungsgewinne von Beteiligungen

Säule 3	IFRS
Die kumulierten realisierten **Gewinne oder Verluste** aus Verkäufen und Abwicklungen (Liquidationen) während der Periode sind offenzulegen.[502] Die die gesamten **unrealisierten Neubewertungsgewinne oder -verluste** sowie die **latenten Neubewertungsgewinne oder -verluste** und die davon im Kern- oder Ergänzungskapital berücksichtigten Beträge sind anzugeben.[503] Maßgeblich sind die realisierten und unrealisierten Gewinne im veröffentlichten Abschluss; wird ein IFRS-Konzernabschluss veröffentlicht, dann ist dieser maßgeblich und nicht der Einzelabschluss. Die Bestimmung wurde vor dem Hintergrund einer IFRS-Rechnungslegung geschaffen. Mit unrealisierten Gewinnen sind buchmäßig erfasste Aufwertungen gemeint (in der Kategorie AFV und AfS sowie anteilige Gewinne und Verluste im Rahmen der *equity method*, soweit noch nicht zugeflossen). Latente Neubewertungsgewinne sind nicht in der Bilanz erfasste stille Reserven (diese ergeben sich auch aus dem Buchwert/Fair Value-Vergleich; vgl. vorangegangene Tabelle 73). Die Angabe der jeweiligen Gesamtsummen ist ausreichend. Die Erfassung im Kernkapital bzw. im Ergänzungskapital hängt davon ab, ob die IFRS als Grundlage für die Eigenmittelberechnung verwendet werden. In diesem Fall wären Gewinne und Verluste in der Kategorie AFV sowie Verluste in der Kategorie AfS i. d. R. kernkapitalwirksam; unrealisierte Gewinne in der Kategorie AfS werden anteilig im Ergänzungskapital erfasst (Prudential Filters[502]). Kernkapitalwirksam sind i. d. R. auch Bewertungsgewinne bei der *equity method* (sofern kein Abzugsposten).	Die **Nettogewinne oder Nettoverluste** aus einzelnen Bewertungskategorien inkl. der separaten Angabe der Gewinne oder Verluste, die direkt im **Eigenkapital** erfasst wurden sowie der in der Periode aus dem Eigenkapital in die GuV gebuchten Beträge für die Bewertungskategorie AfS, sind anzugeben (IFRS 7.20). Stille Reserven (Unterschiede zwischen Buchwert und Fair Value) sind gemäß IFRS 7.25 offenzulegen. Bei Beteiligungen an assoziierten Unternehmen sind die erfassten anteiligen Gewinne und Verluste und der Buchwert nach der *equity method* gesondert offenzulegen (IAS 28.38). IAS 28.37 verlangt nur eine Fair Value-Angabe von Beteiligungen an assoziierten Unternehmen, wenn notierte Preise vorhanden sind. Eine Angabe der Eigenmittelwirkung von unrealisierten Beträgen ist nicht erforderlich.

---

502 § 332 Nr. 2 lit. c SolvV; § 13 Z 5 Off-VO.
503 § 322 Nr. 2 lit. d SolvV; § 13 Z 6 Off-VO.

12.2 Operationelle Risiken (§§ 331, 337 SolvV; §§ 12, 18 Off-VO)

TAB. 74:	Unrealisierte und latente Neubewertungsgewinne
Säule 3	*IFRS*
Werden die Eigenmittel auf Basis des HGB bzw. UGB berechnet, dann sind unrealisierte Gewinne von Eigenkapitalinstrumenten im Handelsbuch häufig eigenmittelwirksam (sofern kein Abzugsposten). Außerdem werden i. d. R. bestimmte außerbilanzielle Neubewertungsreserven zu 45 % im Tier 2 anerkannt.	

Schnittstellen zwischen Säule 3 und IFRS

Die IFRS und die Säule 3 verlangen ähnliche Angaben zu realisierten und unrealisierten Gewinnen und Verlusten aus Beteiligungen. Soll die Säule 3 im Rahmen der Angaben nach IFRS abgedeckt werden, sind folgende Maßnahmen erforderlich:

▶ Die kumulierten realisierten Gewinne oder Verluste aus **Verkäufen und Abwicklungen (Liquidationen)** von Beteiligungen während der Periode sind zu ergänzen.

▶ Die Angaben der Nettogewinne und -verluste gemäß IFRS 7.20 und der stillen Reserven gemäß IFRS 7.25 ff. müssen gesondert für Beteiligungen im Sinne des Aufsichtsrechts (d. h. Eigenkapitalinstrumente) vorgenommen werden.

▶ Für Beteiligungen an assoziierten Unternehmen ohne notierte Preise muss der Fair Value ermittelt werden (soweit wesentlich und mit zumutbarem Aufwand möglich). Aus dem Vergleich der Fair Values und der Buchwerte sind die latenten Neubewertungsgewinne aller assoziierten Unternehmen abzuleiten.

▶ Die Angaben zu den Eigenkapitaleffekten aus Beteiligungen sind zu ergänzen; diese können z. B. bei den Eigenmittelangaben (IAS 1.134 ff.) entsprechend detailliert ergänzt werden (siehe Tabelle 14, S. 54).

12.2 Operationelle Risiken (§§ 331, 337 SolvV; §§ 12, 18 Off-VO)

Institute müssen zur Absicherung von Verlusten aus operationellen Risiken Eigenmittel in bestimmter Höhe vorhalten. Operationelle Risiken resultieren aus der Unangemessenheit oder aus dem Versagen von internen Verfahren, Menschen und Systemen oder aus externen Ereignissen, insbesondere auch aus Rechtsrisiken.[505] Zur Unterlegung stehen dem Institut grundsätzlich drei Verfahren zur Verfügung: Der Basisindikatoransatz (BIA), der Standardansatz (STA) oder der fortgeschrittene Messansatz (AMA).[506]

---

504 Zu den Prudential Filters und der Rechentechnik ausführlich *Grünberger* (Bankwesengesetz Kommentar 2007), § 29a BWG Rn. 38 ff.
505 § 269 Abs. 1 SolvV i. V. m. § 269 Abs. 2 SolvV; § 22i Abs. 1 BWG i. V. m. § 2 Z 57d BWG.
506 § 269 Abs. 1 SolvV; § 22i Abs. 1 BWG.

12. Sonstige spezielle Offenlegungsanforderungen

Eine Kombination von Basisindikatoransatz und Standardansatz ist in eingeschränktem Umfang möglich.[507] Außerdem ist eine Kombination der Verfahren bei Verwendung des fortgeschrittenen Messansatzes mit dem Basisindikatoransatz oder mit dem Standardansatz möglich (teilweise Anwendung).[508]

TAB. 75:	Operationelles Risiko – Verfahren und Faktoren
Säule 3	IFRS
Das **Verfahren** zur Bestimmung der Eigenmittelerfordernisse für das operationelle Risiko ist offenzulegen.[509] Das Institut hat im Fall der Anwendung des Basisindikatoransatzes oder des Standardansatzes dies lediglich als Verfahren als solches zu nennen, weil aufgrund der geringen Ermessensspielräume eine weiterführende Offenlegung nicht notwendig ist.[510]	Im Rahmen der Angaben zum Kapitalmanagement sind die **Art externer Kapitalanforderungen** und die Art und Weise zu beschreiben, wie diese in das Kapitalmanagement einbezogen werden (IAS 1.135(b)(ii)).
Bei Anwendung des **fortgeschrittenen Messansatzes** sind die Verfahren und die darin berücksichtigen **internen und externen Faktoren** zu erläutern.[511]	
Wesentliche Punkte sind etwa der Umgang mit erwarteten und unerwarteten Verlusten, der Modellansatz (z. B. *internal measurement approach, loss distribution approach, scenario based approach, scorecard approach*), die Gewichtung verschiedener Elemente, die Datenbasis, die Risikominderungen, die Modellvalidierung und die Kapitalallokation.[512]	
Weiterführende inhaltliche Angaben zum Risikomanagement (auch bezüglich des operationellen Risikos) sind bei der Darstellung des Risikomanagements gemäß § 322 SolvV bzw. § 2 Off-VO erforderlich (Tabelle 20, S. 64).	

---

507 § 277 SolvV; § 22m Abs. 2 BWG.
508 § 293 SolvV; § 22m Abs. 1 BWG.
509 § 331 Abs. 1 SolvV; § 12 Z 1 Off-VO.
510 Vgl. *Urbanek* (Kommentar 2007), § 12 Off-VO Rz. 5.
511 § 331 Abs. 2 erster Satz SolvV; § 12 Z 2 Off-VO.
512 Vgl. *Urbanek* (Kommentar 2007), § 12 Off-VO Rz. 8.

12.2 Operationelle Risiken

TAB. 75:	Operationelles Risiko – Verfahren und Faktoren
Säule 3	IFRS
Bei der **teilweisen (kombinierten) Anwendung** verschiedener Verfahren sind die jeweiligen Anwendungsbereiche offenzulegen.[513] Dabei kann die Aufteilung zwischen den beiden gewählten Verfahren anhand der Geschäftsfelder, der rechtlichen Strukturen bzw. aufgrund der geografischen Abgrenzung oder anderer intern festgelegter Kriterien erfolgen. Auch die Offenlegung des „*Roll-out*"-Plans ist möglich.[514]	
Schnittstellen zwischen Säule 3 und IFRS	
Die Offenlegung der aufsichtsrechtlichen Kapitalerfordernisse aus dem operationellen Risiko ist jedenfalls im Rahmen der Eigenmittelangaben gemäß IAS 1.134 ff. möglich; siehe Tabelle 14, S. 54. Die Existenz dieser Kapitalerfordernisse muss erwähnt werden, das gewählte Verfahren bzw. deren Kombination ist sinnvollerweise zu ergänzen.	
Wie weit die Verfahren und Faktoren beim **AMA-Ansatz** im IFRS-Abschluss inhaltlich zu beschreiben sind, ist allerdings fraglich. Das operationelle Risiko ist in IFRS 7 nicht vorgesehen (IFRS 7.BC65). Das Board meint sogar, Angaben zum operationellen Risikos seien vorzugsweise außerhalb des Jahresabschlusses darzustellen (IFRS 7.BC65: *„decided that such disclosures would be more appropriately located outside the financial statements"*).	
Da die Säule 3 keine Quantifizierung und keine konkrete Benennung der operationellen Risiken erfordert, sondern nur eine Darstellung der aufsichtsrechtlich zugelassenen Verfahren und der beachteten Faktoren, und entsprechende Eigenmittelerfordernisse bestehen, ist zumindest bei Banken die Bestimmung des IAS 1.135(a)(ii) einschlägig („... *externally imposed capital requirements, the nature of those requirements and how those requirements are incorporated into the management of capital* ...").	
Die Angabepflichten gemäß der Säule 3 können daher im Rahmen eines IFRS-Abschlusses von Banken erfüllt werden, der Abschluss steht auch mit diesen Angaben im Einklang mit den IFRS (IAS 1.16).	

Die Erfüllung der Offenlegung der **qualifizierenden Anforderung bei Verwendung des fortgeschrittenen Messansatzes** stellt eine Bewilligungsvoraussetzung dar. Zum (erstmaligen) Zeitpunkt der Offenlegung siehe Kapitel 2.3; S. 29 ff.

Die Möglichkeiten des Instituts, Versicherungen und andere risikomindernde Techniken zum Zwecke der Verringerung des operationellen Risikos zu verwenden, sind in § 292 SolvV bzw. § 194 SolvaV konkretisiert. Diese Möglichkeit steht lediglich im fortgeschrittenen Messansatz zur Verfügung.

---

513 § 331 Abs. 2 zweiter Satz SolvV; § 12 Z 3 Off-VO.
514 Vgl. *Urbanek* (Kommentar 2007), § 12 Off-VO Rz. 11.

TAB. 76: Versicherungen im Rahmen des AMA-Ansatzes	
Säule 3	IFRS
Bei Verwendung des AMA-Ansatzes ist die **Nutzung von Versicherungen** zur Verringerung des operationellen Risikos beschreiben.[515] Konkrete Vertragsbeziehungen müssen nicht offengelegt werden, sondern nur grundsätzliche Informationen wie z. B. die Art von Versicherungen, die Annahmen, die bei der Berücksichtigung von Versicherungen zu Grunde liegen, an welcher Stelle sie ins Modell einfließen und dgl.[516]	Die IFRS verlangen keine entsprechende Angabe.
Schnittstellen zwischen Säule 3 und IFRS	
Da es sich um einen Aspekt der aufsichtsrechtlichen Kapitalerfordernisse handelt, können die nach der Säule 1 erforderlichen Informationen im Rahmen der Eigenmittelangaben gemäß IAS 1.134 ff. angegeben werden. Die Ausführungen in der vorigen Tabelle 75, S. 186 gelten sinngemäß.	

12.3 Liquiditätsrisiko

Unter dem Liquiditätsrisiko wird das Risiko verstanden, dass ein Unternehmen Schwierigkeiten bei der Erfüllung seiner sich aus den finanziellen Verbindlichkeiten ergebenden Verpflichtungen hat (IFRS 7 Anhang A).

Zum Liquiditätsrisiko ist eine Analyse der Struktur finanzieller Verbindlichkeiten des Instituts basierend auf Laufzeitbändern und unter Berücksichtigung von verbleibenden vertraglichen Fälligkeitsterminen gefordert (IFRS 7.39(a)). Hierbei sind vertraglich vereinbarte, undiskontierte Zahlungsströme zu Grunde zu legen (IFRS 7.14). Bei Erfüllung durch Barausgleich bei Derivaten ist es möglich, nur den Nettobetrag für die Analyse des Liquiditätsrisikos heranzuziehen (IFRS 7.B14(c)). Dies ist unter der Prämisse statthaft, dass diese Vorgehensweise auch der internen Steuerung des Liquiditätsrisikos entspricht.[517] Andernfalls sind die Bruttobeträge den jeweiligen institutsindividuell festgelegten Laufzeitbändern zuzuordnen (IFRS 7.B15).

Diese Sichtweise kann um eine Analyse der Verbindlichkeiten auf Basis von erwarteten Laufzeiten ergänzt werden. Voraussetzung hierfür ist, dass das Institut die Steuerung

---

515 § 337 SolvV; § 18 Off-VO.
516 Vgl. *Urbanek* (Kommentar 2007), § 18 Off-VO Rz. 7.
517 Hierzu weiterführend: *Institut der Wirtschaftsprüfer in Deutschland e.V.* [Hrsg.] (IDW ERS HFA 24 2007), Rz. 58, mit einer Darstellung verschiedener Derivatgeschäfte und deren Einbezug in die Betrachtung des Liquiditätsrisikos.

12.3 Liquiditätsrisiko

des Liquiditätsrisikos auch auf den erwarteten Fälligkeiten basiert. Es wird empfohlen, neben den finanziellen Verbindlichkeiten auch die finanziellen Vermögenswerte in die Betrachtung mit einzubeziehen (IFRS 7.IG30).

Die Beschreibung der Art und Weise, wie das Institut das Liquiditätsrisiko steuert, ist nach IFRS 7.39(b) offenzulegen. Die dabei zu berücksichtigenden Informationen sind beispielhaft in IFRS 7.IG31 angeführt.

Der Umfang der Angaben nach IFRS 7 zum Liquiditätsrisiko erscheint im Verhältnis zu den geforderten Darstellungen der anderen Risikoarten (Kreditrisiko und Marktrisiko) unterrepräsentiert. Andererseits ist aber fraglich, ob mögliche Liquiditätsengpässe bei Banken aus Gründen der Systemstabilität in dieser Form offengelegt werden sollten und ob mögliche Liquiditätsengpässe angesichts vorhandener Sicherungssysteme (z. B. Einlagensicherung, Notenbanken) und der sehr kurzfristig möglichen Änderungen am Markt die selbe Entscheidungsrelevanz haben wie für einen Industriebetrieb.

Da das Liquiditätsrisiko nicht Gegenstand der aufsichtsrechtlichen Offenlegungsanforderungen ist, sind die nach IFRS 7 geforderten Anhangsangaben nicht durch eine Schnittstelle zur Säule 3 abbildbar.

LITERATURVERZEICHNIS

App, Jürgen G./Klein, Jochen (Verbriefungen 2006): Verbriefungen: Motivation und Strukturen sowie ausgewählte Fragen der Rechnungslegung; in: KoR – Zeitschrift für internationale und kapitalmarktorientierte Rechnungslegung 2006, S. 487 496, Düsseldorf 2006

Basler Ausschuss für Bankenaufsicht (Basel II 2006): Internationale Konvergenz der Eigenkapitalmessung und Eigenkapitalanforderungen, Basel 2006

Basler Ausschuss für Bankenaufsicht (Interest Rate Risk 2004): Principles for the Management and Supervision of Interest Rate Risk, Basel 2004

Beiersdorf, Kati/Billinger, Silke/Schmidt, Martin (IFRS 7 2006): Umsetzung von IFRS 7 in Banken: Klassenbildung für Kreditrisiken im Risikobericht; in: Zeitschrift für das gesamte Kreditwesen (ZfgK) 59. Jg. Heft 24, S. 1331–1336, Frankfurt 2006

Birkner, Albert/Löffler, Martin (Corporate Governance 2004): Corporate Governance in Österreich, Wien 2004

Bundesanstalt für Finanzdienstleistungsaufsicht [Hrsg.] (Auslegung 2008): Erläuternde Aussagen zur Solvabilitätsverordnung (mit Ausnahme des Operationellen Risikos), Bonn/Frankfurt am Main 2008; abgerufen unter (Stand August 2008): http://www.bafin.de/cln_116/nn_722552/sid_23EEF02C15AB1AD51066F002182AA591/nsc_true/SharedDocs/Veroeffentlichungen/DE/Service/Auslegungsentscheidungen/Bankenaufsicht/ae__071213__solvv__index.html?__nnn=true

Burkhardt, Katja/Weis, Juliane (Kreditderivate 2007): Bilanzierung von Kreditderivaten nach IAS 39; in: IRZ Zeitschrift für Internationale Rechnungslegung, 2. Jg. Heft 1, S. 37–44, München 2007

Committee of European Banking Supervisors [Hrsg.] (Guidelines 2006): Guidelines on the implementation, validation and assessment of Advanced Measurement (AMA) and Internal Ratings Based (IRB) Approaches; abgerufen unter (Stand August 2008): http://www.c-ebs.org/pdfs/GL10.pdf

Committee of European Banking Supervisors [Hrsg.] (Interest Rate Risk 2006): Technical aspects of the management of interest rate risk arising from Nontrading activities under the supervisory review process; abgerufen unter (Stand August 2008): http://www.c-ebs.org/documents/guidelines_IRRBB_000.pdf

VERZEICHNIS   Literatur

Eckes, Burkhard/Sittmann-Haury, Caroline (Offenlegungsvorschriften 2006): Die neuen Offenlegungsvorschriften zu Finanzinstrumenten nach IFRS 7 und zum Kapital nach IAS 1 – Aussagekraft und Implikationen für die Praxis; in: Die Wirtschaftsprüfung (WPg), S. 425–436, Düsseldorf 2006

Fachgremium Offenlegungsanforderungen [Hrsg.] (Anwendungsbeispiele 2006): Anwendungsbeispiele des Fachgremiums „Offenlegungsanforderungen" zur Umsetzung der quantitativen Anforderungen nach Teil 5 der Solvabilitätsverordnung (SolvV) i.V.m. Basel II Säule 3, Frankfurt am Main 2006; abgerufen unter (Stand August 2008): http://www.bafin.de/cln_116/SharedDocs/Downloads/DE/Unternehmen/BankenFinanzdienstleister/ArbeitskreisBA/FgOffenlegung/Anwendungsbsp,templateId=raw,property=publicationFile.xls/Anwendungsbsp.xls

Finanzmarktaufsicht [Hrsg.] (Auslegungsfragen 2005): Rechtliche Auslegungsfragen zu Basel II, Wien 2005; abgerufen unter (Stand August 2008): http://www.fma.gv.at/cms/basel2/DE/dokument_liste.html?channel=CH0301

Finanzmarktaufsicht [Hrsg.] (Merkblatt 2007): Merkblatt für die Erfüllung des § 16 Offenlegungs-Verordnung (OffV), Wien 2007; abgerufen unter (Stand August 2008): http://www.fma.gv.at/cms/basel2//attachments/3/6/4/CH0335/CMS118398 6059203/merkblatt___16ºffv_2007.07.03.pdf

Finanzmarktaufsicht/Oestereichische Nationalbank [Hrsg.] (Zinsrisiko 2008): Leitfaden „Management des Zinsrisikos im Bankbuch", Wien 2008 abgerufen unter (Stand August 2008): http://www.fma.gv.at/cms/basel2//attachments/0/0/5/CH0337/CMS1206617524512/leitfaden_zinsrisiko_bankbuch_08.pdf

Finanzmarktaufsicht/Oesterreichische Nationalbank [Hrsg.] (Verbriefungen 2004): Leitfaden zum Kreditrisiko – Best Practice im Risikomanagement von Verbriefungen, Wien 2004; abgerufen unter (Stand August 2008): (http://www.fma.gv.at/cms/basel2//attachments/1/4/6/CH0337/CMS1143027384675/bestprac.pdf)

Fischer, Petra/Sittmann-Haury, Caroline (Risikovorsorge 2006): Risikovorsorge im Kreditgeschäft nach IAS 39; in: IRZ Zeitschrift für Internationale Rechnungslegung, 1. Jg. Heft 4, S. 217–225, München 2006

Frese, Michael/Glüder, Dieter (Verbriefungen 2006): Neue Regeln der Bankenaufsicht für die Eigenkapitalunterlegung von Verbriefungen; in: Zeitschrift für das gesamte Kreditwesen (ZfgK), 59. Jg. Heft 19, S. 1039–1044, Frankfurt 2006

Gelhausen, Hans Friedrich/Rimmelspacher, Dirk (Wandel- und Optionsanleihen 2006): Wandel- und Optionsanleihen in handelsrechtlichen Jahresabschlüssen des Emittenten und des Inhabers; in: Die Aktiengesellschaft, Heft 20, S. 729–745, Köln 2006

Große, Jan-Velten/Schmidt, Martin (Handelsaktivitäten 2007): Handelsaktivitäten bei Kreditinstituten – Anmerkungen zur Abgrenzung und Implikationen für die Bilanzierung, in: Die Wirtschaftsprüfung (WPg), S. 859–870, Düsseldorf 2007

Grünberger, David (Bankwesengesetz-Kommentar 2007), Kommentierung des § 29a BWG, in Dellinger [Hrsg.], Bankwesengesetz Kommentar, Wien 2007

Grünberger, David (Basel II: Schnittstellen 2007): Basel II: Schnittstellen und Berechnung auf Basis der IFRS; in: KoR – Zeitschrift für internationale und kapitalmarktorientierte Rechnungslegung, S. 274–285, Düsseldorf 2007

Grünberger, David (Fair Value-Option 2006): Berechnung der angabepflichtigen bonitätsbedingten Gewinne aus der fair-value-Option – Berechnungsmethoden nach IFRS 7.9 und .10); in: PiR Praxis der internationalen Rechnungslegung, 2. Jg. Heft 9, S. 161–168, Herne 2006

Grünberger, David (Finanzgarantien 2006): Bilanzierung von Finanzgarantien nach der Neufassung von IAS 39; in: KoR – Zeitschrift für internationale und kapitalmarktorientierte Rechnungslegung, S. 81–92, Düsseldorf 2006

Grünberger, David (Finanzkonglomerate 2006): Die Bestimmung eines Finanzkonglomerats, in: Österreichisches Bankarchiv Zeitschrift für das gesamte Bank- und Börsenwesen, S. 124 ff., Wien 2006

Grünberger, David (Kapitalanforderungen Teil 1 2005): Kapitalanforderungen nach dem Finanzkonglomerategesetz – Teil 1 (Ziele und Methodenauswahl), in: RWZ Zeitschrift für Recht und Rechnungswesen, 15. Jg. Heft 10 S. 293–296, Wien 2005

Grünberger, David (Kapitalanforderungen Teil 2 2005): Kapitalanforderungen nach dem Finanzkonglomerategesetz – Teil 2 (Methode des konsolidierten Abschlusses), in: RWZ Zeitschrift für Recht und Rechnungswesen, 15. Jg. Heft 12, S. 365–370, Wien 2005

Grünberger, David (Kreditrisikoangaben 2007): IFRS 7: Kreditrisikoangaben im Bankabschluss; in: IRZ Zeitschrift für Internationale Rechnungslegung, 2. Jg. Heft 5, S. 331–340, München 2007.

Grünberger, David (Marktrisikoangaben 2008): IFRS 7: Marktrisikoangaben im Bankabschluss; in: IRZ Zeitschrift für Internationale Rechnungslegung, 3. Jg. Heft 6, S. 301–309, München 2008.

Grünberger, David/Broszeit, Timo (Hedgefonds-Investments 2007): Hedgefonds-Investments bei Banken, in: RWZ Zeitschrift für Recht und Rechnungswesen, 17. Jg. Heft 9 S. 275 ff., Wien 2007

Grünberger, David/Klein, Heiner: Unwinding (Aufzinsung) nach Einzel- und Portfoliowertberichtigung gem. IAS 39; in: PiR Praxis der internationalen Rechnungslegung, 4. Jg. Heft 3, S. 99-101, Herne 2008

Institut der Wirtschaftsprüfer in Deutschland e.V. [Hrsg.] (IDW ERS HFA 24 2007): Entwurf IDW Stellungnahme zur Rechnungslegung: Einzelfragen zu den Angabepflichten des IFRS 7 zu Finanzinstrumenten (IDW ERS HFA 24); in: WPg Supplement 1/2008, S. 27 ff., Düsseldorf 2008

Institut der Wirtschaftsprüfer in Deutschland e.V. [Hrsg.] (IDW RS HFA 9 2007): IDW Stellungnahme zur Rechnungslegung: Einzelfragen zur Bilanzierung von Finanzinstrumenten nach IFRS (IDW RS HFA 9); in: WPg Supplement 2/2007, S. 83 ff., Düsseldorf 2007

Institut Österreichischer Wirtschaftsprüfer/Kammer der Wirtschaftstreuhänder [Hrsg.] (Fachgutachten 2008): Fachgutachten zur Berichterstattung über die Beachtung von für Kreditinstitute wesentlichen Rechtsvorschriften, insbesondere des Bankwesengesetzes und des Wertpapieraufsichtsgesetzes, gemäß § 63 Abs. 5 BWG in einer Anlage zum Prüfungsbericht; abgerufen auf (Stand August 2008): http://www.iwp.or.at/Documents/aktuell_2008-02-29b.pdf

KPMG Deutsche Treuhand-Gesellschaft AG [Hrsg.] (Offenlegung 2007): Offenlegung von Finanzinstrumenten und Risikoberichterstattung nach IFRS 7 – Analyse der Offenlegungsvorschriften für Finanzinstrumente nach IFRS 7 sowie zum Kapital nach IAS 1, Stuttgart 2007

Kuhn, Steffen/Scharpf, Paul (Rechnungslegung 2006): Rechnungslegung von Financial Instruments nach IFRS – IAS 32, IAS 39 und IFRS 7, 3. überarbeitete und erweiterte Auflage, Stuttgart 2006

Löw, Edgar (Risikoberichterstattung 2005): Neue Offenlegungsanforderungen zu Finanzinstrumenten und Risikoberichterstattung nach IFRS; in: Betriebs Berater (BB) S. 2175–2184, Frankfurt am Main 2005

Löw, Edgar/Lorenz, Karsten (Finanzinstrumente 2005): Ansatz und Bewertung von Finanzinstrumenten; in Löw, Edgar [Hrsg.]: Rechnungslegung für Banken nach IFRS, 2. Auflage, Wiesbaden 2005

Luz, Günther/Scharpf, Paul (Marktrisiken 1998): Marktrisiken in der Bankenaufsicht – Umsetzung der Marktrisikoregeln der Kapitaladäquanzrichtlinie, Stuttgart 1998

Paarz, Michael (Bankrechnungslegung 2007): Investororientierte Bankrechnungslegung nach IFRS: Eine Analyse des IFRS 7 unter Berücksichtigung des Konzepts der Marktdisziplin nach Basel II, Düsseldorf 2007

PricewaterhouseCoopers AG [Hrsg.] (IFRS für Banken 2008): IFRS für Banken, 4. überarbeitete und erweiterte Auflage, Frankfurt am Main 2008.

PricewaterhouseCoopers AG [Hrsg.] (Schnittstellenanalyse 2006): IFRS und Basel II – Eine Schnittstellenanalyse, 2. aktualisierte und erweitere Auflage, Frankfurt am Main 2006

Ramke, Thomas (Offenlegungserfordernisse 2007): Prüfung der Offenlegungserfordernisse im Kreditgeschäft nach KWG und SolvV; in: Becker, Axel/Kastner, Arno [Hrsg.]: Aufsichtsrecht für Prüfungen im Kreditgeschäft, Frankfurt am Main 2007

Scharpf, Paul (Disclosures 2006): IFRS 7 Financial Instruments: Disclosures – Eine Erläuterung zu den neuen Angabepflichten für Finanzinstrumente; in: KoR – Zeitschrift für internationale und kapitalmarktorientierte Rechnungslegung, Beilage 2/2006

Scharpf, Paul/Weigel, Wolfgang/Löw, Edgar (Finanzgarantien und Kreditzusagen 2006): Die Bilanzierung von Finanzgarantien und Kreditzusagen nach IFRS; in: Die Wirtschaftsprüfung (WPg), S. 1492 – 1504, Düsseldorf 2006

Schulte-Mattler, Hermann (Double-Default-Effekt 2006): Der Double-Default-Effekt; in: die bank, S. 52 - 60, Köln 2006

Urbanek, Dagmar (Kommentar 2007): Kommentierung der Offenlegungsverordnung, in: Dellinger [Hrsg.] Bankwesengesetz Kommentar, Wien 2007

Walter, Karl-Friedrich/Weller, Heino (Transparenzanforderungen 2008): Neue Transparenzanforderungen für Banken – Muster-Solvabilitätsbericht: Praktische Hilfe zur Umsetzung der Säule 3 aus Basel II; in BI – Bankinformation, 35. Jg. Heft 05/2008, S. 72 – 76, Wiesbaden 2008

Weigel, Wolfgang/Barz, Katja (Finanzgarantien 2006): IFRS: Finanzgarantien als Beispiel für Probleme bei der Bilanzierung; in: BankPraktiker, S. 606 ff., Düsseldorf 2006

Verwendete Gesetzestexte, Verordnungen, Richtlinien und Rundschreiben

Bundesgesetz über das Bankwesen (Bankwesengesetz – BWG); veröffentlicht im BGBl. I Nr. 1993/532 i. d. F. BGBl. I Nr. 70/2008

Richtlinie 2006/48/EG des Europäischen Parlaments und des Rates vom 14. Juni 2006 über die Aufnahme und Ausübung der Tätigkeit der Kreditinstitute (Neufassung)(CRD); veröffentlicht im Amtsblatt der Europäischen Union vom 30. Juni 2006, L 177/1 – 200

Richtlinie 2006/49/EG des Europäischen Parlament und des Rates vom 14. Juni 2006 über die angemessene Eigenkapitalausstattung von Wertpapierfirmen und Kreditinstituten (Neufassung) (CAD); veröffentlicht im Amtsblatt der Europäischen Union vom 30. Juni 2006, L 177/201 – 255

Richtlinie des Instituts Österreichischer Wirtschaftsprüfer zur Durchführung der Abschlussprüfung bei Kreditinstituten (Bankprüfungsrichtlinie – BPR 2007) i. d. f. vom Februar 2008 (mit Beschluss des Vorstandes ursprünglich erlassen am 21.12.2007, geändert mit Beschluss vom 15.02.2008); abgerufen unter (Stand August 2008): http://www.iwp.or.at/Documents/GS-BA01.pdf

Verordnung (EG) Nr. 1606/2002 des Europäischen Parlaments und des Rates vom 19. Juli 2002 betreffend die Anwendung internationaler Rechnungslegungsstandards (IAS-Verordnung); veröffentlicht im Amtsblatt vom 11. September 2002 L 243/1 – 4 i. d. F. Verordnung (EG) Nr. 297/2008 des Europäischen Parlaments und des Rates vom 11. März 2008; veröffentlicht im Amtsblatt vom 9. April 2008 L 97/62 – 63

Verordnung der Finanzmarktaufsichtsbehörde (FMA) über die Anlage zum Prüfungsbericht (AP-VO); veröffentlicht im BGBl. II Nr. 305/2005 i. d. F. BGBl. II Nr. 269/2007

Verordnung der Finanzmarktaufsichtsbehörde (FMA) über die Solvabilität von Kreditinstituten (Solvabilitätsverordnung – SolvaV); veröffentlicht im BGBl. II Nr. 374/2006 i. d. F. BGBl. II Nr. 253/2007

Verordnung der Finanzmarktaufsichtsbehörde (FMA) zur Durchführung des Bankwesengesetzes betreffend die Veröffentlichungspflichten von Kreditinstituten (Offenlegungsverordnung – Off-VO); veröffentlicht im BGBl. II Nr. 375/2006

Verordnung über die angemessene Eigenmittelausstattung von Instituten, Institutsgruppen und Finanzholding-Gruppen (Solvabilitätsverordnung – SolvV) vom 14. Dezember 2006, veröffentlicht in BGBl. I S. 2926 i. d. F. BGBl. I S. 3089

Richtlinie 86/635/EWG des Rates vom 8. Dezember 1986 über den Jahresabschluß und den konsolidierten Abschluß von Banken und anderen Finanzinstituten; veröffentlicht im Amtsblatt vom 31. Dezember 1986 L 372/1 17 i. d. F. Richtlinie 2006/46/EG des Europäischen Parlaments und des Rates vom 14. Juni 2006, L 224/1 – 7

Kreditwesengesetz (KWG) vom 9. September 1998 veröffentlicht in BGBl. I S. 2776, i. d. F. vom 21. Dezember 2007 BGBl. I S. 3089

Rundschreiben 7/2007 (BA) der Bundesanstalt für Finanzdienstleitungsaufsicht (BaFIN) – Zinsänderungsrisiken im Anlagebuch; Ermittlung der Auswirkungen einer plötzlichen und unerwarteten Zinsänderung (GZ: BA 17-K 3103-2007/0001 vom 06. 11. 2007, Bonn/Frankfurt am Main 2007

Stichwort VERZEICHNIS

Die Zahlen verweisen auf die Seiten.

A

ABS 171
Abschlussprüfer 33
ABS-Exposures 174
Absicherungsgeschäfte mit Kreditderivaten 140
abstrakten Garantien 92
Abwärtsschocks (Zinsrisiko) 169
Abwicklungsrisiko 90
Abzugsposten 54, 118
accounting mismatch 148, 156
Adresse des Unternehmens 48
AfS-Instrumente 116, 126
Akkreditive 88
Aktien (Kreditrisiko) 87
Aktienanleihe 73
Aktienpositionsrisiken 155
aktive latente Steuern 74
aktivierte Sicherheiten 99
akzessorische Bürgschaften 93
allgemeine Angaben zu Risiken 61
allgemeine Offenlegungen zum Kreditrisiko 108
Altersstrukturanalyse 114
AMA - Eigenmittelerfordernis 58
AMA 185
Anlage zum Prüfungsbericht 33
Anlagebuch 166
Anwendungsbereich Säule 3 25
AP-VO 33
asset backed securities 171
at equity-Bewertung 144
at fair value through profit or loss 116, 126
Auf- und Abwärtsschocks (Zinsrisiko) 169
Aufrechnungsvereinbarungen 130

aufsichtlicher Formelansatz 175
aufsichtsrechtliche Konsolidierung 36, 49
Aufstellungspflicht eines Konzernabschlusses 35
Aufzählung der einbezogenen Gesellschaften 49
Aufzinsung von Wertberichtigungen 83
Ausbuchung von Finanzinstrumenten 172
Ausfall (default) 74
Ausfallgefährdung 109, 175
Ausfallsdefinition 101 f.
Ausfallstatbestände 75
ausgefallene Einzelforderungen 77
ausgefallene und überfällige Forderungen 114
außerbilanzielle Neubewertungsreserven 185
außerbilanzielles Netting 130
außerbilanzmäßige Geschäfte 92

B

Backtesting 67, 127, 164
bankaufsichtliche Eigenmittelanforderungen 53
Bankbuch (Zinsrisiko) 166
Bankgarantien 88
Bankprüfer 33
Bardividenden 50
bargain purchase options 90
Barsicherheiten 100
Basel II Säule 1 85 f.
basis adjustment 91
basis risk 167
Basisindikatoransatz 58, 185
bedeutende Tochterunternehmen 39
begründete Nichtoffenlegung 27
behördliche Bewilligung 118

199

Stichwort

beizulegender Zeitwert von Beteiligungen 183
Beobachtungszeitraum 159
Bescheiderledigung 31
Beschränkungen Eigenmitteltransfer 50
Bestätigungsvermerk 34
Beteiligungen (stille Reserven) 184
Beteiligungen 71, 105, 134, 144
– Ausfallstatbestände 75
Beteiligungsbegriff 181
Beteiligungsbewertung 182
beteiligungsbezogene Derivate 72
Beteiligungspolitik 182
Beteiligungspositionen 133
Bewertung im Handelsbuch 165
Bewertung von Sicherheiten 131
Bewertungsmethoden bei Verbriefungen 178
Bewilligung 118
BIA 185
Bid-/Ask-Spreadrisiken 145
Bietungsgarantien 88
bilanzielle Verlustvorsorge 91
bilanzielles Netting 127 f.
Bilanzierungsmethoden bei Verbriefungen 178
Bildung der Kreditrisikovorsorgen 110
Bonitätsstufen 103
börsengehandelte Futures 92
börsengehandelte Wertpapiere 183
branchenfremde Unternehmen 36
Branchenverteilung 113
Buchwert neu ausverhandelter Vermögenswerte 103
Bürgschaften 88, 92 f.

C

capital targets 54
cash 90
Cash Flow Hedge 145, 150
Cash Flow-Risiko 148
cash in Fremdwährung 146
CCF 122 f., 127
CCR 61, 90, 135
CCR-Exposure 139
CCR-Sicherheiten 137
CCR-Skalierungsfaktor 137, 141
CCR-Wiederbeschaffungswerte 138
continuing involvement 96
continuing involvements 177
convenience yield 160
COREP 20
Corporate Governance 20, 86
Counterparty Credit Risk 61, 90, 135
credit default-Derivate 94
Credit Linked Note 95
Credit Quality 101
credit spread Derivate 94
Credit Spreads 160
CRM – Kreditderivate 140
CRM 90, 98, 106, 120, 127, 131, 137

D

default 109
Deltaäquivalente 148
Derivate 88, 92, 136, 141, 154
Devisenoptionen 146
Devisenswaps 151
Devisentermingeschäfte 146
Direktabschreibungen 125
Dividend Stoppers 50
Domizil 48
Double Default Effekt 106
downgrade-Risiken 94
Durationsmethode 142, 153, 169
Durchschnittsbeträge 112

E

earnings perspective 167
echte Pensionsgeschäfte 95
economic value perspective 167
eigene LGD-Schätzungen 78
eigene Schätzung des Skalierungsfaktors 141
Eigenkapitaldefinition 71
Eigenkapitalinstrumente (Kreditrisiko) 87
Eigenkapitalinstrumente nach IAS 32 72
Eigenkapitalinstrumente 181
Eigenkapitalquote 59
Eigenmittel-Abzugsposten 118
Eigenmittelanforderungen, Kreditrisiko 57
– Marktrisiko 58, 163
– operationelles Risiko 58
Eigenmittelausstattung 52
Eigenmittelinstrumente 53
Eigenmittelkoeffizient 59
Eigenmittelstruktur 52
Eigenmittelunterdeckung 51
Eigenmittelverfügbarkeit 49 f.
einbehaltene Verbriefungspositionen 176
einfacher Risikogewichtungsansatz 133 f., 183
Eingänge auf abgeschriebene Forderungen 125
eingebettete Derivate 72, 147
einmalige Offenlegung 26
EL 54, 81
EL-Abzug 76
elektronische Plattformen 26
Erfolgs- und Eigenkapitaleffekte 157
Erfüllungsgarantien 88
Ergänzung des Bestätigungsvermerks 34
Ermittlung der Kreditrisikovorsorgen 110
erstmalige Offenlegung nach Säule 3 30
erwartete Fälligkeiten (Liquiditätsrisiko) 188 f.
erwartete Verlustbeträge 54
erworbene Verbriefungspositionen 176
EU-Mutterfinanzholding 39
EU-Mutterkreditinstitute 39
EWR-Mutterfinanzholding 39
EWR-Mutterkreditinstitute 39
excessive leverage 36
expected loss model 77
expected loss 54
Exportversicherungsagenturen 116 f.
Exposure beim CCR 139
Exposurebegriff Marktrisiko 143
Exposures (Verbriefung) 174
Exposures auf Bonitätsstufen 118
exposures in equities 181
externe Kapitalanforderungen 52 f., 55, 186
externe Prüfung der Offenlegung 33

F

Fair Value der Sicherheiten 99
Fair Value Hedge von Zinsrisiken 150
Fair Value Hedge 148
Fair Value von Beteiligungen 183
Fair Value-Angaben 165
Fair Value-Risiko 148
Finance Lease 89, 101
Finanzgarantien 83, 92, 147
Finanzholding-Gesellschaft 38
Finanzholding-Gruppen 38
finanzielle Sicherheiten 128, 152
Finanzierungsleasing 152
Finanzkonglomerat 45
FINREP 19
first day gains 165
Flüssige Mittel 90
Forderungsäquivalente 92
Forderungsbegriff 109

Forderungsklasse Beteiligungen 71
Forderungsverteilung 112
Forderungswert beim CCR 139
Forderungswerte 122
Forderungszessionen mit Rückgriff 88
fortgeschrittener Messansatz 58, 185
freiwillige Quotenkonsolidierung 36
Fremdwährungsrisiko 144
Fremdwährungstermingeschäfte 88 f.
Fristen der Offenlegung 29, 31
funktionale Währung 145
Funktionen von Verbriefungen 174
funktonale Währung 158

G

Gammarisiko 146
Garantiegeber 132
Garantien 83
Gegenparteiausfallsrisiko 90
geographische Forderungsverteilung 113
Gesamtsumme der anrechenbaren Eigenmittel 54
Geschäfte mit langer Abwicklungsfrist 136
Geschäftsbericht als Medium 27
geschriebene Optionen 89
Gesetzmäßigkeit des Jahresabschlusses 34
gesicherte Exposures 133
Gleichwertigkeitsprüfung 40
Großkredite 85
Grundsätze des Risikomanagements 64

H

Haftsummenzuschlag 53
Haftung des Wechselausstellers 88
Halbjahresfinanzberichte 29
Handelsbereich – Differenzierung 155
Handelsbuch (Bewertung) 165

Handelsbuch 165
Hauptarten von Sicherheiten 131
Herabstufung des eigenen Ratings 138
Herkunftsstaat 48
Hindernisse Eigenmitteltransfer 50
historischer Beobachtungszeitraum 159
Hochrisikoforderungen 104
Hochrisikopositionen 105
Homepage-Veröffentlichung 26

I

IAA 175
IAS 39 und Säule 1 69
ICAAP 55, 136
Identifikation von Risiken 64
IFRS 7, Kreditrisiko 85 f.
– Marktrisiko 142
– Risikoarten 61
IFRS-Abschluss als Medium 26
Immobilien 106
impairment (Verbriefungen) 175
impairment 76
in Verzug 109
Incremental Risk Charge 160
incurred loss model 77
indirect equity interests 72
Indossamentverbindlichkeiten 88
inkrementelles Risiko 160
internal measurement approach 186
interne Bemessungsansatz 175
interne Geschäfte 156, 158
interne Kapitalziele 54
interne Ratingsysteme 119
interne Revision – Aufgaben für Säule 3 33
interne Risikoberichte 66
interne Risikodefinitionen 64
interne Überprüfung 32

Stichwort VERZEICHNIS

internen Kapitalziele 55
interner Kapitaladäquanzprozess 55
internes Modell (CCR) 136
internes Modell (Marktrisiko) 163
internet-Veröffentlichung 26
Investmentfondsanteile 73, 104, 128, 135, 147
Investoren 171
IRB-surplus 54
ISDA Master Agreements 130

J

Jahresabschluss als Medium 26

K

Kapitalallokation 136, 186
Kapitalanforderungen 57
Kapitalmanagement 52
Kernkapital 54
Kernkapitalkoeffizient 59
key management 62
Klassen von Finanzinstrumenten 86
konsolidiert beaufsichtigte Institute 35 f.
konsolidierte Offenlegung 35
Konsolidierungskreis 35
– Marktrisiko 144
Konsolidierungspflicht 35
Kontensicht 74 f., 102, 109
Kontrahentenausfallrisiko 61, 135
Kontrolle des Risikomangements 67
Kontrollmechanismen für Ratingsysteme 120
Konzentrationsrisiko 64
Konzernlagebericht 63
Konzernmutterunternehmen 25
Korrelation von Risiken 137
Kosten der Betreibung 76
Kraftfahrzeuge 128

Kreditäquivalente 92
Kreditderivate 94, 132, 140, 150, 171
Kredite an Kontrahenten 136
Kreditinstitute an der Spitze einer Gruppe 38
Kreditlinien 83
Kreditrisiko, allgemeine Offenlegung 108
– Eigenkapitalinstrumente 87
– Eigenmittelanforderungen 57
– Exposures Säule 3 122
– IFRS 7 85
– Säule 1 85
– Säule 3 108
– Vergleich Säule 1 68
Kreditrisikodaten der Säule 1 68
Kreditrisikodefinition 87
Kreditrisikoexposure 111, 122
Kreditrisikokonzentrationen 132
kreditrisikomindernde Techniken 90
Kreditrisikominderung 98
Kreditrisikovorsorgen 110, 137
Kreditrisio, Exposures Säule 1 122
Kreditsicherheiten 131
Kreditversicherungsverträge 89, 93
Kreditzusagen 84, 88 f., 92, 147, 149
kündbare Kreditzusagen 93
Kundensicht 74 f., 102, 109
Kuponrisiko 148

L

Large Exposures 85
latente Neubewertungsgewinne 184
Laufzeitbänder 113, 188
Leitlinien der Risikoabsicherung 67
Lieferrisiken 90
LIP 110
Liquiditätsrisiko 65, 113, 188
Liquidity Horizon 160
Lombardgeschäfte 136

203

look-through-Ansatz 73, 105
loss distribution approach 186
loss events 74 f.

M

Management Approach 20, 86
Management von Risiken 66
Managementinformationssystem 66
Mapping auf Ratingstufen 133
Mapping 116 f.
Mappings von Exposures 121
Marktbewertungsmethode 136
Marktrisiko, accounting mismatch 148, 156
– Aktienpositionsrisiken 155
– basis risk 167
– Beobachtungszeitraum 159
– convenience yield 160
– Derivate 154
– Devisenoptionen 146
– Devisenswaps 151
– Devisentermingeschäfte 146
– Durationsmethode 153
– earnings perspective 167
– economic value perspective 167
– Eigenmittelanforderungen 58, 163
– Erfolgs- und Eigenkapitaleffekte 157
– Exposurebegriff 143
– Fair Value Hedge 148
– Finanzgarantien 147
– finanzielle Sicherheiten 152
– Finanzierungsleasing 152
– funktonale Währung 158
– Handelsbereich-Differenzierung 155
– Handelsbuch 153
– inkrementelles Risiko 160
– interne Geschäfte 156, 158
– Internes Modell 163
– Investmentfonds 147
– Konsolidierungskreis 144
– Kreditderivate 150
– Kreditzusagen 147, 149
– Liquidity Horizon 160

– Modellanforderungen 160
– Modellansatz 163
– option risk 167
– Pensionsgeschäfte 151
– Preprocessing 153
– present value of a basis point 153
– repricing risk 167
– Restwertrisiko 154
– Rohwarenrisiko 154
– Säule 1 vs. IFRS 7 142
– Schlüsselannahmen bei Zinsen 168
– Schocks (Zinsrisiko) 169
– Sicherungsinstrumente 150
– Simulation des Zinsrisikos 152
– sonstiges Preisrisiko 154
– Standardmethode 162
– Stichtagsprinzip 143
– Swaps 150
– trading-Bereich 155
– Validierung 163
– VaR-Analyse 156
– Verlustpotenzial 159
– Währungsswaps 146, 151
– yield curve risk 167
– Zinsrisiko im Anlagebuch 166
– Zinsrisiko 148
– Zinsschocks 153
– Zinstermingeschäften 150
Marktrisikobegriffe 142
Marktrisikofaktoren 163
Marktrisikokonzentrationen 132
Master Netting Agreements 138
Masterskala 119
maximales Kreditrisiko 90
maximum exposure 90
Medium 26
Messung von Risiken 64
Methode des Sitzstaates 104
Mezzanine-Tanchen 97
Mindestkapitalanforderungen 53
Mindestleasingraten 90
Modellanforderungen (Marktrisiko) 160

Modellansatz 163
Modelleigenschaften 163
Modellvalidierung 186
monetary items 146
Monte-Carlo-Simulation 163
Mutterfinanzholding-Gesellschaft 38
Mutterkreditinstitute in einem Mitgliedstaat 37
nachrangiger Anspruch auf Vermögen und Einkünfte 71

N

Name des IFRS- Mutterunternehmens 48
Name des ultimativen Mutterunternehmens 48
Name des Unternehmens an oberster Stelle 48
nationale Subgruppen 39
Netting 130
Nettingrahmenvereinbarungen 128
Nettingvereinbarungen 98
Nettogewinne 184
Neubewertungsgewinne 184 f., 187
nicht signifikante Forderungen 71, 78, 82
Nichterfüllung externer Kapitalanforderungen 60
nichtfinanzielle Vermögenswerte 74
Nichtoffenlegung 27
Nominalwerte von Kreditderivaten 140
Non-Default-Portfolio 82 f.
non-trading 155
notleidend 109
Nutzung von Versicherungen 188

O

Objektfinanzierung 134
obligating event 83
off balance-Exposures 83

off balance-Kreditrisiko 92
offene Fonds 73
offener Fremdwährungspositionen 145
Offenlegung auf Einzelinstitutsbasis 39
Offenlegung auf konsolidierter Basis 39
Offenlegung bei Verbriefungen 171
Offenlegung beim Standardansatz 116 f.
Offenlegung Konsolidierungskreis 49
Offenlegungsanforderungen für Beteiligungen 181
Offenlegungsintervall 29
Offenlegungsmedium 26
Offenlegungspflicht IFRS 25
Offenlegungspflichten zur Konsolidierung 48
Off-VO 25
OGA 73
on balance-Kreditrisiko 91
Operating Lease 89, 101
operationelle Risiken 185
operationelles Risiko, Eigenmittelanforderungen 58
– in IFRS 7 62
option risk 167
Optionsanleihe 73
ordnungsgemäße Offenlegung 32
Organigramme 66
Organisation im Risikomanagement 66
Organisatorische Angaben zu internen Ratings 120
Organismen für Gemeinsame Anlagen 73
Originator 171
OTC-Derivate 136

P

Parameteranalyse 123
partial use 71, 119, 157
past due 109
PD/LGD-Ansatz 133

PD/LGD-Methode bei Beteiligungen 78
peer group-Daten 81
Pensionsgeschäfte (Zinsrisiko) 151
Pensionsgeschäfte 95, 136
persönliche Sicherheiten 106, 128
Portfoliovorsorgen 110
Portfoliowertberichtigung 70, 79
Positionswerte 122
prepayment risk 152, 154, 168
Preprocessing 153
present value of a basis point 153
Prognosegüte 164
Prozesse im Risikomanagement 64
Prüfung der Offenlegung 32
Prüfungsqualität 34
qualifizierende Anforderungen – Medium 30
qualifizierende Anforderungen bei CRM-Techniken 127
qualifizierende Anforderungen beim IRB-Ansatz 118
quantitatives Mapping 122

R

Rating-Agenten 116 f.
Rating-Agenturen 103, 116 f., 180
ratingbasierter Ansatz 175
Ratings aus dem IRB-Ansatz 105
Ratings aus dem Standardansatz 103
Ratingverschlechterung 138
RBA 175
Rechtsform 48
repricing risk 167
Restrisiko aus kreditrisikomindernden Techniken 64
Restwert von Leasingobjekten 74
Restwertrisiko 154
Retail-Forderungsklasse 71
revolvierende Forderungen 177

Risiken aus Indizes 154
Risiko aus dem makroökonomischen Umfeld 64
Risikoarten nach IFRS 7 61
Risikoarten 61
Risikobegriffe 61
Risikobericht außerhalb des Abschlusses 26
Risikobericht nach IFRS 7 143
risikogewichtete Aktiva 57
risikogewichtete Forderungen aus Verbriefungen 174 ff.
Risikoidentifikation 64
Risikokonzentrationen innerhalb der CRM 99
Risikokonzentrationen innerhalb der Sicherheiten 132
Risikokorrelation 137
Risikomanagement zur Säule 3 33
Risikomanagement 61
Risikomanagement-Beschreibung 64
Risikomanagementorganisation 66
Risikomanagementprozesse 64
Risikomanagementstruktur 66
Risikomessung 64
Risikopools 121
Risikosteuerung 64
Risikovorsorge mittels Wertberichtigungskonto 115
Rohwarenrisiko 154
Roll-out-Plan beim operationellen Risiko 187

S

Sachsicherheiten 128
Saldierung 131
Säule 1 und IAS 39 69
Säule 1, Marktrisiko 142
Säule 2 54 f.
scenario based approach 186
Schätzung des Skalierungsfaktors 141

Schlüsselannahmen Zinsänderungsrisiko 168
Schlüsselpersonen des Managements 86
Schnittstellen im Datenhaushalt 20
Schocks (Zinsrisiko) 169
Schuldnergruppen 113
Schutz- und Vertraulichkeitsgrundsatz 27
scorecard approach 186
securitisation 171
Sensitivitätsanalyse mittels VaR 156
Sensitivitätsanalysen 144
Servicer 171
SF-Ansatz 175
shortfall 54, 77
Sicherheiten – Kreditderivate 140
Sicherheiten im CCR 138
Sicherheiten 99, 128, 131
signifikante Institutstochtergesellschaften 60
Simulation des Zinsrisikos 152
Simulation des Zinsschocks 153
Sitz der Gegenpartei 112
Skalierungsfaktor 141
Slotting Approach 134
SolvV 25
sonstiges Preisrisiko 154
Spezialfinanzierungen 134
Sponsor 171
STA 185
Standardansatz operationelles Risiko 185
Standardmethode (CCR) 136
Stand-by Letters of Credit 88
Stetigkeit des Mediums 26
Steuerung von Risiken 64
Stichtagsprinzip beim Marktrisiko 143
stille Reserven 184
Strategien im Risikomanagement 64
strategische Ausrichtung des Risikomanagements 64

Stress-Tests 163
Struktur der internen Ratingsysteme 119
Struktur im Risikomanagement 66
Strukturierte Produkte 73
Substitutionsansatz 106
surplus 54
Swaps 150
synthetische Verbriefungen 97, 171, 179
Szenario-Matrix-Methode 147, 162

T

Termingeschäfte auf Aktiva 88
Tier 2 54
Tier 3 54
Tochterunternehmen 35
total return-Derivate 94
trading-Bereich (Differenzierung) 155
traditionelle Verbriefung 171
Translationsgewinne 145
true sale-Verbriefung 178
überfällig 175
überfällige Forderungen 114

U

Überfälligkeit 74, 102, 109
Überfälligkeitsanalyse 124
Übergang auf Basel II 30
Überhang der erwarteten Verlustbeträge 54
Überleitung der Verlustvorsorgen 116
Umrechnungsfaktor 122
unechte Pensionsgeschäfte 95
unerwartete Verluste 56, 78
unkündbare Kreditzusagen 93
unrealisierte Neubewertungsgewinne 184
Unterdeckungen (Eigenmittel) 51
Unterschiede im Konsolidierungskreis 49
Unterschreitung Eigenmittel 51

| VERZEICHNIS | Stichwort |

Unterzeichnung 32
unwesentliche Informationen 28
unwinding 83
Ursprungsrisikomethode 136
Use Test 20
user test 28

V

Validierung 163
Value-at-Risk (internes Modell) 163
VaR- Modell 163
VaR-Analyse 156
Variation Margins 92
Veränderungsrechnung der Verlustvorsorgen 125
Verantwortung für Offenlegung 32
Verbriefungen (Bilanzierungsmethoden) 178
Verbriefungen (Rating-Agenturen) 180
Verbriefungen 97, 171
Verbriefungsaktivitäten (quantitative Zusammenfassung) 177
Verbriefungsexposure 175
Verbriefungsfunktionen 174
Verfahren beim operationellen Risiko 186
Verfahren des Risikomanagements 64
Vergleich zum Marktwert 183
Verlustanalyse 125
Verlusthistorie 127
Verlustpotenzial 159
Verlustschätzungen 127
Verlusttatbestände des IAS 39 74 f.
Verlusttatbestände 75
Veröffentlichungsintervall 30
Verordnungsermächtigungen 25
Versicherungen im AMA-Ansatz 188
Versicherungsunternehmen 45
Verteilung der Forderungen 112

vertragliche Restlaufzeiten 113
Vertraulichkeitsgrundsatz 27
Verwaltung von Sicherheiten 131
Verwässerungsrisiko 61
Verwendung externer Ratings 116 f.
Verwendung von Finanzinstrumenten (Lagebericht) 63
Vor- bzw. Nachrangigkeit 53
Vorjahresvergleichszahlen 112
Vorleistungsrisiko 90
Vorschusstilgungen 50

W

Währungsswaps 146, 151
Wandelanleihen 72
Warenleihgeschäfte 136
Wasserfall 171
Wechselakzepte 88
Wechselindossament 88
Wechselkursderivate 141
Wechselkursdifferenzen 91
Wertberichtigungen (Überleitungsrechnung) 116
Wertberichtigungen auf Portfoliobasis 71, 79
Wertberichtigungen 125
Wertberichtigungskonto 115
Werterhellungszeitraum 82
Wertminderungsaufwand 125
Wertpapierleihe 95, 136
Wesentlichkeitsgrundsatz 28
wettbewerbsverzerrende Informationen 27
Wiederbeschaffungswerte bei CCR 138
Wiedereindeckungskosten 90, 136
Wiedereindeckungsrisiken 96
Wirksamkeit des Risikomanagements 67
wirtschaftlicher Verlust 76
Wirtschaftsprüfer 33

WWW-Veröffentlichung 26

Y

yield curve risk 167

Z

Zahlungsmittel in einer Fremdwährung 146
Zahlungsmitteläquivalente 90
zeitnahe Offenlegung 29, 31
Ziele von Verbriefungen 174
Zinsänderungsrisiko im Anlagebuch 166
zinsbezogene Finanzinstrumente 149
Zinskuponrisiko 143

Zinsrisiko 148
Zinssatzderivate 141
Zinsschocks 153, 169
Zinsstrukturrisiken 160
Zinsswaps 88 f.
Zinstermingeschäfte 150
Zuführungen zu EWB 125
Zugänglichkeit des Mediums 26
Zuteilung der Exposures nach Bonitätsstufen 118
Zweckgesellschaft 171
Zwischenmitteilungen 29